Köderlexikon Naturköder

Klaus Schmidt

Ein Buch
der Internationalen
Sportfischerzeitschrift

Blinker

© Copyright 1980
bei Jahr-Verlag KG
Postfach 10 33 46, 2000 Hamburg 1
Alle Rechte, auch die der Übersetzung, der
Verfilmung, des Vortrages, der Rundfunksendung und
Fernsehübertragung sowie der fotomechanischen
Wiedergabe vorbehalten.
Gesamtleitung: Karl Koch
Redaktion: Richard Lütticken
Gestaltung: Jörg E. Holsten
Titelfoto: Karin Klitzke
Satz: Partner Satz GmbH, Hamburg
Lithografie: Brillant Offset, Hamburg
Giesow KG, Bielefeld, Röder + Langhoff, Hamburg
Druck: Stalling, Oldenburg
printed in Germany
ISBN: 3-570-04549-8

INHALT

VORWORT

Es liegt nicht immer am Wetter, daß Angler am Wasser leer ausgehen – oder auch "satt" fangen. Wenn die Fische nichts fressen wollen, hilft auch das beste Gerät nichts. Aber auch wenn die Fische Hunger haben, muß der Angler noch etwas dazu tun, sie zu überlisten. Denn Fische sind wählerisch, und genauso wenig wie die Menschen jeden Tag Currywurst mögen, haben die Fische immer Appetit auf Würmer oder Maden.

Zum Glück bietet die Natur den Anglern neben diesen Standardködern eine reiche Auswahl an tierischen und pflanzlichen Ködern, mit denen sich sowohl Friedfische als auch Raubfische zum Anbiß verleiten lassen. Man muß diese Köder nur zu finden und richtig anzubieten wissen. Und dabei hilft Ihnen die umfassende Auswahl gängiger und seltener Köder, die die Redaktion der internationalen Sportfischerzeitschrift BLINKER in diesem Buch zusammengestellt hat.

Da lesen Sie alles Wissenswerte über Köder, die nur zu bestimmten Jahreszeiten fängig sind, z. B. Heuschrecken im Sommer oder Strauchmaden im Winter. „Verlegenheitsköder" wie Holzwurm oder Blutegel werden vorgestellt und Tips gegeben für die dauerhafte Hälterung von Regenwürmern und Fliegenlarven.

Auch Köder für Meeresangler wie Watt- und Seeringelwurm werden berücksichtigt. Die Hinweise zur Beschaffung und Konservierung der Köder erfahren ihre notwendige Ergänzung durch ausführliche Angeltips: Welche Fische beißen auf diese Köder und mit welcher Schnurstärke bzw. Methode müssen Sie angeln?

Der Raubfischangler will wissen, ob Hecht bestimmte Köderfische bevorzugen, wie er seine Köderfische selbst fängt, sie lange "frisch" hält und wie er sie anbieten muß.

Bei den pflanzlichen Ködern (Hanf, Weizen usw.) oder Teig aus Brot interessieren weniger das Auffinden und die Aufbewahrung, sondern die Zubereitung der Köder zum Angeln. Farbige Fotos illustrieren dies in den einzelnen Phasen. Auch die animalischen Köder und die Köderfische werden auf ganzseitigen farbigen Bildern vorgestellt.

Angel-Experten aus dem In- und Ausland verraten dann noch ein paar "Geheimköder" und Köderkombinationen, die sie in ihrer langen Praxis entwickelt und erfolgreich erprobt haben.

Zum Abschluß dieses Köder-Lexikons, das eher ein umfassendes Angelbuch ist, geben Unterwasserfotos den Blick auf den "Mittagstisch" der Fische frei, denn deren Freßverhalten bestimmt die Art unserer Anköderung und die Angelmethode mit.

Wer jetzt noch die Schuld für einen "Schneidertag" beim Köder sucht, ist selber schuld. Oder vielleicht liegt es doch manchmal am Wetter ...

In diesem Sinne guten Fang.

Beifußmade

Erkennungsmerkmale

Die Beifußmade, auch Strauchmade genannt, gehört zu den weniger bekannten Naturködern für den Friedfischfang, gilt jedoch unter Kennern als hervorragender Winterköder. Genaugenommen handelt es sich nicht um eine Made, sondern um die Raupe des Zünslers, einer Schmetterlingsart. Die B. ist etwas größer als die bekannte Fleischmade, hat einen halbrunden schwarzen Kopf und ist am Körper gelblich-braun bis rosarot gefärbt. Der Körper besteht aus Querringen, auf denen dunkle Punkte angeordnet sind, ein unverkennbares Merkmal der Beifußmade.

Lebensweise

Die Beifußmade überwintert in den abgestorbenen Stauden des Echten Beifußes (lat. Artemisia vulgaris), sie ernährt sich dort vom Mark der Stengel und gräbt sich dabei Freßgänge. Man findet sie in der Regel in den Monaten Oktober bis März; je nach Witterung verpuppt sie sich gegen Ende März.

Der Echte Beifuß — der übrigens auch als Heil- und Gewürzpflanze kultiviert wird — wächst wild auf Öd- und Brachland: an Ufern, Bahndämmen, Wegrändern, auf Schutthalden und brachliegenden Äckern. Die Pflanzen werden 1—1,25 m hoch, haben holzige braune Stengel, die sich nach oben hin verästeln. Die Blätter des Beifußes sind länglich und gefiedert, mit einer glatten Oberseite und einem weißen filzigen Überzug auf der Unterseite. Im August/September erkennt man die Beifußstauden an gelben, ebenfalls filzigen Blüten.

Fang und Hälterung

Um im Winter jederzeit Beifußmaden beschaffen zu können, sollte man im Spätsommer nach den auffälligen Beifußblüten Ausschau halten und sich beifußbestandene Stellen merken. Ob ein Stengel eine B. enthält, erkennen wir, indem wir ihn 3—4mal knicken; dabei werden eventuell vorhandene Freßgänge in jedem Fall sichtbar. Da B. nicht in jedem Jahr gleich häufig auftreten, kann dieses Verfahren jedoch recht mühsam und langwierig werden. Spezialisierte Sammler sehen den Stauden schon äußerlich an, ob sie B. enthalten. Die Beifußstengel weisen unregelmäßige Verdickungen in der Mitte auf, ein Zeichen dafür, daß sie bereits seit Ende August „bewohnt" sind. Oder es befinden sich Bohrlöcher im Stengel, durch die die B. herausgeschaut hat, ob es noch Winter ist oder schon Zeit zum Verpuppen. Oder aber die Stengel sind abgeknickt, weil sie an den ausgehöhlten Stellen dem scharfen Herbstwind nicht mehr standhalten konnten.

Zum Entnehmen der B. werden die Stengel vorsichtig aufgebrochen und aufgespalten, keinesfalls zerschnitten, um eine Beschädigung der begehrten Köder zu vermeiden. Die eingesammelten B. lassen sich problemlos wochenlang hältern (im Gegensatz zur Fleischmade!), indem man sie in einem Gemisch aus feuchtem Moos und Beifußmark im Keller oder auf dem Balkon kühl aufbewahrt. Noch einfacher ist es, die B. in etwa 20 cm langen Stücken vom Beifußstengel aufzubewahren, sie samt „Wohnung" mit zum Wasser (ggf. auch wieder nach Hause) zu nehmen.

Fang und Hälterung

Beifußmaden, größer und lebhafter als die gewöhnliche Fleischmade, sind im Winter Spitzenköder vor allem für Rotaugen. Auch alle anderen Weißfische schätzen sie als Leckerbissen. Da in der kalten Jahreszeit größere Fische ebenfalls gern kleine Happen annehmen, ist auch mit dem Fang von Karpfen, Schleien und Barsch auf B. zu rechnen.

Angelmethoden

Da die Beifußmade im Winter zur Verwendung kommt, müssen wir Angelmethode und Gerätezusammenstellung auf das spezielle Beißverhalten der Fische in der kalten Jahreszeit abstimmen. Fische sind ja wechselwarme Tiere, die bei niedrigen Wassertemperaturen in ihren Bewegungen träger, in der Nahrungsaufnahme langsamer und wählerischer werden. Ein kleiner, sich verlockend bewegender Köder kann ihren Appetit am ehesten anregen, und deshalb hat es sich beim Rotaugenfang bewährt, nur eine einzige B. an einen kurzschenkligen Haken Größe 16—18 zu hängen. Der Haken wird dabei unterhalb des Kopfes durch die B. gestochen. Ein angedrückter Widerhaken verringert die Auslaufgefahr. Ist mit gelegentlichem Fang größerer Fische zu rechnen, so wird auf einen langschenkligen Haken Größe 13—15 eine B. ganz aufgezogen und eine weitere angehängt. Nur bei hohem trübem Wasser versprechen Bündel aus mehreren B. an Hakengröße 10—12 Erfolg. Für das übrige Gerät gilt das Prinzip „so fein wie möglich". Da sich im Winter kein Pflanzenbewuchs im Wasser befindet, können wir mit der Vorfachstärke bis auf 0,10 heruntergehen; eine Rolle sollte jedoch wegen der beim Angeln mit B. häufigen Überraschungen durch Karpfen oder starke Brassen verwendet werden; eine feine, flexible Rutenspitze ist bei diesen Schnurstärken selbstverständliche Voraussetzung. Genaues Ausloten der Angeltiefe ist beim Winterangeln besonders wichtig, da die Friedfische im allgemeinen direkt am Grund stehen. Um ihnen den Köder mundgerecht zu servieren, stellen wir die leichte, bis zum Antennenansatz austarierte Pose so ein, daß unsere B. allerhöchstens 5 cm über dem Grund schwebt. Beim Anhieb ist Übereifer schädlich — besonders in stehenden Gewässern, da die Fische den Köder sehr langsam nehmen; es ist also angebracht, ihnen einige Sekunden Zeit zu lassen und erst dann, natürlich dem feinen Gerät entsprechend gefühlvoll, anzuschlagen.

Blutegel

Erkennungsmerkmale

Egel sind nahe Verwandte der nicht nur bei Anglern bekannten Regenwürmer; es handelt sich um fein geringelte Würmer ohne Borsten (Regenwürmer sind „Wenigborster"), deren abgeplatteter Körper vorn einen Saug bzw. Rüsselmund und hinten eine saugende Haftscheibe trägt. Bekanntester Vertreter ist der medizinische Blutegel, der in früheren Zeiten massenhaft für Apotheken gesammelt und dort verkauft wurde, um ungezählten Patienten zum gleichermaßen schmerzhaften wie therapeutisch fragwürdigen Aderlaß („Schröpfen") gegen fast ebenso ungezählte Krankheiten und Wehwehchen zu verhelfen. Die in ausgewachsenem Zustand 10 - 15 cm langen Peiniger sind an der Oberseite grünbraun gefärbt und tragen sechs rote Längsstreifen, ihre Unterseite ist etwas heller und mit dunklen Flecken besetzt.

Der medizinische Blut E. ist in Deutschland heutzutage selten, seine Anwendung soll nur noch von wenigen Praktikern in vorwiegend ländlichen Gebieten verordnet werden. Als Angelköder kommt er kaum in Betracht. Wenn in der einschlägigen Angelsportliteratur von „Blutegeln" die Rede ist, so ist wohl zumeist der wesentlich häufiger vorkommende und dem Menschen gegenüber vergleichsweise zahme Pferdeegel gemeint. Dieser ähnelt dem med. Blut E. in Form und Größe, ist jedoch dunkler schwarzbraun gefärbt, seine Seiten sind mit einer gelben Linie gezeichnet, der Bauch ist gelbgrün mit dunklen Flecken.

Der 2 − 5 cm lange, olivbraun bis schwarzbraun gefärbte Fischegel hat als Angelköder keine Bedeutung; da er als blutsaugender Fisch-Parasit in unseren Gewässern erheblichen Schaden anrichten kann, soll er dennoch an dieser Stelle erwähnt werden.

Lebensweise

Egel leben in Teichen, Tümpeln, Gräben und Bächen und bevorzugen lehmigen und schlammigen Grund. Zu ihrer Fortbewegung können sie entweder mit schlängelnden Bewegungen schwimmen oder mittels ihrer beiden Saugnäpfe auf fester Unterlage wandern, indem sie sich strecken, sich vorn festsaugen, das Hinterteil nach ziehen und ebenfalls festsaugen, den Körper wiederum nach vorn strecken, festsaugen, ... Neben seiner Funktion für die Fortbewegung dient der vordere Saugnapf der Nahrungsaufnahme, er enthält den Mund. Beim med. Blut E. ist dieser mit drei gezahnten, halbkreisförmigen Hornkiefern ausgestattet, die durch Muskeln in der Art einer Kreissäge bewegt werden. Damit schlägt der E. zum Blutsaugen Wunden in seine Beutetiere; gleichzeitig scheidet er ein Sekret aus, das das Gerinnen des Blutes verhindert und bis zu 10 Stunden Nachbluten verursachen kann.

Der Pferde E. ist kein Blutsauger, sondern ernährt sich friedlich von Würmern, Schnecken und Insektenlarven. Seinen Namen verdankt er wohl der Tatsache, daß er u. a. in Pferdetränken (Tümpel, Wiesengräben) lebt und sich gelegentlich, eher aus Angst und Verzweiflung denn aus böser Absicht, im

Schlund von tränkenden Pferden festsaugt.

Fang und Hälterung

Wie in der Medizin, so überleben auch in der Angelsportliteratur zum Egel Theorien aus längst vergangener Zeit. So findet der Naturbursch den Rat, mit nackten Beinen (in Krachledernen, vermute ich) in ein Egelwasser zu steigen und die gierig sich auf ihn stürzenden Blut E. anschließend abzusammeln. Eine andere Methode, Blut E. an mit Rinderblut beschmierte Watstiefel zu locken, entbehrt jener urtümlichen Romantik; zudem ist der med. Blut E. ja eben recht rar geworden in unseren Landen. Pferde-E. kann man in flachen, schlammigen Tümpeln durch „Egeltreten" finden, d. h. indem man darin mit Stiefeln herumstapft und den Schlamm aufwühlt. Oder aber, indem man den Schlamm mit einem Stock aufwühlt. In der so entstehenden Schlammbrühe streben die E. zur Oberfläche und sind dort als dunkle Striche oder Punkte im gelbbraunen Wasser deutlich zu erkennen und einzusammeln. Im Sommer finden sich Pferde-E. oft massenhaft im flachen Wasser in Ufernähe oder an der Unterseite von Seerosenblättern, wo sie auf Beutetiere lauern. Dort können sie mit einem feinen Keschernetz herausgefangen oder abgesammelt werden. Zur Hälterung gibt man sie in einen Behälter mit Wasser oder in einen nassen Leinenbeutel.

Fischarten

Egel sind Bestandteil der natürlichen Nahrung der Fische und eignen sich als Köder für alle Fischarten, die auch mit

Würmern gefangen werden. Hauptabnehmer sind größere Cypriniden, vor allem Döbel und Barbe. Auf Bodennahrung spezialisierte große Äschen werden mit E. gefangen; Aal, Rutte und sogar der Wels nehmen diese „Würmer" ebenfalls an.

Angelmethoden

Egel, insbesondere der Pferde-E. werden vor allem in zwei Situationen als Köder verwendet: Wenn aus unterschiedlichen Gründen der Köder erst am Wasser gesucht werden muß („Würmer vergessen"), oder aber wenn wir uns bei starker Strömung die Tatsache zunutze machen, daß Egel besonders zäh und widerstandsfähige „Würmer" sind. Ein Haken Größe 6 − 8 wird durch den Kopf des E. eingeführt und darin verborgen, der Rest des Körpers hängt frei herunter. Der E. wird in jedem Fall in Grundnähe angeboten, sei es mit der entsprechend eingestellten Posenangel, sei es mit der Bodenbleiangel, für die dieser robuste Köder besonders gut geeignet ist (Barbe, Aal). Mit Rücksicht auf die zu erwartenden Fänge wird die Vorfachstärke selten unter 0,18 mm liegen. Zum Wallerfang werden Bündel von E. an Haken Größe 2 oder noch größer, ähnlich wie Tauwurmbündel, an der schweren Bodenbleiangel empfohlen.

Flohkrebse

Erkennungsmerkmale

Flohkrebse gehören zu den bedeutendsten Fischnährtieren; daß sie auch gute Angelköder abgeben, ist weniger bekannt. Von den zahlreichen F.-Arten kommen in deutschen Binnengewässern zwei Vertreter vor, nämlich der Bachflohkrebs (gammarus pulex) und der amerikanische „getigerte" F. (gammarus tigrinus). Beide sind 9 — 15 mm lang, ihr Körper ist seitlich zusammengedrückt mit beinahe halbkreisförmig gebogenem Rücken. Sie tragen am Kopf ein Paar auffällige Fühler, an der Brust zwei Paar Fangarme zum Ergreifen der Nahrung und sieben Paar Beine. Der einheimische Bachf. ist einheitlich hell graubraun bis dunkelbraun-grün gefärbt; die Farbe hängt zusammen mit der Vegetation und der Färbung des Untergrundes im Gewässer. Der amerikanische F. trägt über den ganzen Körper kräftige dunkle Querstreifen, daher der Name „getigerte" F. Der ursprünglich aus Nordamerika stammende „Tiger" F. wurde vor längerer Zeit nach England eingeschleppt und von dort aus 1957 in die Flüsse Werra und Weser eingesetzt, deren überhöhten Salzgehalt er besser verträgt als der Bachf. und zahlreiche andere Fischnährtiere.

Lebensweise

Bachflohkrebse leben in sauberem, sauerstoffreichem Wasser und sind daher besonders häufig in Bächen anzutreffen, aber nicht ausschließlich: Wenn die Wasserqualität es zuläßt, findet man sie auch in großen Flüssen und in Seen am Boden oder zwischen Uferpflanzen. Der „getigerte" F. ist weniger anspruchsvoll.

F. bewegen sich auf verschiedene Weise: kriechend; hüpfend, indem sie sich durch Krümmen und Strecken des Körpers mit dem Hinterteil vom Boden abstoßen; oder auch in Seitenlage schwimmend, ebenfalls durch stoßweises Einziehen und Strecken des Hinterleibs. Eigenart der F. bei der Fortpflanzung: Die Weibchen haben am Brustteil eine Bruttasche, in der sich die Eier nach der Befruchtung entwickeln. Die jungen F. schlüpfen in den Bruttaschen und werden vom Muttertier nach Känguruh-Manier noch einige Tage lang herumgetragen.

Hauptnahrung der F. sind zerfallende Pflanzenreste, gelegentlich auch Reste von toten Tieren; seltener knabbern sie an frischen Pflanzen herum. F. treten zumeist in großen Massen auf. Bei Berufsfischern sind sie trotz ihres hohen Werts als Fischnahrung nicht sehr beliebt, da sie bisweilen in die Stellnetze eindringen, darin die wehrlosen Fische anfallen oder gar die Netze selbst anknabbern. Besonders die überaus gefräßigen „Tiger" F. machen sich auf diese Weise unbeliebt. Da sie außerdem im Bereich der Weser die Sportfischer ärgern, weil sich die Fische oft die Bäuche mit F. vollschlagen und dann keinen noch so schönen Köder mehr anrühren mögen, war der Besatz mit F. dort lange Zeit umstritten. Sicher ist jedoch, daß es ohne „Tiger" F. um die Nahrung der Weserfische sehr schlecht stünde.

Fang und Hälterung

Flohkrebse gibt es das ganze Jahr hindurch; im Winter sind sie allerdings an tiefen Gewässerstellen unter dem Schlamm oder Sand vergraben und damit schlecht zu finden. In der wärmeren Jahreszeit kann man sie leicht einsammeln, indem man in Fließgewässern an flachen Stellen Steine vom Boden abhebt. Besonders günstig für Bachf. sind kalkreiche, nahrungsreiche Gewässer mit starkem Krautbewuchs. Stellenweise sitzen dort alle Steine dicht voll mit F., die man in einen Eimer mit Wasser abstreifen kann. Hier halten sie sich einige Stunden, solange der Sauerstoff im Wasser reicht. Eine längerfristige Hälterung kommt nicht in Betracht, da am Wasser jederzeit Nachschub an F. verfügbar ist.

Fischarten

Schon vom frühen Kindesalter an mögen alle Fischarten Flohkrebse gern. Besonders Forellenmägen sind oft prall mit F. gefüllt; die F. verhelfen der Forelle zu besonders günstigen Wachstumsraten und, da sie viel Karotin enthalten, zu charakteristisch „lachsfarbigem" Fleisch. Alle Weißfischarten, auch größere Friedfische, Barsch und Aal lieben den ganzjährig verfügbaren Leckerbissen. Den dicken Weserrotaugen und -Aalen sieht man an, wie gut ihnen die Mast mit „Tigern" bekommt.

Angelmethoden

Zu Köderehren kommen Flohkrebse meist nur als Gelegenheits- und Verlegenheitsköder, z. B. wenn man am Wasser bemerkt, daß die Maden noch zu Hause im Kühlschrank liegen. F. bewähren sich aber auch und vor allem dann, wenn alle anderen Köder versagen, weil die Fische eben ausschließlich auf F. „stehen" (Weser im Sommer). Kleinere Weißfische fangen wir an der leichten Posenangel mit exakt austariertem Schwimmer, indem wir einen F. durch das Hinterteil auf einen feindrähtigen Haken Gr. 16 — 18 ködern. Auf größere Weißfische, Barsch und Forelle bringt ein Bündel von F. am ebenfalls feindrähtigen Haken Gr. 12 Erfolg. Durch abwechselndes Verhalten und Treibenlassen der Posenangel lassen wir den Köder im Wasser „arbeiten" und so die Aufmerksamkeit der Fische erregen, die vom F. ja lebhafte Fortbewegung gewöhnt sind.

Getigerte F. werden beim Aalfang in der Weser gelegentlich ungewollt zum Köder: An der Grundangel angebotene Tauwürmer, Wespenlarven o. ä. werden von F. „besetzt", die dann auf den Aal vermutlich mehr Anziehung ausüben als der eigentliche Köder.

F.-Imitationen werden von englischen Fliegenfischern seit langem mit Erfolg verwendet - so z. B. der berühmte „Äschentöter" (Grayling Killer Bug) - und sind in den letzten Jahren auch bei uns bekannt geworden.

Flußkrebs

Erkennungsmerkmale

Der Flußkrebs, ein langschwänziger Zehnfußkrebs, wird durchschnittlich 15 cm, im Höchstfall 25 cm (Männchen) bzw. 23 cm (Weibchen), lang. Sein Aussehen wird bestimmt durch den vorn schnabelförmig auslaufenden Kopf-Brust-Panzer („Krebsnase") aus Kalk und Chitin mit zwei langen Fühlern am Kopf, einem walzenförmigen Körper mit muskulösem Hinterleib und fünf Gehbeinpaare, deren Vorderstes zu kräftigen Scheren ausgebildet ist. Die Färbung des F. schwankt zwischen dunkeloliv–braun/schwarzanthrazit und paßt sich dem Untergrund an. Beine und Scheren sind an der Unterseite rötlich gefärbt.

Während des Heranwachsens müssen die F. ihren harten Panzer häufig abwerfen und einen neuen, größeren bilden. Während der Häutungen, die auch bei ausgewachsenen Tieren noch ein- bis zweimal jährlich erfolgen, sind sie ocker bis hellbraun gefärbt, man nennt sie dann „Butterkrebse". F. erreichen ein Lebensalter bis zu zwanzig Jahren.

Um die Jahrhundertwende wurde der F.-Bestand durch die Krebspest stark dezimiert. Als Ersatz wurde der amerikanische Flußkrebs (Kamber-Krebs), der gegen die Pest immun ist, eingeführt. Vom einheimischen F. unterscheidet er sich durch braunrot gefärbte Querbinden auf der Oberseite des Schwanzes und durch kleineren Wuchs (bis 10 cm).

Lebensweise

F. benötigen sauberes, klares Wasser und halten sich überwiegend in Fließgewässern auf. Man findet sie auch z. B. in den Steinböschungen von Kanälen.

Tagsüber suchen sie Dekkung nach allen Seiten, vor allem nach oben, und leben versteckt zwischen grobporigem Gestein und Gefels, unter versunkenem Holz, in Uferspalten und Krautbetten, unter Baumwurzeln an Steilufern. Nachts begeben sie sich auf Nahrungssuche, und zwar entweder vorwärts laufend mit erhobenen Scheren oder rückwärts schwimmend durch Schlagen mit dem Hinterleib (Schwanzfächer). F. sind Allesfresser und ernähren sich von Würmern, Schnecken, Muscheln, kleineren Krebsen, kleinen Fischen oder auch von Wasserpflanzen. Ihre beiden großen Scheren ergreifen die Nahrung, drei Paar Kieferfüße reichen sie nach vorn an die Kaukiefer weiter.

F. sind Kiemenatmer; fünf Paar kleine Hinterleibsbeine fächeln das Atemwasser in die Kiemen. Der Panzer umschließt den Kiemenraum so dicht, daß die Feuchtigkeit darin über eine gewisse Zeit gehalten wird; dadurch können die Tiere auch eine gewisse Zeit an Land leben.

Die Begattung der F. erfolgt im Herbst, das Weibchen trägt die befruchteten Eier an der Unterseite zwischen den Beinen, die ca. 9 mm langen Jungkrebse schlüpfen im Frühjahr. Im dazwischen liegenden Zeitraum hat der F. Schonzeit.

Fang und Hälterung

In Bächen mit geringer Wassertiefe kann man F. fangen, indem man mutmaßliche Behausungen umwendet und die „Einwohner" heraushebt. In tieferem Wasser fängt man F. in den Abendstunden mit einem speziellen Fanggerät, dem Krebsteller. Dabei handelt es sich um ein flaches, tellerförmiges, mit einem Spannring versehenes Netz, in dessen Mitte ein Köder – Fisch oder Fischstück – ausgelegt und befestigt wird. Der F. steigt auf das Netz, und während er sich mit dem Köder zu schaffen macht, wird dieses vorsichtig, aber zügig herausgehoben, bevor der Krebs die Flucht ergreift. Ein weiteres Fanggerät ist die Krebsreuse, die man beködert und über Nacht im Wasser stehen läßt. Schließlich kann man F. auch in selbstgebastelten Krebsfallen fangen: Eine alte Blechdose wird zusammengedrückt bis auf eine etwa zwei Finger breite Öffnung. Dose an einer Schnur befestigen, die am oberen Ende einen Flaschenkorken trägt, Falle mit Sand oder Kies beschweren, gegebenenfalls Stücke von toten Fischen hinzugeben. Die F. beziehen über Nacht in der Falle Versteck und können samt Falle eingesammelt werden. Lebende F. hältert man im Eimer oder Köderkessel mit Wasser. Eimer kühl und schattig stellen, Wasser häufig erneuern. Sollen Krebsstücke als Köder verwendet werden, so tötet man den Flußkrebs vor dem Zerteilen durch eine kräftigen Wurf auf harten Boden (kleine Tiere, Butterkrebs) bzw., indem man sie in siedendes Wasser wirft. Die gesetzlichen Mindestmaße sind zu beachten!

Fischarten

Stücke vom F. sind ausgezeichnete Köder vor allem für Aal, auch für Aalrute, Barsch, Döbel sowie andere größere Cypriniden: Barbe, Brassen, Schleie, Karpfen. Auch Forellen werden damit gefangen. Ganze lebende F. werden für Hecht, Zander und Wels als Köder empfohlen.

Angelmethoden

Aus dem frisch getöteten F. werden zunächst fischgerechte Köderbrocken geschnitten. Am besten eignen sich fingerdicke Stücke vom muskulösen Schwanzende, die an einfache Haken Gr. 4–6 montiert werden. Da vorwiegend größere Fische erbeutet werden, sollte die Vorfachstärke 0,20 mm nicht unterschreiten. Der Krebsköder wird mit der Posenangel knapp über dem Grund oder, besonders in stärker strömenden Gewässern, mit der Bodenbleiangel am Grund serviert. Nicht als Köder verwendete Krebsstückchen werden zusätzlich als Lockköder eingeworfen.

Als Lebendköder kommen kleinere F. in Betracht, und zwar bevorzugt Butterkrebse. Diese werden an einen oder zwei mittlere Drillingshaken geködert, die man am Rande des noch weichen Panzers einsticht. Bei gepanzerten F. können Drillingshaken und Vorfach mit Fadenwindungen auf dem Rücken befestigt werden. Das Fischen mit lebenden F. auf Raubfische ist von den Angelmethoden her mit der Angelei mit lebendem Köderfisch vergleichbar. Es wird verhältnismäßig selten praktiziert, was aus Gründen des Tierschutzes zu begrüßen ist.

Garnele

Erkennungsmerkmale

Die Garnele, auch Sandgarnele, Porre, Granat genannt, wird unter der unzutreffenden Bezeichnung (Nordsee-) „Krabbe" im Feinkosthandel als Delikatesse geführt. Ihr massenhaftes Vorkommen im Wattenmeer schöpfen die Küstenfischer erwerbsmäßig aus;. Der „Krabbenfang" erreicht an der Nordseeküste bis zu 5 % der Fischfangmenge. Weniger bekannt ist, daß die G., ebenso wie ihre nahe Verwandte, die nicht so häufig vorkommende Ostseegarnele, auch einen hervorragenden Angelköder abgibt.

G. werden in der Regel 50, im Einzelfall (Weibchen) bis 75 mm lang. Ihr seitlich zusammengedrückter, gepanzerter Körper trägt am Kopf 2 Antennenpaare, an der Bauchseite 5 Gehbeinpaare und am Ende einen stark ausgebildeten Schwanzfächer – G. zählen damit zu den Langschwanzkrebsen. Die Tiere erscheinen wasserhell, fast durchsichtig, und können durch veränderbare Farbzellen in der Haut ihre Färbung dem jeweiligen Untergrund anpassen.

Lebensweise

Garnelen leben im flachen Wattenmeer und im Brackwasser der Flußmündungen in geringer Wassertiefe auf Sand- oder Schlickboden. Tagsüber sind sie zumeist im Schlick verborgen oder stehen scheinbar regungslos am Boden. Dabei sind sie jedoch zu überraschend schnellen Schwimmbewegungen fähig, bei denen der Schwanzfächer zur Bauchseite hin schlägt und die Tiere rückwärts treibt.

Auf Nahrungssuche gehen die G. überwiegend nachts. Sie stelzen dann auf ihren Gehbeinen am Boden entlang und fressen andere Kleinkrebse, Würmer und Weichtiere. Die Lebensdauer der G. beträgt 3 Jahre. Ihr massenhaftes Auftreten ist dadurch bedingt, daß ein Weibchen bis zu 20 000 Nachkommen hervorbringt.

Fang und Hälterung

Am bequemsten beschafft man sich Garnelen als Köder bei einem der zahlreichen „Krabbenfischer", die vom Kutter aus G. im Wattenmeer mit dem Schleppnetz fangen. Ein anderes, ebenfalls bei der erwerbsmäßigen G.-Fischerei eingesetztes Fanggerät ist der sog. Schiebehamen, ein kescherähnliches Gerät mit einem starken halbkreisförmigen Rahmen, feinmaschigem Netz und stabilem Stiel. Mit diesem Gerät kann man es den Fischern gleich tun und bei Ebbe den Boden von Prielen nach G. absuchen. Oftmals wird dabei neben den als Köder benötigten G. noch ein „Überschuß" herausspringen und die Familie durch eine delikate Mahlzeit gekochter Garnelen für den Angeltag entschädigt werden.

Weder im rohen noch im gekochten Zustand sind G. über längere Zeit haltbar. Sie werden daher als Köder sofort und zumeist roh verwendet. Zur kurzfristigen Hälterung gibt man sie in ein Gefäß zwischen mit Seewasser befeuchteten Seetang.

Ostsee-G. fängt man ebenfalls mit einem Schiebekescher, indem man im flachen Wasser Felder von Blasentang abstreift. Sie können über kurze Zeit in einem Köderkasten gehältert werden,

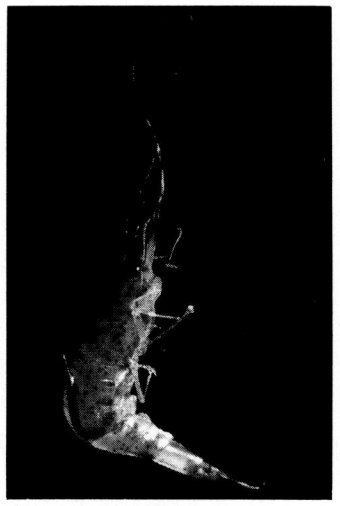

Garnele am Haken.

der im Wasser schwimmt. Konservierte oder getrocknete G. sind in Küstennähe in Angelgerätegeschäften erhältlich; der frische Köder ist allerdings vorzuziehen.

Fischarten

Für alle in Küstennähe und im Brackwasser vorkommenden Fischarten ist die Garnele ein ausgezeichneter Köder, vor allem für die Flunder und den Stint, die eine besondere Vorliebe für die G. zeigen. Aal und Aalmutter werden häufig mit G. gefangen, ebenso Schollen. Gelegentlich werden auch Lachs, Meerforelle und im Unterlauf der Flüsse große Friedfische mit G. erbeutet. Ganz besonders bewährt hat sich die Garnele auch als Köder für den Fang der an deutschen Küsten immer häufiger werdenden Meeräsche (s. BLINKER 3/79, S. 41).

Angelmethoden

Ihrer Lebensweise entsprechend verwendet man Garnelen als Köder in Grundnähe, in der Regel an der Bodenbleiangel mit Paternoster-Seitenarmen. Einen

idealen Köder erhält man, wenn man die G. schält und nur den Schwanz auf einen Haken ca. Größe 4 steckt. Allerdings wird dieser Köder häufig statt von den erwünschten Aalen und Flundern schon vorher von der kleineren Aalmutter angenommen oder – noch schlimmer – in den Sommermonaten von Wollhandkrabben und Strandkrabben abgefressen. Ganze, ungeschälte G. werden von der Aalmutter abgelehnt. Auch die Wollhandkrabbe hat damit ihre Schwierigkeiten, wird jedoch keine Ruhe geben und ständig am Köder herumknabbern. In diesem Fall hilft nur die Posenangel mit einer 15–30 Gramm tragenden Laufpose (z. B. vom Boot aus), oder aber eine Bodenbleiangel mit schwebendem Haken. Bei dieser Technik wird auf etwa 2/3 des Abstands zwischen Laufblei und Haken ein Stück Kork montiert, dessen Auftrieb dafür sorgt, daß der Köder dem Zugriff ungebetener Gäste – Wollhand- oder Strandkrabbe – entzogen wird. Die Ruten- und Schnurstärke richtet sich nach der Beschaffenheit des Untergrundes und dem aufgrund der erforderlichen Wurfentfernung notwendigen Bleigewicht.

Im Angelgerätehandel angebotene G.-Imitationen aus Weichplastik eignen sich als Beiköder an der Pilkangel auf Dorsche, nicht aber an der Grundangel.

Grillen

Erkennungsmerkmale

Grillen gehören zu den vierflügeligen Geradflüglern mit beißenden Mundwerkzeugen, sie sind damit entfernt mit Heuschrecken und Ohrwürmern verwandt. Zwei einheimische G.-Arten sind als Angelköder interessant: die Feld-G. und die Maulwurfs-G. (Werre).

Die bekanntere von beiden ist die Feld-G., die sich vom Frühsommer an allenthalben durch ihr Zirpen bemerkbar macht, das sie mit den Deckflügeln erzeugt. Sie erreicht eine Länge von 25 mm, trägt am Kopf, ähnlich der Heuschrecke, zwei lange, fadenförmige Fühler und am Hinterende zwei griffelartige Anhänge; das Weibchen hat eine Legeröhre. Die Feld-G. ist tiefschwarz gefärbt.

Die wesentlich größere Maulwurfs-G. verdankt ihren Namen den wie beim Maulwurf zu Grabschaufeln umgestalteten Vorderbeinen. Ihre Färbung ist rostbraun mit seidig behaartem, samtglänzendem Rücken. Die Vorderflügel sind zu lederartigen Stummeln verkümmert. Wie die Feld-G. trägt auch die Maulwurfs-G. am Kopf zwei lange Fühler und am Hinterende zwei Griffelanhänge.

Lebensweise

Grillen sind „Grabheuschrecken" und leben in selbstgegrabenen Höhlen in trockenem, lockerem, vorwiegend sandigem Boden. Die Feld-G. bevorzugt Heidegelände. Vor den bis zu 40 cm tiefen, fingerdicken Erdlöchern befindet sich eine kleine bewuchsfreie Stelle, die dem Männchen als „Bühne" für seinen ebenso eintönigen wie ausdauernden Zirpgesang dient. Vor den Höhlen vollziehen sich oft dramatische Kämpfe, wenn der Hausherr Eindringlinge bekämpft und zu vertreiben versucht. Der Besiegte wird häufig vom Sieger aufgefressen. Feld-G. ernähren sich überwiegend von Pflanzen und Pflanzenwurzeln, aber eben auch von anderen Insekten.

Die Lebensweise der Maulwurfs-G. gleicht weitgehend der ihrer kleineren Verwandten. Durch erheblichen Wurzelfraß macht sie sich als Feld- und Gartenschädling äußerst unbeliebt. G. entwickeln sich in unvollkommener Metamorphose (Umwandlung), sie überwintern als Larven im Boden. Im Mai/Juni sind sie bereits ausgewachsen, während Feld- und Laubheuschrecken dann noch in der Entwicklung stehen. Zirpen im Frühsommer deutet also zumeist auf G.-Vorkommen hin.

Fang und Hälterung

Als Liebhaber warmer und trockener Behausungen bevorzugen Grillen grasbewachsene Süd- und Südosthänge von Böschungen und Hängen. Die Tiere sitzen gern vor der Höhle in der Sonne, verschwinden jedoch schleunigst bei jeder Annäherung.

Eine Fangmethode besteht darin, die G. aus ihren Höhlen „herauszukitzeln". Dazu wird ein langer, flexibler Grashalm von den Blättern befreit und unter ständigem Drehen bis an das Ende des Ganges eingeführt, um die F. zur Flucht zu veranlassen. Ist die Höhle gewunden angelegt, so kommt man mit diesem Verfahren nicht zum Ziel. Dann empfiehlt es sich, seitlich hinter dem Höhleneingang zu warten, so daß kein Schatten vor die Höhle fällt. Einziges „Fanggerät" ist ein angespitzter Stock (Haselstecken z. B.), mit dem der Eingang verstopft werden kann, wenn sich die G. nach einiger Zeit vorsichtig wieder herauswagt. Das Tier weiß dann nicht, wohin, ist hilflos und kann relativ leicht eingesammelt werden.

Die Hälterung lebender G. ist problematisch, da diese sich gegenseitig angreifen, verletzen und töten.

Fischarten

Die Feldgrille ist ein guter Köder für größere Cypriniden wie Aland, Frauenfisch, Barbe und v. a. Döbel, auf den sie eine besondere Anziehungskraft ausübt. Auch Forellen werden gelegentlich mit G. gefangen. Die Maulwurfs-G. ist besonders als Köder zum Wallerfang in Jugoslawien und im Donaudelta bekannt geworden.

Angelmethoden

Die Feldgrille kann als Köder sowohl an der Oberfläche als auch im Mittelwasser und in Grundnähe nicht zu tiefer (Fließ-)Gewässer verwendet werden. Zum Oberflächenfischen bedient man sich der Tippangel ohne Pose und Blei in Ufernähe oder fischt auf Distanz mit der Wasserkugel (Buldo) an der leichten Spinnrute. Da mit größerer Beute zu rechnen ist, sollte die Schnur- und Vorfachstärke 0,18 − 0,20 mm nicht unterschreiten. Dies gilt auch für die Posenangelei mit versunkener G. Die G. werden auf einfache Haken Gr. 4−6 geködert.

Zum Wallerfang wird empfohlen, 3 Maulwurfs-G. mit der Bauchseite nach außen durch den Panzer auf einen großen Drillingshaken zu ködern. Dieser Köder wird an sehr schwerem Gerät (starke Vollglasrute, mindestens 60-er Schnur, schweres Grundblei) knapp über dem Grund angeboten. Die Waller werden mit einem Schlagholz, das an der Wasseroberfläche laute Geräusche und erhebliche Vibrationen erzeugt, angelockt bzw. aufgescheucht (darüber streiten die Gelehrten).

Maulwurfsgrille, Geheimköder für Welse.

Heuschrecken

Erkennungsmerkmale

Der Name Heuschrecke bezeichnet eine Vielfalt von Insekten mit verschiedener Körperform und -färbung, unterschiedlichen Lebens- und Nahrungsgewohnheiten. In unseren Breiten am bekanntesten ist das „Grüne Heupferd" aus der Familie der Laubheuschrecken. Dieses ca. 2 bis 3 cm lange Insekt verdankt seinen Namen dem ähnlich wie beim Pferd abwärts geneigten Kopf, an dessen Vorderseite zwei etwa körperlange Fühler sitzen. Die Übergangszone vom Kopf zum Körper wird von einer sattelförmigen Platte abgedeckt. An der Brust sind drei Beinpaare angebracht. Das hintere Beinpaar — die Sprungbeine — ist angewinkelt und außerordentlich kräftig entwickelt. Der Hinterleib läuft in einen Hohldorn aus, welcher der Eiablage in den Boden dient.

Lebensweise

Heuschrecken entwickeln sich in einer unvollkommenen Metamorphose (Umwandlung). Das Weibchen legt im Herbst seine Eier in den Boden, die H. sterben im Winter ab.
Im Frühjahr schlüpft aus dem Ei ein flügelloser Heuhüpfer, der sich während seines Wachstums fünfmal häutet. Nach der dritten Häutung entwicklen sich die Flügelstummel. Alle Entwicklungsstadien der H. hüpfen bis in den Herbst hinein bunt durcheinander gemeinsam herum.
Während die Grünen H. sich von kleinsten Insekten ernähren, die sie an Gras und Sträuchern finden, sind die Feldheuschrecken Pflanzenfresser. Dies erklärt, warum die Grünen H. an Seitenstreifen stark befahrener Straßen fehlen: Die Abgase haben die Nährtiere getötet.

Fang und Hälterung

Heuschrecken kann man Juli bis in den Herbst hinein auf fast allen Wiesen in nahezu unbegrenzter Zahl fangen. Ungeeignet sind lediglich Rasen, die regelmäßig gemäht werden, weil die H. im Mäher getötet oder mangels Deckung durch Vögel dezimiert werden. Ob eine Wiese H. beheimatet, hört das geschulte Ohr im vorbeigehen am Zirpen der Tiere.
Der Fang von H. kann, v.a. an warmen und sonnigen Sommertagen, außerordentlich mühselig und anstrengend sein; denn die Tiere hüpfen meist gerade in dem Moment, wenn man zugreifen oder sich „auf sie stürzen" will, ein paar Meter weiter und fordern so zu einer schweißtreibenden Verfolgungsjagd heraus. Am leichtesten sind sie zu fangen, wenn vormittags die Sonne beginnt, den Morgentau zu trocknen. Die H. sind dann noch „klamm" und nicht zu großen Sprüngen fähig; bisweilen muß man sie erst aufscheuchen, indem man mit einem Reisig o.ä. auf das Gras schlägt.
Als Hilfsmittel beim Fang eignet sich eine helle Decke, die wir aufs Gras legen und dann im Abstand von 3 bis 4 Metern umkreisen. Die H., die auf die Decke springen, verkrallen sich mit ihren Sprungbeinen im Gewebe. H. leben in Gefangenschaft nur einige Tage, zur Hälterung eignet sich eine Flasche oder transparente Dose mit ein paar Grashalmen (Plastikflasche von Mineralwasser!). Der Behälter sollte einen Hals oder einen Schieber als Öffnung haben, so daß nur jeweils eines der Insekten entnommen werden kann. Beim Öffnen eines normalen Deckels würde sich die gesamte Besatzung auf einmal aus dem Staube machen. Nachdrücklich warne ich aus eigener leidvoller Erfahrung vor der Verwendung von Gläsern, die bekanntlich zerspringen, wenn sie beim Angeln in die Ufersteine fallen …

Fischarten

Alle Fische, die Oberflächennahrung aufnehmen, schätzen die Heuschrecke als Bereicherung der Speisekarte. Die vergleichsweise fetten Leckerbissen sind besonders in den Monaten August und September ein beinahe „todsicherer" Köder für Döbel und wo erlaubt — Forellen und Äschen, daneben für verschiedene Weißfischarten, v.a. Hässling und Rotauge. Wenn sich im heißen Sommer die Fangzeit im allgemeinen auf die frühen Morgen- und späten Abendstunden beschränkt, so sind mit H. auch tagsüber gute Fänge möglich; denn die Fische sind es ja gewohnt, daß die übermütigen Hüpfer gerade in der heißen Mittags- und Nachmittagssonne „Fehltritte" ins Wasser begehen.

Angelmethoden

Die natürlichste Angelmethode mit Heuschrecken ist die Tippangelei an der Oberfläche in Ufernähe. Sie bewährt sich besonders in Wiesenbächen und kleinen Flüssen, wo die Fische unter überhängendem Gras oder Sträuchern auf einfallende Nahrung lauern und diese — auch hakenbewehrt — direkt beim Aufprall auf die Oberfläche nehmen, wenn sie den Angler vorher nicht entdeckt haben. Also: Anschleichen wie die Indianer! Bei dieser Methode ködern wir die H. an langschenkligen Haken Größe 12 nur durch den Hinterleib. Selbstverständlich werden die Tiere zuvor durch Druck auf den Kopf getötet. Oft erweist sich als günstiger, die am gegenüberliegenden Ufer lauernden Fische mit H. anzusprechen. Um die erforderliche Wurfweite zu erzielen, verwenden wir eine Wasserkugel; die H. lassen wir an langem Vorfach (ca. 1 m) voraustreiben. Eine andere Möglichkeit besteht darin, die Kugel am Ende der Schnur und davor mehrere Springer — Seitenarme von ca. 20 cm Länge mit H. am Haken — anzubringen (nicht überall erlaubt!). Um zu verhindern, daß der Köder beim Wurf verlorengeht, ködern wir die H. an Haken Größe 8 und 10 ganz auf: Haken vor dem Brustpanzer ein- und am Körperende ausführen; Spitze des Hakens bleibt frei.
Obwohl vornehmlich als Oberflächenköder bekannt, bringt die H. auch im Mittelwasser (Döbel) oder in Grundnähe (Rotauge) an der Posenangel Erfolg. Dabei ist wichtig, daß der Köder natürlich, also ohne Verhalten der Angel auf den Fisch zutreibt; namentlich in Flüssen von Buhnenköpfen aus ist der Wurf weit stromauf erfolgversprechend, der Köder treibt dann natürlich auf Angler und Fisch zu. Die Schnur- und Vorfachstärke liegen bei allen beschriebenen Angelmethoden bei 0,15 bis 0,20 mm und nur in hindernisreichen Gewässern darüber.
In vielen Salmonidengewässern ist das Angeln mit natürlichen Ködern (zu Recht) verboten. Hier kann während der Heuschreckenzeit eine künstliche H. an der Fliegenrute ungeahnte Erfolge bringen. Ganz gewitzte Angler lassen zunächst einige lebende H. „probeschwimmen", die sie ggf. mit einem Blasrohr in die gewünschte Entfernung befördern, um auf diese Weise einen steigenden Fisch auszumachen. Der Anbiß erfolgt beim Angeln mit H. in der Regel rasant und ohne Zögern (Ausnahme: Äsche, Rotauge); dementsprechend kann der Anhieb prompt gesetzt werden.

Holzwurm

Erkennungsmerkmale

Als Holzwürmer bezeichnet man die Larven verschiedener Arten von Bockkäfern. Der bekannteste H. ist die leider sehr verbreitete Larve des Holzbocks, die im Holz von Dachstühlen großen Schaden anrichtet, indem sie, von außen unbemerkt, darin ihre Gänge wühlt. Der Name Bockkäfer rührt daher, daß die Käfer am Kopf auffällig kräftige, lange und nach außen gebogene Fühler tragen, die an die Hörner des Ziegenbocks erinnern. Die Larven sind je nach Art und Stadium der Entwicklung 1/2 – 5 cm lang, ihr gedrungener, madenförmiger Körper ist weiß oder gelblich gefärbt. Der harte, hornartige Kopf des H. ist dunkel gefärbt und besitzt starke Kaukiefer, die die Tiere für den Holzfraß benötigen. Die helle Farbe, die intensive, terpentinähnliche Witterung und die zähe, widerstandsfähige Haut machen den H. zu einem ausgezeichneten und vielseitigen Angelköder. Bei Sportfischern am bekanntesten ist die Larve des Kiefernbocks (s. Foto)

Lebensweise

Bockkäfer entwickeln sich in einer vollkommenen Metamorphose vom Ei über die Larve und Puppe zum Käfer. Während die Käfer sich überwiegend von Blüten- und Blattwerk ernähren, fressen die Larven Holz. Zur Verdauung dieser harten Zellulosennahrung scheidet der Darm besondere Fermente aus, die zu der eigenwilligen Witterung beitragen. Die Kiefernbocklarve wohnt, wie der Name sagt, unter der Rinde und in Baumstümpfen der Kiefer. In 1 – 2 Jahre alten Kiefernstümpfen sitzt sie, wie im Baum, unter der Rinde am Holz selbst. Manche Stümpfe beherbergen mehrere Generationen von H. und sind dadurch ganzjährig „bewohnt". So kommt es, daß H. das ganze Jahr hindurch als Köder verfügbar sind. Im Winter allerdings, und in längeren Trockenperioden des Sommers, wandern die H. zum Schutz vor Kälte bzw. Austrocknen unter die Erde ins Wurzelwerk.

Fang und Hälterung

Nicht jeder hat es bei der Suche nach Holzwürmern so einfach wie der Specht, der einen Baum anfliegen und in beliebiger Höhe nach H. abklopfen kann. Der ködersuchende Angler – gezwungen, auf dem Boden zu bleiben – begibt sich am besten in einen Kiefern-Kahlschlag, um dort die Stümpfe der abgeholzten Kiefern zu untersuchen. Oft verraten sich die H. durch Löcher im Holz, die sie vor der Verpuppung als Ausfluglöcher für den späteren Käfer graben. Verhältnismäßig leicht findet man sie in der wärmeren Jahreszeit durch Ablösen der Rinde. Stecken die Larven tiefer, so müssen wir den Stumpf Schicht für Schicht mit der Axt zerlegen. In einer Köderschachtel mit Holz- oder Sägespänen gehältert, bleiben die H. bis zu einer Woche frisch. Voraussetzung ist allerdings genügend Luftzufuhr, sonst gehen die Tiere ein.

Fischarten

Der Holzwurm ist ein Universalköder für alle Friedfische, auch größere wie Karpfen, Schleie und vor allem Barbe. Barsche nehmen ihn ebenfalls gern. Für Forellen und Äschen ist der H. zwar ein erfolgversprechender Köder, der jedoch wegen der Verangelungsgefahr für untermaßige Fische nur dort verwendet werden sollte, wo Fliegen- und Spinnfischen absolut nicht möglich ist.

Angelmethoden

Holzwürmer sind für verschiedene Varianten der Grundangelei als Köder geeignet. Bei Verwendung eines einzelnen H. wird der Haken durch die Afteröffnung ein- und am harten Kopfende wieder ausgeführt. Hakenplatte im Hinterteil und der (leicht eingedrückte) Widerhaken im hornigen Kopf verleihen dem Köder den nötigen Halt. Die Hakenspitze muß frei herausschauen, um beim Anhieb ins Fischmaul eindringen zu können. Der Farbe und der Form des H. entsprechend verwenden wir silberfarbige oder Goldhaken mit langem Schenkel.
Die kleinsten H. eignen sich für den Köderfischfang und für das Weißfischangeln im Winter, wenn auch große Fische kleinere Köder vorziehen. Wir ködern sie an 16er Haken und montieren die leichte Stippangel mit 10er Vorfach und einer fein austarierten Pose. In der wärmeren Jahreszeit sind die Aussichten auf große Fische meist umso besser, je fetter der H.; hier kommen Haken bis Größe 10 an 14er bis 20er Vorfach zu Verwendung. Ein besonderer H.-Liebhaber ist die Barbe (s. BLINKER 5/79, S. 9). Da diese häufig in stärkerer Strömung steht, ist die Grundangel mit dem Bodenblei meistverwendete Angelmethode. Dabei dient ein Bündel von 4 bis 6 H. als Köder; ein Haken Größe 6 – 8 wird durch die harten Köpfe der Larven gestochen, die ein festes Haften des Köders auch in der Strömung garantieren, während der Körper sich im Wasser verführerisch bewegen kann. Kämpferische Strombarben erfordern stärkeres Gerät mit Vorfachstärken von 0.20 aufwärts.

Köcherfliegenlarve

Erkennungsmerkmale

Eine Spitzenposition unter den erfolgreichsten lebenden Naturködern darf die Larve der Köcherfliege, auch Sprock, Strohwurm oder Röhrlmade genannt, für sich beanspruchen. Genaugenommen bezeichnet der Begriff die Larven verschiedener Köcherfliegen-(Seggen-)arten, darunter die bei Fluganglern berühmte „Märzbraune". Entsprechend finden sich bei den Larven Unterschiede in Länge, Stärke und Farbe. Köcherfliegenlarven sind in der Regel 1—3 cm lang und 2—6 cm dick, am Kopfteil schwarz und am Körper schmutzigweiß, gelb oder grüngelb gefärbt. Hinter dem Kopf tragen die Larven 6 Beinchen.

Lebensweise

Köcherfliegenlarven leben in röhrenförmigen Gehäusen von 1,5—4 cm Länge, die sie sich aus Sand, Steinchen, Pflanzenteilen und Holzpartikeln, Schnecken- oder Muschelschalen u.ä. selbst bauen. Man findet sie von Mitte Mai bis zum Herbst am Grund von reinen und sauerstoffreichen Bächen, ruhigen Flußbiegungen und in flachen Buchten stehender Gewässer bei kiesigem oder steinigem Grund, an flachen Stellen von Wiesengräben und an feuchten, stark bewachsenen Uferstellen. Sie ernähren sich von Algen, frischen oder faulenden Pflanzenteilen. Zur Fortbewegung strecken sie Kopf und Beinchen aus dem Gehäuse hervor und schleppen dieses mit sich herum. Die ausgewachsenen K. verpuppen sich im Gehäuse und vollziehen eine Verwandlung (Meta-morphose), aus der später die fertige Köcherfliege hervorgeht.

Fang und Hälterung

Da immer mehr Sportfreunde die bequeme und zeitsparende „Ködersuche" im Angelgerätefachgeschäft bevorzugen, verfügt die Köcherfliegenlarve über einen Bekanntheitsgrad, der der Wichtigkeit dieses hervorragenden Köders in keiner Weise entspricht. Zumal an vielen Gewässern das Vorkommen der K. gar nicht entdeckt wird. Grundsätzlich sind überall dort, wo Köcherfliegen am Wasser zu beobachten sind, auch deren Larven irgendwo zu erwarten, und es lohnt sich, an Gewässerstrecken der oben bezeichneten Art einmal intensiv herumzusuchen. Erfolgversprechend sind insbesondere ruhige Stellen am Rande oder am Auslauf der Hauptströmung. Ansammlungen von „Holzstückchen" am Gewässerboden fangen bei genauerer Beobachtung an zu marschieren und entpuppen sich als Sprock. Ganze Bündel von K. hängen oft unter grobporigem Gestein oder alten Brettern und sind dort leicht zu ernten. In kleineren Bächen und Gräben kann man auch künstliche „Sammelstellen" für K. einrichten, indem man einen Nylonbeutel, eine alte Tasche oder gar einen Autoreifen am Grund versenkt; doch sollte man hier sorgfältig prüfen, wo die Grenze zur Umweltverschandelung erreicht wird!

K. werden häufig in Wasser gehältert, gehen jedoch dabei schon nach wenigen Tagen ein, zumal, wenn es sich um gechlortes Leitungswasser handelt. Zur langfristigen Hälterung gibt man die Larven samt Gehäuse in einen Behälter mit feuchtem Moos, möglichst aus dem Gewässer, aus dem die Larven stammen. Bewahrt man diesen Behälter im Kühlschrank auf, so halten sich die K. wochenlang, es wird sogar der Prozeß der Verpuppung hinausgezögert. Der Transport der K. zum Waser erfolgt ebenfalls in feuchtem Moos. Da sich die K. in Moos auch ohne Gehäuse einige Zeit halten, können Ungeduldige, die gern den Köder direkt griffbereit haben, dieses vorher entfernen. Dazu bricht man das Röhrchen in der Mitte auf und zieht die Larve vorsichtig heraus, um den weichen Körper nicht zu verletzen und zum Auslaufen zu bringen.

Fischarten

Bekannt ist die Köcherfliegenlarve vor allem als Köder für alle Weißfischarten, insbesondere für Döbel, Nase und Rotauge in den Monaten Mai und Juni, wenn diese Fische sehr wählerisch sind und bisweilen kaum andere Köder akzeptieren. Auch Barbe, Karpfen, Schleie und Barsch lassen sich mit der K. gern überlisten. K. sind sehr gute Köder für Salmoniden, hier besonders für Äschen; allerdings sollten sie nur an solchen Salmonidengewässern benutzt werden, die mit der Kunstfliege nicht zu befischen sind, da die Äsche den Larvenköder gierig schluckt und die Gefahr besteht, daß viele untermaßige Fische verangelt werden.

Angelmethoden

Bei der Wahl der Angelmethode und der Geräte müssen wir davon ausgehen, daß die Köderfliegenlarve ein außerordentlich weicher und verletzlicher Köder ist. Gefischt wird in der Regel in Grundnähe mit der leichten Posenangel, einer Hohlglasrute von 3,6—5 Meter Länge mit sensibler Spitze für weiche Würfe, Schnurstärke 0,15—0,20 und 12er bis 18er Vorfach. Ein fein austarierter Schwimmer ist erforderlich, um die kleinste Köderberührung durch den Fisch anzuzeigen, anderenfalls werden wir häufig nur ausgelutschte K. aus dem Wasser ziehen. Der Anhieb muß erfolgen, sobald sich am Schwimmer etwas rührt.

Beim Anködern ist darauf zu achten, daß die K. nicht ausläuft. Daher kommen nur feindrähtige und äußerst scharfe Haken der Größen 10—14 in Betracht; leichtes Andrücken des Widerhakens trägt zur Schonung des Köders — und eventuell gefangener untermaßiger Fische — bei. Der Haken wird am Ende des schwarzen Kopfteils eingestochen und ganz im Larvenkörper verborgen. Eine andere Art der Anköderung besteht darin, ein bis drei K. nur durch das Schwanzende „aufzuhängen"; hierbei treten allerdings häufiger Fehlbisse auf. K. werden auch angenommen, wenn sie zusammen mit dem halben Gehäuse aufgeködert sind. In jedem Fall sollten wir den Köder regelmäßig kontrollieren und auswechseln, denn die Larven sind nach einiger Zeit ausgelaugt, unansehnlich und für die Fische unattraktiv. Zum Barbenfang werden Bündel von K. gelegentlich an der Grundangel mit dem Bodenblei angeboten; dies empfiehlt sich jedoch wegen der Empfindlichkeit der Larven nicht in Gewässern mit starker Strömung.

Oben: Köcherfliegenlarve im Gehäuse.   Unten: Die „nackte" Larve.

Fleischmade

Erkennungsmerkmale

Fleischmaden sind die Larven verschiedener Fliegenarten, vor allem der blauen und grünen Schmeißfliege und der Stubenfliege. Die Maden sind durchschnittlich 10, maximal 15 mm lang und erreichen eine Stärke von etwa 3 mm. Am Kopf, d. h. am spitzen Ende, besitzen sie einen Saugrüssel zur Nahrungsaufnahme; am stumpfen hinteren Ende erkennt man zwei dunkle Punkte, Atmungsöffnungen, und auf einem kleinen Vorsprung die Afteröffnung. Der runde, quer geringelte Körper ist weiß, elfenbein oder buttergelb gefärbt; im Handel erhält man die M. häufig gelb oder rot, gelegentlich auch orange, braun oder grün eingefärbt.

Made ist nicht gleich Made. Die Größe der M. hängt von der Fliegenart ab: Die gängigerweise im Handel erhältlichen großen M. stammen von der blauen Schmeißfliege. Eine kleinere Art, die gelegentlich angeboten wird — die bei Wettfischern bekannten „Pinkies" —, stammt von der grünen Schmeißfliege; diese M. werden nur ca. 8 mm lang und 1,5 mm dick, sind äußerst lebhaft und eignen sich hervorragend als Beigabe zum Anfüttern. Die M. der Stubenfliege (engl. „Squatts"), ähnlich klein, aber nicht so lebhaft wie die „Pinkies", bei uns weniger bekannt, werden in England zum Anfüttern verwendet.

Lebensweise

Fliegen legen ihre Eier auf Futtermaterial — in der Regel Fleisch oder Fischfleisch — ab. Nach ca. 24 Stunden schlüpfen aus den Eiern kleine Maden, deren einzige Beschäftigung in den nächsten 10 Tagen darin besteht zu fressen. Die M. verlassen sodann das Fleisch, um sich zu reinigen und zu verpuppen. Die Verwandlung von der M. zur Puppe dauert ca. 6 Tage. Um das Stadium der Verpuppung zu überstehen, haben die M. einen Nahrungsvorrat angelegt, der als dunkler Fleck unter der Haut sichtbar ist. Auf diesen Fleck sollten wir beim Madenkauf achten, er zeigt an, daß die M. frisch sind. Fehlt der Fleck, so stehen sie kurz vor der Verpuppung. Zwei Wochen nach der Verpuppung schlüpft aus der Puppe das fertige Insekt. Hitze beschleunigt, Kälte verzögert den gesamten Entwicklungsprozeß.

Beschaffung und Hälterung

Was die Maden als Köder so beliebt gemacht hat, ist die Tatsache, daß man sie inzwischen fast allerorts kaufen kann. In der freien Natur findet man kleinere M. unter Kuhfladen oder in Misthaufen (v. a. Schweinemist) — eine unappetitliche Angelegenheit. Wer sie selbst züchten will, füllt eine größere Blechdose oder einen Eimer zu einem Drittel mit Kleie oder Sägemehl, stellt darauf eine kleinere, flache Dose mit Fleisch, Fischfleisch oder Leber (besnders gut, da auf Leber gezogene M. eine für die Fische besonders attraktive buttergelbe Färbung erhalten). Die Fliegen finden das Angebot recht bald; Gefäß nach der Eiablage abdecken, damit nicht zu viele M. mit zu wenig Fleisch auskommen müssen und folglich nicht genügend wachsen. Gefäß gegen Regen und Zugriff von Vögeln, Katzen u. ä. sichern (kegelförmiger Deckel, festbinden).

Um eine zu schnelle Verpuppung zu verhindern, müssen die M. kühl aufbewahrt werden: Keller, Garage, am besten Kühlschrank bei + 1 Grad. Sie halten sich am besten in einem trockenen offenen Gefäß (Luftzufuhr, keine Kondensfeuchtigkeit), aus runden oder ovalen Behältern kriechen sie nicht heraus. „Pinkies" allerdings sind Kletterkünstler und müssen immer in fest verschlossenen Gefäßen aufbewahrt werden. Campingurlauber ohne Kühlmöglichkeit geben M. mit Sand in einen Nylonstrumpf, den sie fest zubinden und eingraben. Um die Verpuppung zu verzögern, kann man M. auch bis zu 24 Stunden „einschläfern": Luftdichtes Gefäß bis zum Rand mit M. füllen, verschließen. Die Tiere werden nach kurzer Zeit durch Luftmangel betäubt; im Freien auf Zeitungspapier ausgebreitet erwachen sie nach einer Viertelstunde wieder.

Fischarten

Die Made ist ein universell einsetzbarer Köder für alle Friedfischarten. Besonders zum Fang kleinerer Weißfische wie Rotauge, Rotfeder, Häsling sowie zum Köderfischfang sind M. der meistverwendete Köder. Auch Brassen, Döbel, Barbe, Karpfen, Schleie, Barsch und gelegentlich sogar der Aal nehmen die M. gern an. In Salmonidengewässern sind M. wegen der hohen Verangelungsgefahr indiskutabel.

Angelmethoden

Maden werden im allgemeinen am feinen Stippangelgerät serviert, Schnur und Vorfach zwischen 0,08 und 0,15 mm. Zum Anködern eignen sich nur feindrähtige und äußerst scharfe Haken Gr. 16—18 für eine oder Gr. 13—15 für zwei M. Ein angedrückter Widerhaken verhindert, daß die M. beim Beködern auslaufen. Den größten Reiz auf die Fische üben M. aus, die lediglich durch das stumpfe Ende angehängt sind und sich somit frei bewegen können. Beißen die Fische vorsichtig, so entstehen dabei jedoch viele Fehlbisse, weil nur das freie Ende ausgelutscht wird. Es empfiehlt sich dann, die M. ganz aufzuziehen, ggf. eine kleinere M. („Pinkie") auf die Hakenspitze zu setzen. Auf größere Fische bringen Bündel bis zu 10 M. an Haken Gr. 8—10 häufig Erfolg.

Die Erfolgsaussichten erhöhen sich stark, wenn auch mit M. angefüttert wird; sei es durch Einwerfen loser M. von Hand oder mittels Madenkatapult (Fachhandel) in flachen stehenden oder langsam fließenden Gewässern; sei es durch Beimengung von M. ins Grundfutter in tiefen und/oder strömenden Gewässern. Wettfischer empfehlen auf 10 Liter Futter (Paniermehl) 1 Liter Maden. Besonders gut eignen sich zum Anfüttern die kleinen, lebhaften „Pinkies", im Vergleich zu denen die größere Angelmade den Fischen auffällt und dann bevorzugt genommen wird.

Madenpuppe

Erkennungs-merkmale

Jeder Sportfischer, der mit Fliegenmaden angelt, kennt auch deren Puppen, die nächste und vorletzte Entwicklungsstufe in der Fortpflanzung der Fliegen. Die Größe der wurstförmigen, harten P. hängt ab von der Größe der Maden, aus denen sie sich entwickeln; sie erreichen bis zu 15 mm Länge und 3—4 mm Stärke. Ihre Färbung ist zunächst die der Made, dann hell- bis dunkelbraun und zuletzt schwarz.

Lebensweise

Die Verpuppung beginnt ca. 6 Tage, nachdem die Maden die Nahrungsaufnahme eingestellt und das Fleisch bzw. Fischfleisch, auf dem sie gezogen wurden, verlassen haben. Äußerlich sind die P. völlig leb- und bewegungslos, innen bildet sich allmählich das fertige Insekt, das nach ca. 14 Tagen aus der P. schlüpft. Infolge der Veränderungen im Inneren ändert sich das Gewicht der P.; während die hell- bis saftigbraunen jungen P. im Wasser sinken, werden die älteren, dunkelbraunen bis schwarzen P. zunehmend leichter, schwimmen und sind dann zum Angeln nicht mehr zu gebrauchen.

Beschaffung und Hälterung

Während früher verpuppte Maden als unbrauchbar galten und weggeworfen wurden, hat sich seit einigen Jahren unter Sportfischern die Einsicht verbreitet, daß auch Fische „Puppen mögen". Besonders in England hat es einen wahren Puppen-(„Caster"-)Boom gegeben. Wer nicht rein zufällig, sondern systematisch mit P. fischen will, muß darauf ach-

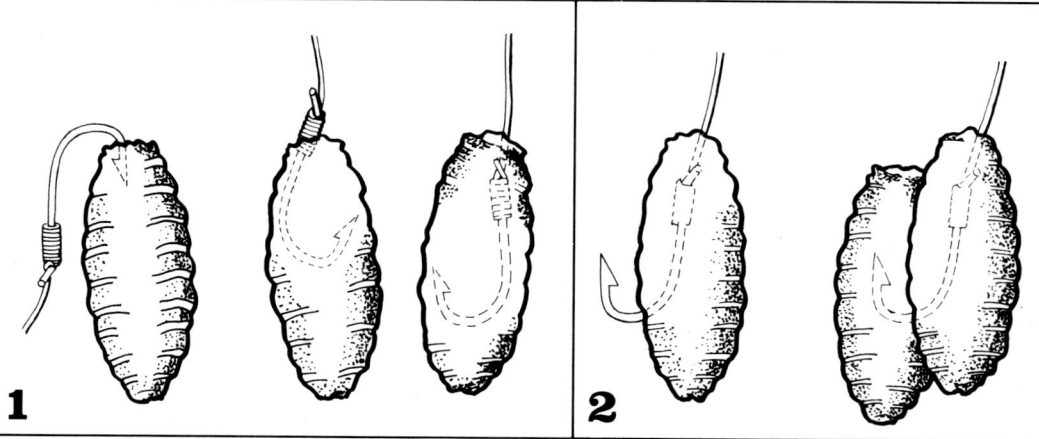

ten, sie im richtigen Entwicklungsstadium zur Verfügung zu haben, nämlich wenn sie noch im Wasser absinken. Frische Maden (Nahrungsfleck unter der Haut!) werden ca. 1 Woche vor dem geplanten Angeltag beschafft und in einem Behälter mit trockenem Sägemehl in Keller oder kühler Garage aufbewahrt (**nicht** im Kühlschrank!). Sind die Maden nicht mehr frisch, so müssen sie erst einige Tage im Kühlschrank verbringen. Die hellbraunen P. werden zur kurzfristigen Aufbewahrung und zum Transport ans Gewässer in einem Gefäß knapp mit Wasser bedeckt; schwimmende P. werden entfernt. Bei trockener Aufbewahrung im Kühlschrank bleiben die P. bis zu 1 Woche sinkfähig.

Fischarten

Puppen eignen sich als Köder für die gleichen Fischarten, die auch mit Maden beangelt werden: Vor allem Rotauge und Häsling, außerdem Brassen und Döbel (Aitel) sowie andere größere Friedfische. Besonders im Hochsommer ist die P. dem Madenköder häufig überlegen, vor allem bringt sie vergleichsweise größere Fische an den Haken. Englische Wettfischer halten die P. inzwischen für **den** Köder.

Angelmethoden

Es liegt in der Natur dieses Köders, daß Puppen nur an der feinsten Stippangel angeboten werden, die Vorfachstärke liegt in der Regel bei 0,10 mm. Zumeist wird mit nur einer P. gefischt, in der ein kurzschenkliger, feindrähtiger Haken, je nach Größe der P. Nr. 16 oder 18, ganz verborgen wird: Am stumpfen Ende der P. einstechen, Haken in die P. drehen, ohne dabei ein dickes Einstichloch zu verursachen (auslaufende P. werden meist nicht gern genommen), restlichen Hakenschenkel vorsichtig eindrücken. Um aus einem Fischschwarm die größeren Exemplare „herauszusortieren" fischt man mit 2 P. an Haken Nr. 14 bis 15: Haken wie beschrieben in erste P. einführen, Hakenspitze seitlich durchstechen und zweite P. seitlich parallel zur ersten auf die Spitze hängen. Da die Fische bisweilen einige Zeit zögern, bevor sie P. als Köder akzeptieren, ist es ratsam, bei jeder Drift der Angel einige P. als Anfütterung mit einzuwerfen (größere Entfernungen: Madenkatapult). Die P. sinken, wenn sie während des Angelns stets feucht gehalten wurden, langsam zum Grund, und die Fangaussichten sind besonders gut, wenn sich der Hakenköder

1 *Bei Madenpuppen muß der Haken völlig verschwunden sein. Man piekst die Hakenspitze vorsichtig in das stumpfe Ende, dreht den Haken leicht und schiebt behutsam, bis er verschwunden ist.*

2 *Für eine zweite Puppe führt man den Haken seitlich heraus, bis der Bogen fast freiliegt. Nun wird die zweite Puppe möglichst weit auf den Haken aufgezogen.*

genauso bewegt. Daher sollte die verwendete Pose und mithin das Bleigewicht so leicht wie möglich gewählt, das Blei in Form mehrerer Schrote gleichmäßig auf der gesamten Länge zwischen Pose und Haken verteilt werden.
P. werden mit Erfolg auch als „Cocktailköder" verwendet, in der Kombination Rotwurm mit Puppe auf der Hakenspitze für Brassen, Made und Puppe am Haken Nr. 14 auf Rotaugen. Letzterer Cocktail bewährt sich besonders beim Wettfischen: Wenn die nur angehängte P. abgefressen wurde, bleibt immer noch die Made am Haken, der Rest des Angeldurchlaufs ist also nicht „verschenkt".

Die 4 Puppenstadien. Am besten zum Angeln eignet sich die zweite Puppe von oben. Die schwarzen Puppen sind als Köder nicht mehr zu gebrauchen.

Maikäfer

Erkennungsmerkmale

Unter allen Käferarten ist der Maikäfer die bekannteste. Dieser Bekanntheitsgrad rührt freilich weniger aus natürlicher Anschauung als vielmehr daher, daß jedes Kind den M. in verschiedenen Erscheinungsformen schon früh kennenlernt: Als schokoladene Nachbildung, aus Kinderliedern oder als Komplizen bei den Streichen von Max und Moritz. M. schienen in Deutschland nämlich lange Zeit vom Aussterben bedroht, und erst seit einigen Jahren nimmt der Bestand, vor allem in ländlichen Regionen, wieder zu.

M. sind ca. 2,5—3 cm lang und auf der Oberseite kupferbraun gefärbt. Ihr Kopf ist schwarz, er trägt vor den Facettenaugen ein Paar keulenförmige Fühler. An der behaarten Körperunterseite schwankt die Färbung zwischen Grautönen und schwarz. Die Brust des M. trägt unten drei Beinpaare und oben zwei Flügelpaare, nämlich die harten Deckflügel, die beim Fliegen starr vom Körper abgespreizt werden, und die darunterliegenden, propellerartig wirkenden Hinterflügel. Der Flug des M. ist schwerfällig und wenig ausdauernd.

Die wurmförmige Larve des M., der Engerling, ist gelblich-weiß gefärbt und im ausgewachsenen Zustand 4—6 cm lang.

Lebensweise

Maikäfer ernähren sich von den grünen Blättern der Laubbäume. Wenn sie in größeren Schwärmen auftreten, sind die Tiere arge Schädlinge, da sie Bäume in kurzer Zeit völlig kahl fressen können. Ihre Freßzeit ist die Nacht; in der Dämmerung lauer Maiabende schwärmen sie vom Boden und von Bäumen auf, um eine nahegelegene Nahrungsstelle aufzusuchen, dabei sollen sie Eichen besonders schätzen. In der kühlen Morgenfrühe verfallen sie in eine Kältestarre. Sie hängen dann wie leblos, mit einem Bein festgekrallt, kopfunter an übriggebliebenen Blättern.

Der einzelne M. schwärmt, je nach Witterung, 2—8 Tage lang. Während des Schwärmens paaren sich die Tiere, das Weibchen legt seine Eier in den Erdboden, die M. sterben ab. Aus dem Ei schlüpft die Larve, der Engerling, ebenfalls ein Schädling, der unter der Erde lebt, sich von Wurzeln und Knollen ernährt und Kulturpflanzen dabei oft so stark anfrißt, daß sie eingehen. Engerlinge wachsen unter alljährlichen Häutungen heran und verpuppen sich in der Regel im August des vierten Jahres. Aus der Puppe entwickelt sich im Herbst das fertige Insekt, das den Winter in der „Puppenwiege" verbringt und an einem besonders warmen Frühjahrstag des fünften Jahres mühsam aus der Erde herauskriecht. Da die Entwicklung des M. witterungsabhängig ist, gibt es gute und schlechte „Maikäferjahre"; zu massenhaftem Auftreten kommt es dann, wenn fünf Jahre nach einem „guten" Jahr wiederum im Mai eine längere Wärmeperiode eintritt.

Fang und Hälterung

Maikäfer kann man auf verschiedene Weise fangen. Gelegentlich werden sie beim nächtlichen Schwärmen durch Straßenlaternen irritiert und fliegen um diese so lange herum, bis sie schließlich herunterfallen und eingesammelt werden können. Eine andere Möglichkeit besteht darin, schwärmende M. mit einem Handtuch o. ä. herunterzuschlagen. Regelrecht „ernten" kann man die M. am besten frühmorgens, wenn sie in ihrer Kältestarre an den Bäumen hängen, indem man sie einfach vom Baum abschüttelt und am Boden aufliest. Ist der Baumstamm zu stark zum Schütteln, so wirft man einen Knüppel ins Laub (nicht senkrecht hoch — kommt zurück!), der die Bewegung verursacht, durch die die M. herunterpurzeln. Die Tiere halten sich einige Tage lang in einer ausreichend geräumigen Köderschachtel mit Luftzufuhr zwischen frischen Laubblättern.

Engerlinge findet man während der gesamten wärmeren Jahreszeit beim Herausziehen von Pflanzenwerk in feuchtem, lockerem Boden (schwarze, humöse Erde, nicht Lehm oder Sand). In angefeuchtetem Moos halten sie sich bei kühler Hälterung wochenlang.

Fischarten

Maikäfer sind als Angelköder nur während einer kurzen Zeitspanne, eben im Mai, interessant. Dann allerdings ermöglichen sie überraschende Fänge von Oberflächenfischen. Besonders kapitale Döbel, die wegen ihrer großen Scheu sonst kaum zu erbeuten sind, fallen auf M. herein, große Forellen und selbst Rapfen stürzen sich auf den seltenen Leckerbissen.

Engerlinge sind als Friedfischköder fast universell einsetzbar, vor allem größere Cypriniden wie Döbel und Aland, aber auch Rotauge und Häsling schätzen diesen Köder.

Angelmethoden

Maikäfer werden mit der Angel so angeboten, wie sie den Fischen als natürliche Nahrung begegnen, als Oberflächenköder. Günstig sind die Fangaussichten, wenn man in Ufernähe einen Standfisch, z.B. einen starken Döbel, ausgemacht hat. Ihm wird der M. an der Tippangel, ohne Schwimmer und Bleibeschwerung, direkt serviert. Wenn der Käfer mit deutlichem Plumps seitlich hinter dem Kopf des Fisches einfällt, wird dieser sofort herumschießen und zupacken — vorausgesetzt, er hat den Angler nicht schon vorher bemerkt. Leises Heranschleichen unter Ausnutzung jeder Deckung ist also Pflicht. Der Käfer hat ein gewisses Eigengewicht, so daß man ihn, zumal bei Rückenwind, einige Meter weit werfen kann.

Wird nicht auf einen bestimmten gesichteten Fisch geangelt, so läßt man den M., ebenfalls unbeschwert, an langer Rute mit angefetteter Schnur stromab treiben. Zum Fischen am entfernten Ufer oder bei Gegenwind eignet sich am besten eine Spinnrute mit Stationärrolle und Wasserkugel. Die je nach erforderlicher Entfernung zur Hälfte oder zu drei Vierteln gefüllte Kugel am Ende der Hauptschnur sorgt für das nötige Wurfgewicht, an einem ca. 1 Meter langen Vorfach treibt der M. voraus. Beim Anbiß entsteht an der Oberfläche eine deutlich sichtbare Wasserbewegung, der Anhieb erfolgt sofort. Da mit M. überwiegend größere Fische gefangen werden, sollte die Schnurstärke auch in hindernisfreien Gewässern 0,20 mm nicht unterschreiten, in verwachsenen oder stark strömenden Gewässern deutlich darüber liegen. M. ködert man an Einfachhaken Größe 4—6 oder mittels Ködernadel auf einen kleinen Drilling, der im Brustpanzer verborgen wird.

Wie mit dem M. angelt man mit seinem kleineren, später im Jahr auftretenden Verwandten, dem Junikäfer. Die Methoden beim Angeln mit dem Engerling ähneln denen bei anderen Larvenarten, etwa dem Mehlwurm.

Mai- und Steinfliegenlarve

Erkennungsmerkmale

Die Larven (Nymphen) der verschiedensten Mai- und Steinfliegenarten sehen einander recht ähnlich: Ihr länglicher, an einen kleinen Krebs erinnernder Körper ist hell- bis gelbbraun, im Endstadium der Entwicklung dunkelbraun gefärbt, der Rücken dunkel gezeichnet. Die Larven tragen am Kopf zwei Fühler und am Brustteil drei kräftige Beinpaare; deutliches Unterscheidungsmerkmal sind die auffälligen Schwanzfäden, zwei bei den Steinfliegenl., drei bei den Maifl-L., die letztere als Mitglieder der Familie der Eintagsfliegen ausweisen. Steinfl-L. werden, je nach Art und Entwicklungsstadium, 1—3 cm lang, Maifl-L. noch etwas größer. Die Larven kommen ganzjährig vor, da das Larvenstadium der Tiere bis zu drei Jahre andauert.

Lebensweise

Die Larven leben überwiegend in fließenden Gewässern und nur in sauberen, sauerstoffreichem Wasser. Sie bewegen sich kriechend oder unbeholfen schwimmend am Ufergrund zwischen Uferpflanzen, Holz und grobporigem Gestein. Vor allem in der kälteren Jahreszeit buddeln sie sich oft einige cm tief in den Boden ein. Die Ernährung ist von Art zu Art verschieden, teils handelt es sich um Pflanzenfresser, teils um Räuber, die sich von tierischem Plankton und kleineren Larven ernähren. Das Larvenstadium dient im Entwicklungszyklus der Tiere ausschließlich dem Fressen und Wachsen. Die Larve schlüpft aus dem Ei und durchlebt während ihres Wachstums 10—25 Häutungen, bei denen sich allmählich die Merkmale des fertigen Insekts herausbilden. Schließlich erhalten die Larven durch Veränderungen im Inneren Auftrieb und steigen zur Wasseroberfläche auf. Bei den Maifl. wie bei den Eintagsfl. schlüpft oft nur eine „Subimago", ein halbfertiges Insekt mit noch kurzen Gliedmaßen, das schon fliegen, sich aber noch nicht fortpflanzen kann, zum Ufer fliegt und sich dort ein letztes Mal häutet. Heraus kommt die „Imago", die fertige Maifl., die nur kurze Zeit lebt (daher „Eintagsfliege"), keine Nahrung mehr aufnimmt, sich paart und bald nach der Paarung (Männchen) bzw. nach der Eiablage (Weibchen) abstirbt. Die Ablage der Eier auf die Wasseroberfläche erfolgt in den Nachmittags- und Abendstunden; danach treiben die toten Insekten („Spent") auf dem Wasser und verleiten die Fische zu dem bei den Fliegenfischern berühmten „Abendsprung". Steinfliegen überspringen in ihrer Entwicklung das Stadium der Subimago, aus ihrer Larve schlüpft direkt das fertige Insekt.

Fang und Hälterung

Die Suche nach Steinfliegen- und Maifliegenlarven verspricht nur in Gewässern der oben beschriebenen Güteklasse Erfolg. Auch hier sind die Larven nicht gleichmäßig verteilt. Man findet sie durch Herumdrehen von Steinen, von denen sie abgesammelt werden können (schnell, da sie sonst entwischen oder sich anderswo verkriechen), oder, indem man Büschel von Unterwasserpflanzen herausreißt und die herauskrabbelnden bzw. herauszuschüttelnden Larven einsammelt. Stecken die Larven im Boden (besonders Sand, feiner Kies), heben wir eine ca. 5 cm dicke Schicht ab und sieben sie heraus.

Obwohl Wasser das natürliche Lebenselement der Larven ist, eignen sich Gefäße mit Wasser nicht zu ihrer Hälterung, der Sauerstoffgehalt reicht nur kurze Zeit aus. Zwischen feuchten Wasserpflanzen oder auf angefeuchtetem Moos halten sie sich dagegen einen Tag lang, im Kühlschrank auch mehrere Tage.

Fischarten

Maifliegen- und Steinfliegenlarven werden von fast allen Fischarten als natürliche Nahrung geschätzt und als Köder gern genommen. Salmoniden, v.a. Äschen, nehmen sie gierig; gerade wegen der hierdurch gegebenen Verangelungsgefahr für Jungfische scheiden sie jedoch als Köder in Salmonidengewässern in der Regel aus. Barsche sind ebenfalls Larvenliebhaber, was besonders in Kiesgruben und Talsperren mit klarem Wasser deutlich wird. Alle Weißfische fressen die Larven gern. Ein besonderer Spezialist ist die Barbe, die so „wild" auf Larven ist, daß sie mit dem Kopf in den Boden fährt und versucht, Steine umzuwerfen, unter denen sie Larven vermutet.

Angelmethoden

Da wir es mit relativ kleinen Ködern zu tun haben, müssen wir das Gerät ziemlich fein wählen, je nach Fischart und Strömung 12er bis 16er Vorfach. Die Larven ködern wir auf Hakengröße 11—13: größerer Haken, wenn die Larve mit Stich durch die Brust und den Körper bis zum Schwanzende ganz aufgezogen werden soll; kleinerer Haken, wenn sie nur durch das Hinterteil angeködert werden soll. Die letztere Methode läßt dem Köder mehr Bewegungsfreiheit und verspricht mehr Anbisse als die erstgenannte, die jedoch bei wiederholten Fehlbissen (Kopf der Larve abgerissen) vorzuziehen ist. In Betracht kommen nur feindrähtige Haken mit scharfer Spitze. Andrücken des Widerhakens verhindert, daß der Köder ausläuft.

Grundangeln mit dem Bodenblei ist problematisch, weil sich die Larven gern im Boden verkriechen. Besser ist die fein austarierte Posenangel mit knapp über dem Grund treibendem Köder. Das feine, weiche Vorfach und der leichte Haken erlauben dem Ködertier natürliche Bewegungen. Deren Reiz auf die Fische können wir verstärken, wenn wir gelegentlich durch abwechselndes Verhalten und Wieder-Loslassen der Angel die Larven in der Strömung „trudeln" lassen. Der Anbiß erfolgt meist zügig und ist mit einem prompten, aber mit Rücksicht auf das feine Gerät gut temperierten Anhieb zu quittieren.

Künstliche Nachbildungen von Maifl.- und Steinfl.-Larven bringen beim Fliegenfischen und beim Fischen mit dem „Tiroler Hölzl" auf Salmoniden Erfolg in Perioden, wenn die Fische nicht nach Oberflächennahrung (Trockenfliege) steigen.

Foto: Maifliegenlarve

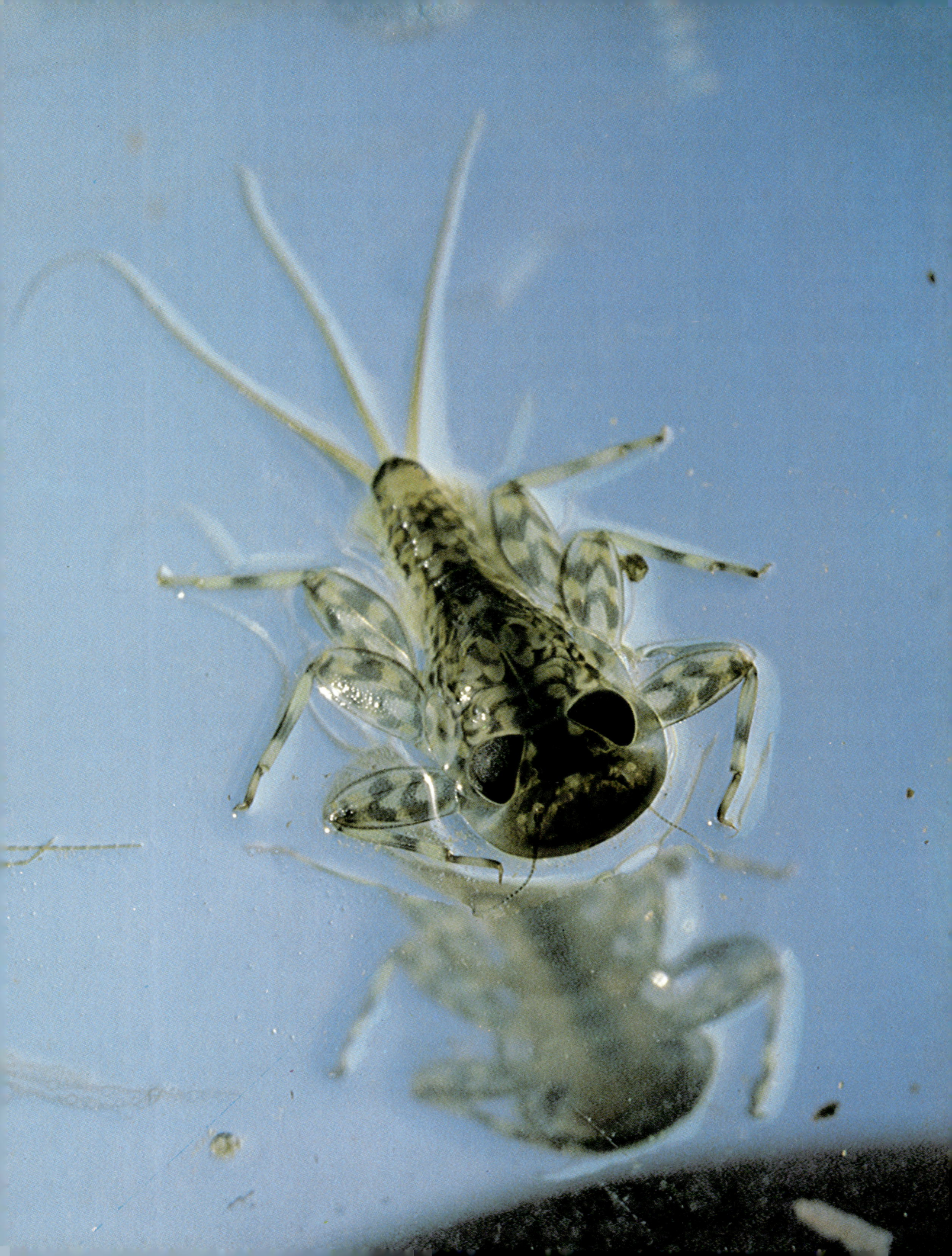

Mehlwurm

Erkennungsmerkmale

Wie viele Tiere, die kriechen und ein wurmförmiges Äußeres haben, ist auch der Mehlwurm fälschlich zu seinem Namen gekommen. Tatsächlich nämlich handelt es sich um die Larve des Mehlkäfers, einer unscheinbaren ca. 1,2—1,5 mm langen schwarzbraunen Käferart. Die Mehlwurm-Larve selbst wird bis zu 3 cm lang bei einem Durchmesser von ca. 3 mm. Der Körper ist hellbraun bis ocker gefärbt und ringförmig segmentiert; an den Segmentgrenzen erscheint die Färbung kräftig braun. Der Kopf des M. ist dunkelbraun, am leicht abgeflachten Unterteil des Körpers sitzen hinter dem Kopf sechs Beinchen.

Die Haut des M. ist hart, was mehrere Häutungen während des Wachstums erforderlich macht. Frisch gehäutete M. sind weißlich gefärbt und weich, sie ähneln in der Farbe einer Fleischmade.

Lebensweise

Der Lebenszyklus des Mehlwurms beginnt mit der Eiablage durch das Mehlkäfer-Weibchen. Aus den Eiern schlüpfen die Larven (Mehlwürmer), die bis zur vollen Größe heranwachsen und sich dann verpuppen. In der Puppe entwickelt sich der fertige Mehlkäfer, der nach ca. drei Wochen schlüpft. Der gesamte Entwicklungsprozeß benötigt Wärme. „In natura" finden sich M. vor allem in Mühlen und Bäckereien in Mehlabfällen unter oder neben Lagern, Mahlwerken, Backtrögen o. ä.

Fang und Hälterung

Mehlwürmer „fängt" man leicht und preiswert in jeder zoologischen Handlung, und dies zu allen Jahreszeiten. In einer flachen Dose mit einem Gemisch aus Mehl, Sägemehl und Kleie halten sich die Tiere monatelang, wenn sie im Keller oder im Gemüsefach des Kühlschranks kühl aufbewahrt werden.

Wer M. in größeren Mengen benötigt (zum Anfüttern, oder um sich bei Vereinskameraden beliebt zu machen), kann sie auch ohne großen Aufwand selber züchten: In einen großen glasierten Topf (glasiert, damit die M. nicht herauskriechen können) einige Bögen zu Ballen zerknülltes Zeitungspapier geben, Topf mit Weizenkleie zu zwei Dritteln auffüllen. Weizenkleie ist die Hauptnahrung der M. Eine große Portion M. kaufen und in das Gefäß setzen, gelegentlich ein paar Kartoffel-

oder Möhrenstückchen zugeben, Gefäß warm und dunkel aufbewahren.

Die M. verpuppen sich mit der Zeit und entwickeln sich zu Mehlkäfern. Da die Käfer fliegen können, müssen wir das Gefäß mit Gaze zubinden. Wir versorgen die Käfer regelmäßig mit „Saftfutter" — Möhren und Kartoffeln —; die Futterschicht decken wir mit Stoff- oder Sackleinenlappen ab, zwischen die die Käfer ihre Eier ablegen; dann kommt die nächste Generation ...

Die M.-Zucht muß gelegentlich durch Aussieben gesäubert werden: Tote Käfer, abgestreifte Häute, altes Saftfutter entfernen, das „lebende Inventar" in frische Kleie setzen.

Fischarten

Obwohl bei vielen Sportfischern kaum bekannt, ist der Mehlwurm ein vielseitiger Köder für alle Friedfischarten, besonders für den Döbel. Auch Barsche und Salmoniden vergreifen sich gelegentlich daran. Insbesondere im Winter bietet sich der M. als Köder an, wenn das Angebot an natürlichen Lebendködern gering ist, während M. jederzeit beschafft werden können und auch bei kalten Wassertemperaturen widerstandsfähig sind.

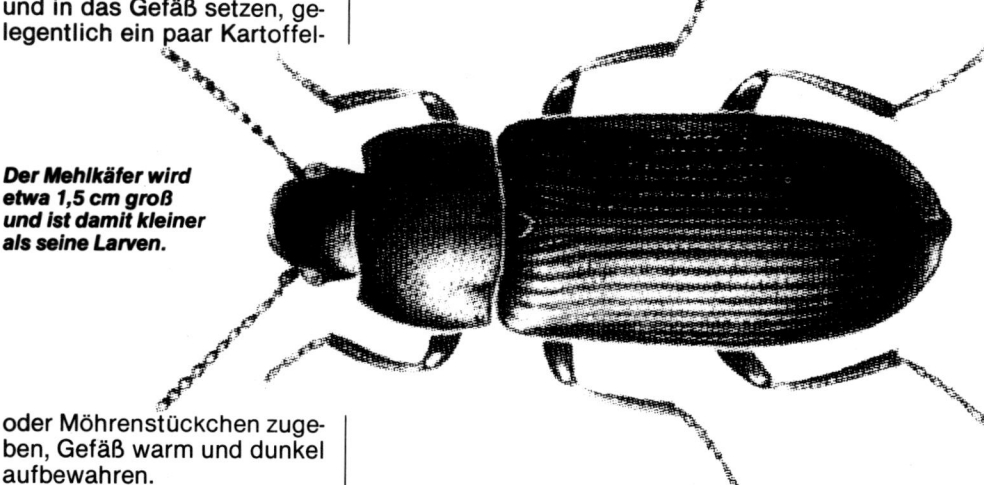

Der Mehlkäfer wird etwa 1,5 cm groß und ist damit kleiner als seine Larven.

Angelmethoden

Mehlwürmer eignen sich vor allem für die feine und mittlere Posenangelei mit Schnur- und Vorfachstärken bis maximal 0,20 mm. In der kälteren Jahreszeit wird zumeist nur ein M. auf einen feindrähtigen Haken Gr. 12 geködert, der durch das mittlere Körperdrittel gezogen wird — im Winter lieben die Fische ja keine voluminösen Köder. Die fein austarierte Pose wird so eingestellt, daß der Köder gerade über dem Grund schwebt, mundgerecht für die bei kaltem Wasser trägen Fische. Gelegent-

lich wird der M. als zu hart nach kurzer Berührung abgelehnt, es erfolgen Fehlbisse. In diesem Fall lohnt ein Versuch mit einem frisch gehäuteten, weichem M.

In der wärmeren Jahreszeit bringen Bündel aus 3—4 M. auf Haken Größe 6—8 oft dicke Beute. Die M. sind widerstandsfähig genug, um auch mit der Bodenbleiangel in stärkeren Strömungen angeboten zu werden (Barbe!), ohne daß der Köder beim Wurf oder durch Strömungseinfluß verloren geht. Unabhängig von Angelmethode und Jahreszeit ist es vorteil-

haft, zusätzlich mit M. anzufüttern, die lose eingeworfen oder in tiefen, strömenden Gewässern in Futterballen, z.B. aus Paniermehl, zum Grund befördert werden.

Mückenlarve

Erkennungsmerkmale

Mückenlarven sind als Köder bei den deutschen Anglern (im Gegensatz zu unseren französischen und Benelux-Nachbarn) wenig bekannt. Anders verhält es sich bei den Fischen; denn in bestimmten Gewässern stellen M. bisweilen den überwiegenden Teil der natürlichen Nahrung unserer Friedfische dar. Die auch „Blutwürmer" genannten Larven treten in zwei Formen auf: Die „große M." (engl. bloodworm, frz. ver de vase), die bis zu 3 cm Körperlänge und 2 mm Durchmesser erreicht, und die „kleine M." (engl. joker, frz. fouillis), die nur ca. 1,2 cm lang und maximal 1 mm dick wird. Beide Formen haben einen blutrot gefärbten, in Ringen segmentierten Körper, einen etwas dickeren, bläulich gefärbten Kopf und einen gegabelten Schwanz.

Lebensweise

Der Lebenszyklus der Mückenlarven beginnt, wenn die Zuckermücke ihre Eier an der Wasseroberfläche ablegt. Die Eier sinken bis zum Grund, es bilden sich daraus die wurmförmigen lebhaften Larven, die sich im Grundschlamm der Gewässer aufhalten. Die M. treten ganzjährig auf; nur in der Periode vom Ende April bis Anfang Juni, wenn durch starke Wassererwärmung die Entwicklung von der Larve zum fertigen Insekt beschleunigt wird, machen sie sich rar.

Die große M. findet sich ausschließlich in stehenden Gewässern mit organisch verschmutztem Wasser. In sauberen Gewässern hält sie sich nicht auf. Teiche und Tümpel mit geringer Abwasserverschmutzung, Ententeiche, Viehtränken, in denen das liebe Vieh auch seine Abfälle hinterläßt, sind die aussichtsreichsten Gewässer für den Fang der großen M.

Auch die kleine M. hält sich nur in verschmutzten Gewässern auf, im Gegensatz zu ihrer großen Schwester jedoch im Fließwasser von Gräben und Bächen. Beliebter Aufenthaltsplatz sind Abflußgräben von Brauereien, Molkereien, Haushaltsabwässern. Die kleinen M. halten sich nicht direkt am Abwassereinfluß auf, sondern in einiger Entfernung davon, dort, wo ihnen die Wasserqualität wieder einigermaßen erträglich erscheint.

Fang und Hälterung

Das größte Problem beim Fang der Mückenlarve besteht darin, ergiebige Fangstellen zu finden. M. kommen zwar fast überall vor, aber nur selten in ausreichenden Mengen. Während man im Sommer, wenn die M. sich an der Oberfläche des Bodenschlamms aufhalten, ihr Vorkommen an schwammartig durchlöcherten Stellen im Schlamm erkennt, gibt es in der kalten Jahreszeit kaum Indizien für ihr Vorhandensein, sie sitzen in tieferen Schlammschichten. Man muß also, durch Beobachtung das ganze Jahr hindurch, wissen, wo man erfahrungsgemäß M. findet. Zeigen sich keine äußeren Anzeichen von M., so helfen nur — häufig enttäuschende — „Probebohrungen". Man beginnt damit zunächst in Ufernähe, kann jedoch gezwungen sein, in den Teich bzw. Graben hineinzugehen. Eine Wathose ist also zu empfehlen.

Der Fang beider Erscheinungsformen der M. verläuft, unter Berücksichtigung der unterschiedlichen Gewässerarten, weitgehend gleich. Mit einem feinmaschigen Kescher, möglichst mit Drahtnetz, wird der Schlamm ausgehoben, in ein Sieb mit ca. 4 mm Maschenweite gegeben und darin ausgespült. Größere Abfallpartikel, wie Steine, Blätter, werden von Hand entfernt, den Rest, also die M. und kleinere Abfallpartikel, schütten wir in einen Eimer, den wir am besten am Gürtel befestigen, um beide Hände frei zu behalten.

Zur vollständigen Reinigung der M. setzen wir das Sieb in einem größeren Gefäß etwa 2 cm unter Wasser und schütten den Inhalt des Eimers darauf; die M. arbeiten sich dann durch das Sieb, die verbleibenden Rückstände können entfernt werden. Gießen wir den Inhalt des Gefäßes danach durch einen Nylonstrumpf, so bleiben die reinen M. zurück.

Mückenlarven sind schwierig zu hältern und leben auch unter günstigen Bedingungen selten länger als 5—6 Tage in Gefangenschaft. Große M. können in einem feuchten Leinentuch oder in angefeuchtetem Zeitungspapier kurzfristig gehältert werden, werden dabei jedoch bald weich und brüchig. Am besten halten sie sich in Moos, das von Zeit zu Zeit etwas angefeuchtet wird.

Kleine M., die meist in größeren Mengen benötigt werden, breiten wir in einer ca. 1 cm dicken Schicht auf doppelt gelegtem Zeitungspapier aus und schlagen sie in das Papier ein. Die Aufbewahrung erfolgt in einem kühlen Keller oder besser im Gemüsefach des Eisschranks. M. sind äußerst wärmeempfindlich; in der warmen Jahreszeit sollte bei längerem Transport eine Kühltasche oder eine wärmeisolierende Styroporkiste verwendet werden.

Fischarten

Mückenlarven werden von allen Friedfischarten, außerdem auch vom Barsch, als Naturnahrung und folglich auch als Köder gern genommen. Wettfischexperten halten die M. für den besten Köder auf Rotaugen; auch Brassen „stehen" auf M. Besonders bewährt haben sich die lebhaften M. bei der Winterfischerei.

Angelmethoden

Mückenlarven eignen sich als Köder nur für die feinste Stippangelei. Dabei werden 1—2 große M. auf einen feindrähtigen Haken Gr. 18 oder 20 geködert, die Hakenspitze wird in der Regel nur durch das Kopfende gestochen. Kleine M. eignen sich im allgemeinen nur zum Anfüttern, eventuell können sie mit Gewebekleber (Fachhandel) an den Haken angeklebt werden. Die Anfütterung erfolgt, indem kleine M. zu etwa 10 % Anteil in das Grundfutter gemischt werden. Da die kleinen M. immer zu leblos erscheinenden Klumpen aufeinander sitzen, trennt man sie zuvor durch das Aufstreuen von trockenem, feingestoßenem Lehm. Die lebhaft sich bewegenden M. regen auch dann noch Fische zum Beißen an, wenn eigentlich, gar nichts mehr geht". Eine Anfütterung mit kleinen M. lockt auch schwere Fische an, zu deren sicherer Landung stärkeres Gerät und ein größerer Haken erforderlich werden. Dann ist eine „Cocktail"-Beköderung anzuraten, z.B. zwei Maden oder ein Tropfen synthetische Paste (Mystic) auf den 14er Haken, eine große M. auf die Hakenspitze.

Muscheln

Erkennungsmerkmale

Muscheln gehören zur Gattung der Weichtiere. Von ihren nahen Verwandten, den Schnecken, unterscheiden sie sich durch den Besitz von zwei Schalen, die durch ein elastisches Band an der Rückenseite zusammengehalten und durch einen Schließmuskel geöffnet und geschlossen werden. Die gewölbten Schalen sind innen mit einer Haut ausgekleidet, dem Mantel. Dieser umschließt die Mantelhöhle, in der sich der Weichkörper befindet. Die Enden des Mantels sind so mit den Schalen verwachsen, daß sie eine Ein- und eine Ausfuhröffnung für Wasser bilden. Der Fuß, mit dem die Muscheln sich eingraben und fortbewegen, tritt aus einem Schalenspalt hervor.

Von den im Süßwasser vorkommenden Arten dienen die kleinwüchsigen Häubchen-, Kugel- und Erbsenmuscheln (Länge bis 1 cm) den Fischen als natürliche Nahrung. Die Schalen werden nach der Aufnahme durch die Kraft der Kiefer (Aal) bzw. der Schlundzähne (Cypriniden) zerbrochen und finden sich in zerkleinertem Zustand als Mageninhalt.

Als Köder interessant ist das Fleisch der bis zu 20 cm langen Großen Teichmuschel (Schwanenmuschel), deren grau-braun-grünlich gefärbte, stark gewölbte Schalen oben spitz, unten stumpf zulaufen und deutlich sichtbare Wachstumsringe aufweisen (s. Farbfoto).

Bei der Meeresangelei eignet sich das Fleisch der als Delikateß-Speise wohlbekannten Miesmuschel als Angelköder. Ihre ei- bis keilförmigen Schalen sind außen schwarzblau, an der Innenseite blauweiß-violett mit Perlmuttschimmer gefärbt und erreichen in der Regel 5 bis 8 cm Länge.

Lebensweise

Teichmuscheln leben in stehenden und langsam fließenden Gewässern mit schlammigem Grund. Sie bevorzugen Gebiete mit Pflanzenbewuchs. Man könnte sagen, Tm. leben gern in Gewässern, die typisch sind für Schleienvorkommen — und umgekehrt. Das spitze Ende der Tm. schaut aus dem Schlamm hervor, während das stumpfe Ende mit dem Fuß im Schlamm steckt. Mit Hilfe von Flimmerhärchen am Fuß und an den seitlich herabhängenden Kiemenlappen „strudeln" die Tiere einen Wasserstrom durch ihren Körper (Ein- und Ausfuhröffnung), dem sie pflanzliches und tierisches Plankton als Nahrung entnehmen. Gleichzeitig läuft das Wasser zur Sauerstoffentnahme über die Kiemen.

Miesmuscheln leben in großen Bänken auf Schlick- oder Sandboden. Durch eine Drüse an ihrem Fuß scheiden sie ein Sekret aus, mit dem sie sich an Pfählen, Steinen, Bojen, Schiffen usw. festsetzen können. An der Nordseeküste und überall am Atlantik werden Mm. von Fischern in Muschelbeet-Kulturen für den Handel gezüchtet.

Beschaffung und Hälterung

Der „Fang" der Teichmuscheln ist kein Problem, wenn man die Tiere erst einmal gefunden hat. Dies jedoch ist aufgrund ihrer unauffälligen Lebensweise oft dem Zufall überlassen, zumal Tm. selten gleichmäßig über ein Gewässer verteilt sind. Wer eine Muschelbank ausfindig gemacht hat, harkt die Tiere mit einer Gartenharke aus dem Schlamm und tut gut daran, gleich einen größeren Vorrat davon herauszufangen und in einem Gartenteich zu hältern. Für den Transport kann man sie kurzfristig in einen Eimer mit Wasser aufbewahren (öfters erneuern — Sauerstoff!), besser noch in einem Leinenbeutel, zwischen feuchten Algen, Quellmoos o.a. Wasserpflanzen.

Miesmuscheln sind, wie oben beschrieben, weniger schwierig zu finden. Man sammelt sie einfach ein und kann sie beim Angeln in einem Leinenbeutel (Luftzufuhr) ohne Schwierigkeiten stundenlang mitführen.

Fischarten

Teichmuscheln gelten, v.a. in England, als **der** Superköder für Schleien, und zwar besonders für kapitale Exemplare. Aquariumversuchen zufolge übt die Witterung der Tm. einen nahezu unwiderstehlichen Reiz auf die Fische aus. Brassen, Barsch, Aal und Karpfen sind weitere „Muschelliebhaber".

Nicht nur für den Menschen, sondern auch für Meeresfische stellen Miesmuscheln eine Delikatesse dar. Dorsche, Wittlinge und v.a. im Hochsommer Aale beißen gern auf Muschelfleisch.

Angelmethoden

Von der Teichmuschel eignet sich als Angelköder der zähe, fleischige Fuß. Um an ihn heranzukommen, wird zunächst die Tm. mit dem Messer geöffnet, der Fuß herausgeschnitten und, je nach Größe, auf Haken einfachen Haken Nr. 2 bis 6 gesteckt. Die Hakenspitze bleibt frei. Für größere Fische können ggf. 2 bis 3 Stücke im Bündel verwendet werden. Sind die Fische vorsichtig und wählerisch, so ködert man kleinere Stücke vom Fuß auf Haken Nr. 8 bis 12. Der Tm.-Köder wird am Grund angeboten; in der Strömung mit dem Bodenblei, in langsamen Flüssen und in stehenden Gewässern an der Posenangel mit exakter Tiefeneinstellung, um ein Einsinken des Köders in den Bodenschlamm zu verhindern. Da im allgemeinen größere Fische zu erwarten sind, sollte die Schnur- und Vorfachstärke, zumal in verkrauteten Gewässern (Schleie!), 0,25 nicht unterschreiten.

Die Reizwirkung der Muschelwitterung können wir uns beim Anfüttern zunutze machen: Öffnen und Zerschneiden der Tm. über einem Eimer mit Grundfutter (Paniermehl), in das der Saft tropft; Hinzugeben von Stücken der nicht als Hakenköder verwendeten Weichteile und evtl. der zu diesem Zweck zerstoßenen Schalen. Das Fleisch der Miesmuschel wird in der Regel mit der Bodenbleiangel angeboten, wobei sich die Schnurstärke nach den Bodenverhältnissen (Hänger) und der Größe der zu erwartenden Fische richtet. Bei den an der Meeresküste meist erforderlichen weiten Würfen ist das Mm.-Fleisch zu weich und fällt zu häufig vom Haken. Das eiweißhaltige Fleisch verfestigt sich, wenn man die Mm. einige Minuten in kochendes Wasser legt. Die Schalen öffnen sich dann, und ein Köder kann entnommen werden, den die Fische ebenso gern nehmen wie das rohe Fleisch.

Ohrwurm

Erkennungsmerkmale

Es gibt nicht viele Tiere mit einem unzutreffenderen Namen als gerade den Ohrwurm, der erstens kein Wurm ist, und zweitens mit dem menschlichen Ohr nichts im Sinn hat, was diese oder die ebenfalls geläufige Bezeichnung „Ohrenkneifer" rechtfertigen könnte. Vielmehr gehört der Ohrwurm zu den gradflügligen Insekten und ist damit ein naher Verwandter von Grillen und Heuschrecken.

Sein flachgedrückter Körper erreicht bis zu 25 mm Länge, die Färbung ist dunkel- bis schwarzbraun mit glatter, glänzender Oberfläche. Kurze, stummelförmige Vorderflügel bedecken die großen, vielfach gefalteten Hinterflügel, die fächerförmig ausfahrbar sind, jedoch selten gebraucht werden. Am Kopfende trägt der Ohrwurm zwei lange Fühler, am Brustabschnitt drei Paar verhältnismäßig kräftige Beine, am Hinterleibsende ein Paar starke Zangen, die als Waffe und zur gelegentlichen Entfaltung der Hinterflügel dienen. Diese Zangen sind beim männlichen Wurm größer und kräftiger entwickelt als beim Weibchen.

Lebensweise

Wenn überhaupt je ein Ohrwurm in ein menschliches Ohr gekrochen ist, wie die Legende vom „Ohrenkriecher" unterstellt, so nur, weil er es als eine angenehm dunkle Wohnhöhle ansah. Ohrwürmer leben nämlich tagsüber versteckt unter Steinen, Holz, Blattwerk und besonders gern unter die Rinde abgestorbener Bäume. Beim Umdrehen oder Entfernen der Behausung ergreifen die wendigen, schnell beweglichen Tiere eiligst die Flucht, um ein neues Versteck aufzusuchen. Nachts gehen sie auf Nahrungssuche; sie ernähren sich von Pflanzenstoffen (angeblich sollen Dahlien, Nelken und Chrysanthemen besonders beliebt sein) und von Blattläusen. Zur Fortpflanzung legt das Weibchen die Eier in selbst-gegrabene Röhren, die fortan bis zum Schlüpfen der Jungtiere bewacht werden. Auch die frischgeschlüpften Ohrwürmer werden weiter betreut, z.B. bei nächtlichen Familienwanderungen zur Nahrungsaufnahme.

Fang und Hälterung

Ohrwürmer kann man an den oben bezeichneten Stellen in ihren natürlichen Verstecken sammeln. Rationeller ist es, ihnen geeignete Unterschlupfmöglichkeiten zu schaffen, die sie bald von selbst aufsuchen. Dazu legt man alte Lumpen oder Säcke auf nicht zu trockenem Grund aus und feuchtet den Stoff leicht an. Besonders geeignet sind kühle, schattige Stellen, z.B. unter Bäumen im Garten. Man kann das Sackleinen auch in einen Baum hängen, da die Ohrwürmer an den Stämmen herumspazieren. Nach einigen Tagen finden sich über Nacht Ohrwürmer ein, die „Falle" wird im Abstand von einigen Tagen wiederholt kontrolliert und die Ködertiere werden eingesammelt.

Zur Hälterung gibt man die klettergewandten Ohrwürmer am besten in ein hohes Glasgefäß mit Schraubverschluß (kleine Luftlöcher im Deckel!), das zu einem Viertel mit Erde gefüllt wird. Holzstückchen, Pappe und etwas Moos darüber machen das Gefängnis richtig wohnlich. Bei längerer Hälterung von Zeit zu Zeit leicht anfeuchten. Kühl und schattig aufbewahren.

Fischarten

Sicher gehören Ohrwürmer nicht zu den bekanntesten Ködertieren, sondern eher zu den Gelegenheits- und Verlegenheitsködern. Manchmal aber, wenn die Fische „eigentlich" gar nicht fressen wollen, kann dieser kleine und sich lebhaft im Wasser bewegende Köder für erstaunliche Erfolge sorgen, besonders auf Häslinge, daneben auch weitere kleinere Friedfische wie Rotauge, Rotfeder, Nase.

Angelmethoden

Größe und Eigenschaften des Köders und die zu erwartenden Fischarten bestimmen die Angelmethode und die Gerätezusammenstellung. Auf den Ohrwurm angewandt bedeutet dies, daß in der Regel nur mit der leichten Posenangel gefischt wird. Die sensible, gut austarierte Antennenpose muß jeden Anbiß sofort anzeigen, und der Anhieb muß prompt erfolgen, damit die Fische keine Gelegenheit erhalten, den Köder abzufressen oder Teile davon abzureißen. Eine lange, leichte Stipprute mit sensibler Spitzenaktion ist für diese Angelmethode ideal. Die Anköderung erfolgt auf einen langschenkligen, feindrähtigen Haken Größe 14, der seitlich hinter dem Kopf eingestochen und am Hinterleib wieder ausgeführt wird, an 10- bis 14er Vorfach. Bündel von mehreren Ohrwürmern an Hakengröße 10 bis 12 können gelegentlich auch gewichtigere Interessenten, z.B. Döbel, finden. Nach längerem, unfreiwilligem „Bad" stellen die Ohrwürmer natürlicherweise ihre Bewegungen ein; der Köder sollte daher häufig erneuert werden.

Rotwürmer

Erkennungsmerkmale

Als Rotwürmer werden im allgemeinen verschiedene, im Aussehen und in den Lebensgewohnheiten unterschiedliche kleinere Wurmarten bezeichnet: Der „eigentliche" Rotwurm (Laubwurm) wird 6—9 cm lang, ca. 4 mm dick, ist am Körper dunkelrot-braun und am Schwanzende grau gefärbt. Der kleinere, recht empfindliche Gelbschwanz (Mistwurm), 3—7 cm lang, hat einen rot und gelb-ockerfarben geringelten Körper. Er scheidet einen unangenehm riechenden, klebrigen gelben Saft aus. Der bis zu 12 cm lange Blaukopf unterscheidet sich vom Laubwurm durch sein rot braun-bläulich schimmerndes Vorderteil. Er ist lebhafter und zäher als seine beiden Verwandten.

Lebensweise

Laubwürmer leben massenhaft in Abfall-, Kompost- und Laubhaufen. Ist genügend Feuchtigkeit vorhanden, so finden sie sich gleich in den obersten Laub- bzw. Grasschichten, während sie bei Trockenheit oder Frost tiefere Regionen aufsuchen. Ähnlich verhält sich der Gelbschwanz, der jedoch vor allem in Misthaufen zu finden ist. Blauköpfe leben in Flußmarschen, im Schlamm oder angespülter feuchter Erde von Flußbiegungen, wo sie sich gern nahe der Oberfläche aufhalten, bevorzugt in Deckung unter Steinen oder angetriebenem Holz.

Fang und Hälterung

Laub- und Mistwürmer sind an den bezeichneten Stellen — Kompost- bzw. Misthaufen — durch Abheben der obersten Schichten mit der Forke (Grabgabel) leicht und massenhaft zu sammeln. Blauköpfe findet man beim Durchgraben des Schlamms mit der Grabgabel oder durch Umdrehen von Steinen, Brettern etc. in geeignetem Gelände (s. o.).

Die Hälterung der Rotwürmer erfolgt, ähnlich wie beim Tauwurm, am besten in einer kühl gestellten Holzkiste mit Humuserde, Herbstlaub und Moos, die mit angefeuchtetem Sackleinen abgedeckt und so gegen Austrocknung und ungebetene Kunden (Vögel) geschützt wird. Im Sommer täglich nachfeuchten. Etwas Milch, aufs Moos gegossen, nährt und festigt die Würmer.

R. kann man leicht selbst züchten: Man gibt einige der Tiere in einen Behälter (Kiste oder großer Tonkübel) mit altem Laub, Gras, Gemüseabfällen aus der Küche; die R. vermehren sich dann nach kurzer Zeit, der Nachwuchs wird weiter mit Küchenabfällen versorgt und wächst rasch zum ständigen Wurmreservoir heran. Zum Kurztransport ans Wasser eignet sich eine Wurmdose. Besser, weil luftdurchlässig, ist ein Leinenbeutel, mit Moos gefüllt. Nach dem Angeltag werden nur die lebendigen, unversehrten R. in den Vorrat zurückgegeben.

Fischarten

Rotwürmer gehören zu den universellsten und beliebtesten Ködern für alle Friedfischarten. Laubwürmer und Gelbschwanz sind beste Schleienköder und bringen überdurchschnittlichen Erfolg auf Brassen. Barsche nehmen R. gern, v.a. fängt man jedoch kleinere Exemplare und Kaulbarsche. Der Blaukopf gilt als einer der besten Köder für den Aal. Auf Salmoniden, die ebenfalls gern R. nehmen, sollten Wurmköder auf keinen Fall verwendet werden (in der Regel ohnehin verboten), weil diese den Wurm gierig schlucken und evtl. gefangene untermaßige Fische fast immer verenden. Besonders

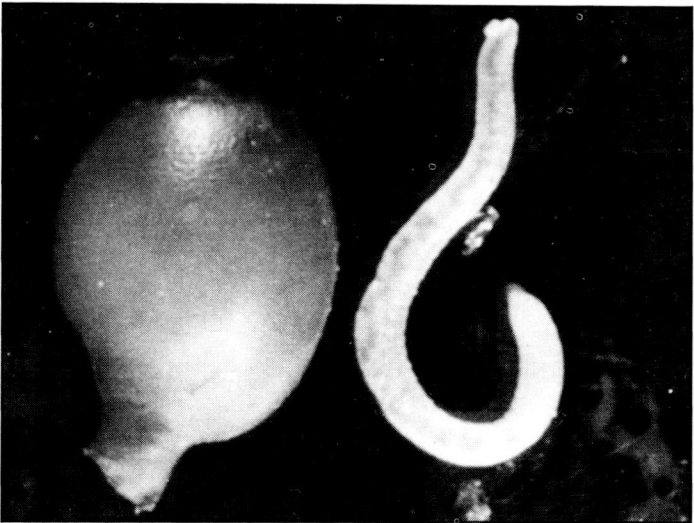

So sehen die Wurm„babys" aus. Daneben die leere Eihülle.

beliebt in der kalten Jahreszeit ist der Gelbschwanz.

Angelmethoden

Rotwürmer werden meist mit der leichten bis mittleren Posenangel in Grundnähe angeboten, seltener mit dem Bodenblei, da der lebhaft sich bewegende R. frei schwebend eher die Aufmerksamkeit der Fische erregt als auf dem Boden liegend. Die Vorfachstärke sollte zwischen 0,15 bis 0,25 mm liegen.

Zur Anköderung eignen sich langschenklige Haken, Größe 8—10, es gibt verschiedene Anköderungsverfahren. Am bekanntesten, wenngleich nicht immer am erfolgversprechendsten, ist das Anködern in Schlingen durch mehrfaches Durchstechen des Hakens. Dieses Verfahren eignet sich vor allem bei großmäuligen Fischen wie Döbel und Barsch (der herabhängende Wurmenden gern abreißt). Beim Schleienangeln bewährt es sich hingegen, den Haken nur in das Kopfende des R. zu führen und den Rest frei herabhängen zu lassen. Bekanntlich „spielt" die Schleie gern längere Zeit mit dem Köder und würde dabei durch Berührung mit dem Haken gestört. Bei dieser Art der Beköderung ist ein fein austarierter Schwimmer wichtig; der Anhieg wird erst gesetzt, wenn der Fisch deutlich abzieht. Ähnliches gilt bei der „englischen" Beköderung, bei der der Haken nur durch die Mitte des Wurmes geführt und auf diese Weise der Hakenschenkel bedeckt wird. Schleien und Rotfedern werden im Sommer oft gefangen, indem man an langer Rute ohne Pose und Bleigewicht einen R. auf einem Seerosenblatt plaziert und dann vorsichtig vom Blatt herunter ins Wasser sinken läßt.

Beim Angeln auf Barben mit dem Bodenblei werden häufig zwei R. in „Hosenköderung" am Haken Größe 6 angeboten: Erster Wurm zu einem Drittel aufgezogen; aufs Vorfach hochgeschoben; zweiter Wurm auf den Hakenschenkel; Hakenspitze in den ersten Wurm. In England ist in den letzten Jahren der „Cocktailköder" populär geworden: R. auf den Hakenschenkel, Made oder Maden-Puppe auf die Spitze. Bei dieser Beköderung hat man gleichzeitig Chancen auf Fische, die auf Wurm, und solche, die auf Made „stehen".

Schnecken

Erkennungsmerkmale

Die zahlreichen verschiedenen Arten von Schnecken gehören zum Stamm der Weichtiere. Im Gegensatz zu den Muscheln, ihren nächsten Verwandten, besitzen sie nur eine Schale, das Gehäuse. Der S.-Körper besteht aus dem in der Regel mit Fühlern ausgestatteten Kopf, dem Fuß und dem Eingeweidesack. Der Fuß ist bei den meisten S. als „Kriechsohle" ausgebildet: Wellenbewegungen auf der gesamten Sohle lassen die S. sich auf einer Schleimschicht, die eine Drüse am Vorderende des Fußes ausscheidet, kriechend fortbewegen. Bei einigen Arten hat der Fuß die Funktion einer Schwimmflosse.

Für Sportfischer sind drei Gruppen von S. interessant:

1. Kleinere S.-Arten, die im Süßwasser leben. Sie gehören zur natürlichen Nahrung der Friedfische, des Aals und gelegentlich der Forelle. Größte dieser Arten ist die Große Schlammschnecke (Lymnaea) — Foto —, die wegen ihres lang ausgezogenen, spitzen und hornfarbenen Gehäuses auch Spitzhornschnecke genannt wird. Sie erreicht bis zu 6 cm Länge bei einem Durchmesser bis zu 3 cm.

Zwei S. verdanken ihre Namen der Fischart, von der sie bevorzugt gefressen werden, nämlich die bis zu 1 cm große Schleischnecke (Bithynia) und die nur etwa erbsengroße Kammschnecke (Valvata), die auch den bezeichnenden Namen Plötzenschnecke trägt. Das Gehäuse der Schleischnecke ist gelbbraun gefärbt, das der Plötzenschnecke gelb-grünlich.

Die bei Aquarianern bekannte Posthornschnecke trägt ein oliv bis rotbraun gefärbtes Gehäuse, das bis zu 2 cm Durchmesser erreicht. Es ist, wie der Name andeutet, ähnlich wie ein Posthorn gewunden und so flach, daß das Tier auch als Tellerschnecke bezeichnet wird. Zu erwähnen bleibt noch die Napfschnecke (Ancylus), deren flaches Gehäuse fast an eine Muschelschale erinnert.

2. Nacktschnecken, die an Land leben, wie die allgemein bekannte Große Wegschnecke, die je nach Klima und Ernährung hellrot bis schwarz gefärbt ist und bis zu 15 cm Länge erreicht, sowie die 4 bis 6 cm lange, graubraun gefärbte Ackerschnecke.

3. Die an der Nordseeküste größte und häufigste S.-Art, die Wellhornschnecke, die ihren Namen dem 8 bis 12 cm langen, blau-grauschwarz gefärbten Gehäuse verdankt, das durch wellenförmige Falten quer zu den Windungen gezeichnet ist.

Lebensweise

Unter den Schnecken gibt es Kiemen- und Lungenatmer. Dies läßt nicht unbedingt Rückschlüsse auf den Lebensraum zu, so gibt es Lungenatmer, die unter Wasser leben (Posthornschnecke), zum Atmen aber an die Oberfläche kommen und daneben dem Wasser durch Hautatmung Sauerstoff entnehmen.

1. Die S. im Süßwasser lieben in der Regel stehende und langsam fließende Gewässer mit Algen- oder Krautbänken, an denen sie sich ernähren, und weichem, schlammigen Grund. Dies gilt für die Schleischnecke ebenso wie für die Schlammschnecke, die oft mit dem Fuß nach oben, dem Gehäuse nach unten an einem am Wasserspiegel klebenden Schleimband gleitet und daran zum Atmen aufsteigt. Die Plötzenschnecke ist ein Kiemenatmer, bleibt also stets unter Wasser und bevorzugt als Lebensraum die Schlammschicht an der Kante von Uferböschung und Grund des Gewässers. Nur die Napfschnecke fällt aus der Art, sie lebt v. a. in Bächen (Forelle!).

2. Den liebsten Lebensraum und die Nahrungsgewohnheiten der Weg- und Ackerschnecke kennt jeder Gärtner: Sie laben sich an Salat, Gemüse und mit besonderer Vorliebe an Erdbeeren. Natürlich leben sie auch „wild" in feuchten, schattigen Gebieten.

3. Die Wellhornschnecke lebt an der Meeresküste unterhalb der Gezeitenzone, also in Gebieten, die ständig vom Wasser überspült werden. Sie lebt als Pflanzenfresser und als Räuber und bevorzugt steinigen Untergrund; in Schlamm und Schlick ist sie seltener zu finden. Das leere Gehäuse der Wellhorns. dient dem Einsiedlerkrebs als Eremitenhöhle.

Fang und Hälterung

Der „Fang" von Schnecken ist recht einfach, man sammelt die Tiere in ihrem Lebensraum ein. Wasserschnecken kommen zutage, wenn man Büschel von Unterwasserpflanzen ausreißt und die Tiere davon absammelt. Zur kurzfristigen Aufbewahrung beläßt man sie an ihren feuchten Pflanzen, zur längerfristigen Hälterung wird das ganze in ein Gefäß mit Wasser gesteckt.

Weg- und Ackerschnecken findet man im feuchten Ufergras, im Schatten von Büschen oder eben im Garten; man behältert sie unter Blätter auf feuchtem Moos.

Fischarten

Sämtliche Cypriniden mögen gern Schnecken, allen voran die Schleie. Auf die Vorliebe bestimmter Fischarten für bestimmte S. wurde bereits hingewiesen. Französische Sportfischer vertreten die Meinung, daß die außergewöhnlichen Erfolge beim Rotaugenangeln mit Hanf darauf zurückzuführen sind, daß die Fische Hanfkörner für kleine Wasserschnecken halten. Dafür spricht, daß die besten Erfolge mit Hanf in Ufernähe erzielt werden (vgl. Lebensraum Plötzenschnecke). Auch der Aal frißt S., er bevorzugt die Schlammschnecke. Weg- und Ackerschnecken sind eher Zufallsköder für große Friedfische wie Karpfen und Döbel, außerdem für Aal und große Forellen. Wellhornschnecken werden von allen Meeresfischen außer dem Aal gern genommen. Helgoländer Berufsfischer benutzen sie zum Dorschfang und zum Beködern von Hummerfallen.

Angelmethoden

Die kleineren Süßwasserschnecken werden an der leichten Posenangel in solchen Gewässern angeboten, in denen sie den Fischen als natürliche Nahrung bekannt sind (vgl. Lebensweise). Zur Anköderung verwenden wir einen kleinen langschenkligen Haken Gr. 10 bis 14, der in die Gehäuseöffnung durch den weichen Körper gestochen und wieder aus dem Gehäuse ausgeführt wird, oder aber einen kurzschenkligen Haken Gr. 10 bis 12, der durch die dünne Gehäuseschale gestochen wird. Eine weitere Möglichkeit besteht darin, das Gehäuse zu zerbrechen und nur das Fleisch der S. auf Haken Gr. 12 bis 16 zu ködern.

Weg- und Ackerschnecken werden zumeist an der Bodenbleiangel serviert. Da es mit großem Köder auf große Fische geht, ist das Gerät (Rute-Schnur) entsprechend stark zu wählen. Zum Anködern wird entweder ein Haken Gr. 4 bis 8 durch den Kopf der S. gestochen oder die S. mit der Ködernadel auf einen der Körpergröße entsprechenden Haken aufgezogen.

Seeringelwurm

Erkennungsmerkmale

Der Seeringelwurm (Nerëide) lebt in verschiedenen Erscheinungsformen im Wattenmeer. Der am häufigsten vorkommende „Verschiedenfarbige S." ist braun, rötlich, grau oder grünlich gefärbt und wird bis zu 18 cm lang und 8 mm stark. Er trägt am Kopfende ein kräftiges Zangenpaar (mit dem er den Angler gelegentlich zwickt — ungefährlich), sein Körper ist mit Borstenbüscheln besetzt, das Schwanzende gegabelt.

Eine andere, angelsportlich weniger bedeutende Erscheinungsform ist der bis zu 50 cm lange und fingerdicke, graugrün gefärbte „Grüne S.".

Lebensweise

Der Seeringelwurm kommt in der Ostsee häufiger vor als in der Nordsee, man findet ihn auch im Gezeitenbereich im Unterlauf der Flüsse. Eine kleine, 7—8 cm lange Art lebt vor allem an schlammigen Küstenstrecken, eine größere, 15—18 cm lange Form lebt in sandigem oder kiesigem Boden, in Felsspalten, zwischen Steinen, in Tangfeldern. Die S. stecken tagsüber in Wohnröhren, aus denen sie nachts hervortreten, um auf der Suche nach Nahrung am Meeresboden umherzukriechen. Bei ruhiger See erkennt man ihr Vorkommen an den sternförmigen Spuren, die sie dabei hinterlassen.

Der „Grüne S." findet sich in deutschen Gewässern vor allem vor dem Norden und Nordwesten Helgolands, lebt dort in größeren Tiefen und ist damit für den Angler nicht zu erreichen. Die „Grünen S." laichen im April im freien Wasser, sterben danach ab und werden zum Strand gespült. In dieser Periode ist in den betroffenen Gebieten der Dorschfang bisweilen unmöglich, da die Dorsche völlig mit „Grünen S." übersättigt sind.

Fang und Hälterung

Der Fang der Seeringelwürmer verläuft ähnlich wie der Fang des Wattwurmes: Durch Ausgraben bei Ebbe an der Nordseeküste, durch Graben oder „Wurmstampfen" bei ruhigem Wasser in flachen Strandpartien der Ostsee. Beim Einsammeln der S. ist Vorsicht geboten; werden die Tiere zu fest am Hinterleib gefaßt, so zerbrechen sie oft in zwei Teile.

Die Aufbewahrung der S. ist weniger problematisch als beim Wattwurm; bei sachgemäßer Hälterung können die Würmer bis zu drei Wochen am Leben gehalten werden. Zum Hältern für einige Tage eignet sich ein Gefäß mit feuchtem, mit Kies durchmischtem Sand, in den sich die gesunden Tiere eingraben — die kranken und verletzten werden entfernt. Sollen die S. über einen längeren Zeitraum gehältert werden, so empfiehlt sich die Hälterung in mehreren Schichten zwischen meerwassergefeuchtetem Sackleinen (vgl. Wattwurm).

Zum Kurztransport verwenden wir am besten einen mit feuchtem Moos gefüllten Leinenbeutel. In „Wurmdosen" ersticken die S. bald; in Gras oder Erde aufbewahrt sterben sie ab. S. sind wärme- und sonnenempfindlich und sollten deshalb kühl und schattig gehältert werden.

Fischarten

Seeringelwürmer sind bewährte Köder zum Fang von Aalen, Plattfischen und Dorschen, verleiten gelegentlich auch Meerforellen zum Anbiß. Sie gelten an manchen Küstenabschnitten als der allerbeste Köder und werden dem Wattwurm noch vorgezogen. Auch im Brackwasser erzielen S. gute Erfolge, und selbst im Süßwasser soll der Aal sie schätzen. Sie sind außerdem ein vorzüglicher Köder für Meeräschen.

Angelmethoden

Die gängige Angelmethode für den Seeringelwurm ist die Grundangel mit dem Bodenblei. Das Bleigewicht hängt ab von der Wurfweite, Wind und Strömung. Auf glattem, sandigem Boden wird ein strömungsbedingtes Abdriften der Angel durch die Wahl eines Grundbleis verhindert, das mit halbkugelförmigen Verdickungen, in „harten" Fällen mit widerhakenartig wirkenden Drahtstreben versehen ist und so besser am Grund haftet. Das Erkennen des Anbisses wird dabei erleichtert, wenn das Blei am Ende der Hauptschnur, die Vorfächer in Paternosterart davor befestigt werden, oder wenn das Blei mit einem Seitenarm montiert wird. In beiden Fällen zieht der Fisch beim Anbiß direkt an der Schnur, ungehindert durch das schwere Blei.

Die Hakengröße richtet sich nach der zu erwartenden Fischart: Beim Angeln auf den „großmäuligen" Dorsch verwenden wir Haken bis Größe 2/0, zum Aalfang ist Größe 4—6 besser geeignet. Kleinere S. sind die besten Köder, sie werden mit einer Wurmködernadel ganz auf Haken und Vorfachende gezogen. Größere Exemplare ködern wir durch mehrfaches Durchstechen mit dem Haken in Schlingen an (Vorsicht, damit die Tiere nicht ihr Schwanzende abwerfen!), oder wir teilen sie und ziehen die Teile wie kleine S. auf. Der S. sitzt am Haken fester als der Wattwurm; die Köder erschlaffen jedoch nach einiger Zeit und sollten öfters erneuert werden. Da die Fische den S. gierig und entschlossen nehmen und selten wieder loslassen, ist beim Anhieb keine besondere Eile geboten. Dies gilt besonders beim Aalfang, da kleinere Aale einige Zeit brauchen, um mit dem Köder fertigzuwerden.

Strandkrabbe

Erkennungs- merkmale

Die Strandkrabbe gehört ebenso wie die Ködertiere Wollhandkrabbe und Garnele zu den zehnfüßigen Krebsen. Ihr vorderstes Gehbeinpaar läuft in Scheren aus, die der Nahrungsaufnahme dienen. Im Gegensatz zu dem langschwänzigen Schwimmkrebs Garnele ist die S. ein Kurzschwanzkrebs. Ihre Larve trägt noch einen gut ausgebildeten Schwanz und bewegt sich schwimmend fort; in der weiteren Entwicklung bildet sich der Schwanz zurück, wird unter den Körper geklappt, und die S. wird zum Lauftier. Der kurze Hinterleib ohne Schwanzfächer und der Kopf-Brust-Abschnitt, der breiter ist als lang, geben ihr eine rundliche Gesamtform. Die Färbung ist dunkel olivbraun bis schwarzbraun. Die Panzerbreite beträgt bis zu 8 cm.

Vom ähnlich aussehenden, wenn auch wesentlich größeren Taschenkrebs (bis 25 cm) unterscheidet die S. sich durch 5 spitze Zacken an jeder Seite des Kopf-Brust-Schildes — der Taschenkrebs hat je 9 stumpfe Vorsprünge. Während in unseren Breiten der Taschenkrebs auf den Fischmärkten anzutreffen ist, gilt die S. als venezianische Delikatesse: „Molecche", in Öl gebraten.

Lebensweise

Strandkrabben kommen überall an der Ostseeküste und im Gezeitenbereich der Nordsee häufig vor. Sie leben versteckt am Grund zwischen Tangbüscheln und Steinen oder im Schlick ver-

graben. Als Allesfresser ernähren sie sich von Würmern, Weichtieren, kleineren Krebsen, Pflanzen. S. sind Kiemenatmer, können jedoch eingegraben das vorübergehende Trockenfallen des Wattenmeeres ebenso überstehen wie einen kürzeren Aufenthalt an der Luft, da ihre Schale den Kiemenraum fest umschließt und die Feuchtigkeit darin hält.

Während des Wachstums müssen die Tiere den harten Panzer mehrfach abwerfen und einen dem Zuwachs des Körpervolumens (bis zu 25 % pro Häutung) angemessenen neuen Panzer bilden. Sie erreichen ein Lebensalter von 4—5 Jahren.

Fang und Hälterung

In der Ostsee, wo Watt- und Seeringelwurm (die Standardköder für die Meeresangelei) oftmals schwieriger zu finden sind als im Gezeitenbereich der Nordsee, dienen Strandkrabben häufig als Ersatzköder. Man sucht sie zwischen Steinen und an Stellen mit Krautbewuchs; da die Tiere sich nicht besonders flink fortbewegen, sind sie ohne Schwierigkeiten einzusammeln.

An der Nordsee sucht man S. bei Ebbe. Möwenschwärme auf S.-Suche zeigen häufig das Vorkommen der Krabben an. Besonders günstig ist der Bereich um den Tiefpunkt der Ebbe, wo das Watt am wenigsten lange trocken liegt. Im Prinzip könnte man S. ähnlich wie Wollhandkrabben im Brackwasser, mit fest verankerten Fallen (Blechdosen o. ä., fangen, doch macht sich kaum jemand die Mühe, da dieser Köder an der Nordsee nicht

so bedeutend ist wie an der Ostseeküste.

In einem Eimer oder Köderkessel mit Seewasser können S. mehrere Stunden lang lebend aufbewahrt werden, sofern der Behälter Luftzufuhr bekommt. Sollen sie in Stücke zerteilt werden, so tötet man sie zuvor durch einen Stich zwischen die Augen oder auch kräftigen Wurf auf harten Untergrund.

Fischarten

Ähnlich wie die Wollhandkrabbe ist die Strandkrabbe ein guter, wenngleich seltener verwendeter Köder für Plattfische und v. a. für den Aal. Die ausströmende Witterung zerteilter S. ist für letzteren ein nahezu unwiderstehlicher Anreiz. Nicht umsonst rühmen Köderhersteller „Krabbenöl" als Aal-Lockstoff.

Ostseedorsche sind bisweilen ganz auf S. eingestellt und vollgefressen mit diesen Krabben, die sie bis zu 6 cm Panzerbreite ganz verschlingen. Eine lebende kleine S., als Köder vom Boot aus oder an der Brandungsangel angeboten, bringt dann beste Fangaussichten.

Angelmethoden

Als Köder kommen entweder kleinere Strandkrabben, frisch gehäutet oder kurz nach der Häutung mit noch weichem Panzer, an Haken Größe 1 und größer in Betracht, oder aber Teile von S. auf entsprechend kleinerem Haken. Speziell auf Aal ist diese Ködervariante vorzuziehen, da die Duftspur den Aal anlockt und da bei kleinerem Köder weniger Fehlbisse zu erwarten sind. Gebräuchlichste Angeltech-

nik ist das Grundangeln mit dem Bodenblei. An der Ostsee sind freie Stellen zwischen Tangfeldern besonders aussichtsreich, an der Nordsee das Wattenmeer (Aal) und solche Stellen, die bei Ebbe nicht trockenfallen, z. B. Flußmündungen, Priele (Flunder). In den meisten Fällen sind weite Würfe erforderlich; es empfiehlt sich daher, an relativ dünner Hauptschnur (0,35 mm) vorn eine stärkere „Schlagschnur" von 0,50 mm anzubringen, die der ersten starken Belastung durch das erforderliche schwere Blei beim Wurf standhält. Als Blei eignet sich bei Hängergefahr ein birnenförmiges, bei glattem Untergrund ein Sargblei, bei Strömung ein mit Drahtankern versehenes Blei, das am Ende der Schlagschnur befestigt wird. Zwei bis drei beköderte „Mundschnüre", d. h. paternosterartig montierte Vorfächer, sind gebräuchlich. Mehrere Vorfächer verringern allerdings die Wurfweite, so daß v. a. in flacheren Uferzonen, wenn auf große Distanz gefischt werden soll, die Montage mit einem Laufblei auf der Schlagschnur und einem vorgeschalteten feineren Vorfach oft Vorteile bringt.

Stubenfliege

Erkennungsmerkmale

Die Stubenfliege gehört zu den bekanntesten Insektenarten, da wir ihr in der wärmeren Jahreszeit fast ständig in der Wohnung und überall in der freien Natur begegnen. Der Körper der grauschwarz gefärbten S. ist rundlich geformt und reichlich mit feinen Haaren besetzt. Sie trägt an der Unterseite am Brustabschnitt drei Beinpaare und auf dem Rücken ein Paar durchsichtig schimmernde, häutige Flügel (Netzflügel). Der schräg abstehende Kopf ist fast scheibenförmig flachgedrückt. Am Kopf befinden sich zwei halbkugelförmige Facettenaugen, drei Punktaugen, ein Paar Fühler und ein stempelförmiger Tupfrüssel, der der Nahrungsprüfung und -aufnahme dient.

Die S. erreicht eine Länge bis zu 10 mm. Nahe mit ihr verwandt und als Angelköder in gleicher Weise zu verwenden ist die Schmeißfliege, die jedoch erheblich größer wird (bis 16 mm) und am Körper blau schimmerd gefärbt ist.

Lebensweise

Stubenfliegen können außerordentlich geschickt und schnell fliegen, ihre Flügel erreichen bis zu 300 Auf- und Abbewegungen in der Sekunde. Auch im Laufen leisten sie Erstaunliches: Mit zwei krallenartigen Klauen an den Fußspitzen bewegen sie sich auf rauhem Untergrund fort, und zwei Haftballen ermöglichen es ihnen, auf glatter Oberfläche zu laufen, z.B. senkrecht an Fensterscheiben.

S. nehmen nur flüssige Nahrung auf. Ihr Tupfrüssel hat dabei zwei Funktionen. Durch ein darin befindliches Speichelrohr scheiden sie ein Sekret aus, mit dem die Nahrung verflüssigt wird, und mit dem parallel dazu verlaufenden Saugrohr saugen sie die Nahrung an. Dabei bedienen sie sich ebenso gern vom Küchentisch (Zucker und andere süße Substanzen) wie vom Misthaufen oder von Aas. Durch diese wenig wählerischen Nahrungsgewohnheiten werden die ansonsten — im Gegensatz zu anderen Insekten — völlig friedfertigen S. als Überträger von Krankheitskeimen für den Menschen gefährlich.

Bei der Fortpflanzung unterliegen S. einer vollkommenen Metamorphose (Umwandlung) vom Ei über Larve (Made) und Puppe zum fertigen Insekt.

Fang und Hälterung

Mit dem bekanntesten Fanggerät, der „Fliegenklatsche", verhilft man den Stubenfliegen zu einer frikassierten Form, in der sie als Köder kaum mehr zu verwenden sind. Man fängt sie deshalb am besten — flink, aber gefühlvoll — mit der hohlen Hand, wenn sie an oder auf glatten Flächen sitzen (Wand oder Tisch, sonnige Stellen auf Steinen, Brückengeländern usw.); diese Fangmethode ist zu bekannt, als daß sie hier beschrieben werden müßte.

Sind die S. nicht zum sofortigen Gebrauch bestimmt, so kann man sie in einer Köderflasche mit engem, verschließbaren Hals bei kühler, schattiger Aufbewahrung einige Tage lang hältern. Eine einfache Dose mit Deckel eignet sich nicht, da beim Öffnen die gesamte Gesellschaft entweichen würde, während durch den Flaschenhals jeweils nur ein Insekt entnommen werden kann. Ein paar getrocknete Grashalme in der Flasche geben den Tieren Gelegenheit zum Klettern und erleichtern damit die Gefangenschaft.

Eine einfache Methode, eine größere Menge von Schmeißfliegen als Köder zu bekommen, besteht darin, eine Portion Maden so lange aufzubewahren, bis nach der Verpuppung daraus dicke, zunächst kaum flugfähige Fliegen entstehen. Wärme beschleunigt diesen Entwicklungsprozeß.

Fischarten

Stubenfliegen sind den Fischen als Nahrung bekannt, da sie häufig vom Wind aufs Wasser getrieben und dort begierig aufgesogen werden. Somit kommen v.a. diejenigen Fischarten in Betracht, die oft oder überwiegend Oberflächennahrung aufnehmen: Döbel, Aland, Rotfeder, Häsling und Ukelei unter den Friedfischen, Forelle und Äsche unter den Salmoniden.

Angelmethoden

Natürlichste Methode zum Angeln mit Stubenfliegen ist die Tippangelei mit langer Rute, ohne Pose und Blei, an der Oberfläche in Ufernähe. An die feine Hauptschnur (0,15—0,20 mm) wird direkt der Haken gebunden. Die kleinere S. ködert man an einen feindrähtigen Haken der Größe 14—16, größere Schmeißfliegen an Haken Gr. 12. Der Haken wird an der Unterseite hinter dem Kopf ein- und am Körperende ausgeführt.

Bei ablandigem Wind kann mit der Tippangel auf weite Entfernung vom Ufer gefischt werden („geblasene Leine", dazu die Schnur durch Einfetten schwimmfähig machen). Bei Gegenwind wird das Gerät durch ein Bleigewicht ergänzt, das in genügendem Abstand zum Haken (ca. 1 m) die Schnur strafft, während die S. am Haken frei auf der Oberfläche tanzen kann. Mit der Wasserkugel und gefettetem Vorfach kann auf Distanz gefischt werden, z.B. in Bächen und kleineren Flüssen am gegenüberliegenden Ufer. Dazu eignet sich eine leichte Spinnrute, 20er Hauptschnur.

Ein geradezu „tödlicher" Trick besteht darin, aus einer größeren Menge Maden Fliegen schlüpfen zu lassen, diese zu betäuben (Ammoniak) und portionsweise aufs Wasser zu werfen. Man erzeugt damit stromabwärts einen „künstlichen Aufstieg", in dem mit abtreibender Fliege an gefetteter Schnur reichliche Beute möglich ist.

Die S. eignet sich schließlich als Köder für die leichte Stippangelei auf Döbel, Rotauge usw. am Grund oder im Mittelwasser nicht zu tiefer Gewässer.

Tauwurm

Erkennungsmerkmale

Der Tauwurm ist die größte einheimische Wurmart aus der Familie der Ringelwürmer. Er erreicht bis zu 20 cm Länge und wird bis zu kleinfingerdick. Die ersten zwei Drittel seines drehrunden Körpers sind braunrot, das Schwanzende ist lichtgrau gefärbt, hinten leicht abgeflacht und mit Borstenfüßchen besetzt, die dem T. in den Erdgängen Halt verschaffen. Ausgewachsene T. erkennt man an einem ocker- bis gelblich-rot gefärbten Ring in der vorderen Körperhälfte.

Lebensweise

Tauwürmer sind weit verbreitet und kommen fast überall vor in Regionen mit lehmigen oder humusartigem, nicht jedoch bei sandigem oder steinigem Boden. Beliebter Lebensraum sind Komposthaufen oder Laubablagerungen, wo die T. besonders günstige Ernährungsbedingungen vorfinden: Sie nehmen pflanzliche Stoffe auf und scheiden humöse Erde aus. T. lieben Feuchtigkeit, nicht aber Nässe. Nach plötzlichen starken Regenfällen treten sie aus der Erde aus und sind dann häufig auf Gehwegen oder Straßen zu finden. Ansonsten leben sie tagsüber unter der Erdoberfläche, bevorzugt an feuchten, schattigen Stellen wie etwa unter Baumstämmen, Brettern, Steinen. Im Sommer bei Trockenheit und im Winter bei Bodenfrost halten sie sich in tieferen Erdschichten auf. Speziell in feuchtwarmen Frühjahrs- und Frühsommernächten, bei Tau oder Nieselregen, kommen sie gern an die Oberfläche. Man erkennt dies an kleinen Erdanhäufungen, die sie in Gartenbeeten, auf Wegen und an Wegrändern hinterlassen.

Fang und Hälterung

Will man die Tauwürmer nicht beim Angelgerätehändler kaufen (und teuer bezahlen), so bietet sich als rationellste Fangmethode die nächtliche „Tauwurmjagd" mit der Taschenlampe an. Die besagten Erdhäufchen zeigen uns, wo wir mit Aussicht auf Erfolg Ackerränder, Gartenbeete oder kurzgeschorene Rasenflächen nach T. absuchen können. Die beste Fangzeit beginnt im allgemeinen zwischen 22 und 23 Uhr. Die T. liegen dann mit dem größten Teil ihres Körpers an der Oberfläche, nur das Schwanzende steckt meist noch im Erdloch, um bei Gefahr einen blitzschnellen Rückzug zu ermöglichen. Wir müssen also vorsichtig schleichen, um keine Erschütterungen des Bodens zu verursachen, und dürfen die T. auf keinen Fall mit dem vollen Licht der Taschenlampe anstrahlen, sondern müssen sie bereits am Rande des Lichtkegels erkennen. Rotes Taschenlampenlicht mindert die Gefahr, die T. zu verscheuchen. Routinierte Tauwurmsammler greifen die Beute unmittelbar vor dem Erdloch, also am helleren Schwanzende, und „drillen" sie langsam, ohne zu reißen, ganz heraus.

Keine andere Fangmethode ist auch nur annähernd so rentabel. T. mit dem Spaten auszugraben ist anstrengend und fördert oft halbierte Exemplare hervor; die Suche unter Steinen und Brettern ist zeitraubend und unergiebig. Bessere Aussichten hat, wer einen Bauern beim Pflügen sieht, dem Pflug nachgeht und die T. aus den umgepflügten Erdbrocken sammelt. Auch hierbei allerdings findet man sehr viele versehrte Exemplare. Zur elektrischen Wurmfangmethode genügt hier der Hinweis auf zahlreiche tödliche Unfälle als Warnung!

Zur kurzfristigen Hälterung geben wir die T. in einen genügend großen Behälter (Köderfischkessel, Eimer, besser: Leinenbeutel — die handelsüblichen Wurmdosen eignen sich nicht) mit feuchtem Moos. Da T. als Köder das ganze Jahr hindurch gefragt, jedoch nicht immer leicht zu finden sind (Hitze, Frost!), empfiehlt es sich, gleich im Frühjahr einen Vorrat anzulegen. Als Behälter eignen sich ein großer Blumenkübel, ein unglasierter Tontopf, eine fugenlose Holzkiste mit Entwässerungslöchern im Boden. Der Behälter wird gefüllt mit einer Schicht Humuserde, darüber kommt eine Schicht verrottetes Herbstlaub, darüber eine Schicht Moos. Gras und grüne Blätter säuern und sind damit nicht geeignet. Die Würmer legen wir oben aufs Moos; die gesunden Exemplare graben sich dann bald ein, die kranken bleiben oben liegen und werden entfernt. Die Aufbewahrung des Vorratsbehälters erfolgt am besten im Keller oder in einer kühlen Garage. Das Moos ist stets feucht zu halten und wird mit einem Leinentuch abgedeckt. Zur Fütterung geben wir gelegentlich Laub nach oder gießen etwas Milch auf das Moos.

Fischarten

Der Tauwurm ist fast universell als Köder einsetzbar. Zum Aalfang ist er **der** Standardköder schlechthin, bewährt sich beim Fang der Rutte (Aalquappe) und, besonders in der kälteren Jahreszeit, beim Fang aller größeren Friedfischarten wie Barbe, Brassen, Döbel, Karpfen, Schleie. Auch Raubfische schätzen den T.: sehr gut als Barschköder, im Tauwurmbündel auf Waller, sogar gelegentliche Hechtfänge. Salmoniden nehmen den T. gierig; wegen der Verangelungsgefahr sollte er hier jedoch nur in Ausnahmefällen, z. B. zum Herausfangen einer schädlichen Raubforelle, verwendet werden. Beim Angeln im Meer wird der T. häufig benutzt und bringt gute Ergebnisse auf Aal, weniger jedoch auf Schollen und Flundern. Allerdings geht er im Salzwasser rasch ein.

Angelmethoden

Der Tauwurm ist ein typischer Grundköder und wird überwiegend mit der Bodenbleiangel angeboten. Um ihm mehr Leben zu geben und zu verhindern, daß er sich im Boden verkriecht, sollte die Grundangel hin und wieder bewegt werden. In Gewässern mit schlammigem Grund ist eine Posenangel mit genauer Tiefeneinstellung vorteilhafter. Die Vorfachstärke wird 0,25 mm selten überschreiten. Die Beköderung erfolgt an einfachen Haken Größe 4—7, häufig an sog. Spezial-Wurmhaken mit Widerhaken auf dem Schenkel, die dem T. Halt verschaffen. Zum Aalfang empfiehlt es sich, den T. mit einer Spezialködernadel ganz aufzuziehen, Kopf und Körper befinden sich dann auf dem Vorfach, das Schwanzende bedeckt den Hakenbogen. Beim Angeln auf Barbe, Döbel u.ä. wird der Haken zwei- bis dreimal durch den Körper gestochen oder einfach nur in die Wurmmitte eingeführt (englische Beköderung), so daß der T. viel Bewegungsfreiheit behält. Zum Wallerfang wird ein Bündel aus mehreren T. an einen Drilling Größe 4 oder größer gesteckt. In Anbetracht der Ködergröße können wir uns beim Anhieb Zeit lassen; dieser sollte erst erfolgen, wenn der Fisch deutlich mit dem Köder abzieht.

Tubifex

Erkennungsmerkmale

Eines der wichtigsten Fischnährtiere, v. a. in langsam strömenden Gewässern mit Bodenschlamm, ist der Schlamm- oder Röhrenwurm (Tubifex). T. sind 1 – 3 cm lange, fadenförmige, rötlich durchschimmernde Würmchen von höchstens 1,5 mm Durchmesser. Besonders bei Aquarianern sind T. als Fischfutter bekannt, während sie als Angelköder nur unter Schwierigkeiten einzusetzen sind. Dennoch können T. als Köder in Situationen Erfolge bringen, wenn andere Köder versagen.

Lebensweise

Wie die deutschen Bezeichnungen Schlamm- und Röhrenwurm andeuten, leben Tubifex am Grund von Gewässern in Röhren im Schlamm. Bevorzugter Aufenthaltsraum sind Schlammbänke in der Uferzone von langsam fließenden Niederungsbächen und -flüssen; dort leben die T. gesellig und bilden regelrechte „Teppiche", indem sie mit ihrem Vorderende in der Schlammröhre stecken und fressen, während der hintere Körper mit schwingenden, schlängelnden Bewegungen in der Strömung wallt und dem Wasser den zur Atmung erforderlichen Sauerstoff entnimmt.
Wie Zuckmückenlarven (vgl. Seiten 34/35) sind T. ungeachtet ihrer Bedeutung als Fischnahrung Indikator für unsauberes Wasser; sie finden sich v. a. im durch organische Verschmutzung bedingten Faulschlamm.

Fang und Hälterung

Wer Tubifex in geringen Mengen benötigt, kauft sie in einem Aquarien- oder Zoofachgeschäft. T. selbst zu sammeln stellt dann keine Schwierigkeit dar, wenn man eine gut besetzte Schlammbank gefunden hat und ihre Oberfläche Stück für Stück abhebt. Der Schlamm wird, genau wie bei der Mückenlarve, in einem feinen Gazesieb ausgewaschen, und die T. bleiben zurück.
Aber wo finden wir T.? Bisweilen beantworten die Fische diese Frage selbst, wenn am Boden aufsteigende Schlammwolken darauf hindeuten, daß sie im Schlamm nach T. gründeln. Bodenproben mit einem langstieligen, feinmaschigen Kescher (Nylonstrumpf) geben Aufschluß, ob tatsächlich T. vorhanden sind. Wer systematisch größere Mengen von T. sammeln will, sucht sie am besten in Abflußgräben mit organischen, besonders zellulosehaltigen Abwässern (Papierfabrik), wo auch die Suche nach Mückenlarven lohnt. T. findet man hier oberhalb der Mükkenlarven enthaltenden Zone, also im noch stärker verschmutzten Wasser.
T. können nur bei ständiger Frischwasser- und damit Sauerstoffzufuhr über längere Zeit gehältert werden. Am besten stellt man sie, wie in Zoohandlungen üblich, in einer Schale oder Schüssel unter den Wasserhahn und läßt das Wasser stets leicht laufen.

Fischarten

Tubifex dienen allen Fischarten im Jugendstadium als Nahrung. Darüber hinaus sind einige Friedfische auch im „reiferen Alter" auf T. spezialisiert, nämlich Karpfen, Schleie und vor allem Brassen. Gewässer der Brassenregion kommen ja in der Uferzone der Lebensweise der T. besonders entgegen, und das Rüsselmaul des Brassen ist geradezu dafür geschaffen, Schlammbänke nach T. und Mückenlarven zu durchkämmen. Brassenschwärme weiden T.-Teppiche regelrecht ab; und wenn die Ansicht zahlreicher Brassenangler stimmen soll, daß eine rot eingefärbte Anfütterung für Brassen besonders erfolgversprechend ist, so hängt dies sicherlich mit den roten T.-Feldern zusammen.

Angelmethoden

Tubifex sind, falls in größeren Mengen verfügbar, für den Sportfischer vor allem interessant als außergewöhnlich gutes Anfütterungsmaterial. Sie werden zum Anfüttern mit Sand oder Erde vermischt und in kleinen Portionen zum Grund des Gewässers befördert. Dort verkriechen sie sich sofort mit den Vorderenden im Schlamm und müssen von den Fischen in mühseliger Kleinarbeit einzeln herausgezogen werden. Umso interessierter sind Schleien und Brassen, natürlich auch andere Friedfische, wenn ihnen ein ganzes Bündel von T. an der Angel serviert wird. Schwierigkeiten allerdings gibt es mit dem Anködern. T. sind so klein, dünn und zerbrechlich, daß man sie auf keinen, auch noch so feinen Haken ködern kann. Vielmehr müssen sie bündelweise mit einem schnell haftenden, nicht wasserlöslichen Gewebekleber (Fachhandel) an einen feindrähtigen Haken Größe 12 – 16 geklebt werden. Eine andere, noch kniffligere Methode der Anköderung besteht darin, eine erbsengroße Portion T. in ein Stückchen durchlöchertes Zellophan zu wickeln, in das auch der Haken mit eingewickelt wird. Am Boden kriechen die T. schnell durch die Löcher, hängen heraus und animieren die Fische, das ganze Paket zu verschlingen (nach Colin Graham, „Coarse Fishing Baits").
Bei beiden Arten der Anköderung sind T. nur in der Uferregion ruhiger Gewässer an der leichten Stippangel mit gefühlvollen Würfen einzusetzen; Strömung oder weite Würfe würden das Bündel abreißen. Besonders in den Sommermonaten an scheinbar „aussichtslosen" Tagen sind mit diesem wenig bekannten Köder überraschende Fänge von guten Schleien und Brassen möglich.

Wachsmottenraupe

Erkennungsmerkmale

Als Raupen bezeichnet man die Larven von Motten und Schmetterlingen. Viel gemeinsames läßt sich, wie bei den zahlreichen verschiedenen Schmetterlings- und Mottenarten, auch über das Äußere der Raupen nicht sagen. Die Größe schwankt, je nach Art, zwischen 2 und 5 cm, der Körper ist fast rund, unten leicht abgeflacht, länglich, in ringförmige Segmente unterteilt, unterschiedlich stark behaart. Die Färbung der einzelnen Raupenarten ist sehr verschieden. Grundfarben sind zumeist Grün- und Brauntöne — einfarbig, meliert, gesprenkelt — schlicht und häßlich oder auch kunstvoll mehrfarbig.

Die angelsportliche Bedeutung der R. ist gering und würde eine Behandlung an dieser Stelle kaum rechtfertigen, hätte nicht die Larve einer Mottenart in jüngster Zeit von sich reden gemacht: Die Wachsmottenraupe, die man zunehmend in Angelfachgeschäften erhält (häufig unter falschen Bezeichnungen). Ihr gelblich-weiß gefärbter und mit feinen Borstenhaaren besetzter Leib ist 2 bis 3 cm lang und etwa 4 mm stark. Der Kopf ist braun, an der Spitze dunkelbraun gefärbt, die ersten drei Körpersegmente tragen Beinpaare, mit denen sich die W. fortbewegt. Das Hinterteil der W. ist flach und endet gabelförmig.

Lebensweise

Schmetterlinge und Motten unterliegen bei ihrer Entstehung einer „vollständigen Metamorphose", und im Verlauf dieser Umwandlung spielt die Raupe eine ähnliche Rolle wie bei Fliegen die Made: Sie schlüpft aus dem Ei, verbringt ihr Leben mit Fressen, verspinnt sich dann in einem „Kokon", aus dem die fertigen Tiere hervorgehen. R. ernähren sich vornehmlich von grünen Blättern und kommen daher an fast allen Laubbaum- und Buscharten vor, daneben als Schädlinge im Garten an Kohl- und Salatblättern.

Fang und Hälterung

Raupenfang ist eine wenig aufregende Betätigung: Man sammelt die Tiere dort ein, wo sie gerade herumkriechen. Denn es handelt sich um Gelegenheits- oder Zufallsköder, man probiert sie aus, weil andere Köder im Moment keinen Erfolg bringen, oder man hat seine Köder zu Hause gelassen und nimmt halt, was da gerade kreucht und fleucht. R. lassen sich nicht lange aufbewahren, sie halten sich bei kühler Temperatur ein paar Tage zwischen Laubblättern o. ä. in einer Köderschachtel. Bei längerer Hälterung gehen sie entweder ein oder beginnen den Umwandlungsprozeß, wodurch sie, so oder so, als Köder unbrauchbar werden.

Wachsmottenraupen hingegen sind unter anderem gerade wegen ihrer Haltbarkeit ein so begehrter Köder geworden. Lange Zeit waren sie nicht in genügendem Maße lieferbar, da die Bestände immer wieder durch Seuchen dezimiert wurden. Die ersten sterilen Zuchtanstalten entstanden in Kanada, von dort kamen die Tiere nach Europa. In der Schweiz ist die W. schon länger bekannt, auf dem deutschen Markt erschien sie in größerem Umfang erst in den letzten Jahren. Wie aus den Lebensgewohnheiten hervorgeht, kann man sie in der Natur nicht fangen.

Die Hälterung der W. ist vollkommen problemlos. Die Tiere werden zumeist in Plastikschachteln zwischen groben Sägespänen geliefert, oder auch in aufgerollter Wellpappe. Sie halten sich in dieser Umgebung im Keller oder Kühlschrank bei +2 bis +8° monatelang und sind somit auch im Winter jederzeit verfügbar. Wenn bei längerer kühler Hälterung die W. erschlaffen, so wecken wir sie am Tage vor dem Angeln mit Wärme (in die Nähe der Heizung stellen), sie werden dann bald wieder prall, fest und lebhaft. Um sie so zu erhalten, stecken wir die Dose mit W. an winterlichen Angeltagen am besten in die Hosentasche.

Fischarten

Forelle, Döbel und Häsling sind am ehesten mit Raupen ansprechbar. Oberflächenfische also, die in natürliche Berührung mit R. kommen, zumal in Bächen und kleineren Flüssen, deren Ufer starken Baum- und Strauchbewuchs aufweisen. Denn von dort fallen bei Windböen R. oft massenhaft auf das Wasser und werden von den Fischen als Bereicherung der Speisekarte gern aufgenommen. Als Köder ist dann jeweils die R.-Art fängig, an die die Fische gerade gewöhnt sind. Ansonsten läßt sich über die Fangaussichten mit einzelnen Arten wenig sagen. Ein englischer Autor meint, nackte oder wenig behaarte R. seien vorzuziehen. Dem steht die Auffassung anderer Autoren gegenüber, die wohl bekannteste Kunstfliege, der Palmer, schwindle den Fischen u.a. ins Wasser gefallene R. vor — und Palmer haben ja nun gerade viele „Haare".

Wachsmottenraupen sind keine Köder, die der Fisch als natürliche Nahrung kennt. Dennoch gehören sie zu den fängigsten Ködern für Friedfische, ob Döbel oder Rotauge, Brasse, Barbe, Nase. Auch Schleie und Karpfen nehmen gelegentlich W., beim Aalangeln kann sie, ähnlich wie die Wespenlarve, zeitweise dem Tauwurm überlegen sein. Salmoniden fallen ebenfalls auf W. herein, besonders die Äsche. Schließlich ist die W. in der deutschen Angelsportliteratur zuerst bekannt geworden als Köder für kapitale Äschen im Hochrhein.

Angelmethoden

Je nach Größe ködert man Raupen auf einen feindrähtigen Haken Größe 6—10, feindrähtige einmal, um den empfindlichen Körper nicht zum Auslaufen zu bringen, zum anderen, um sein Gewicht nicht übermäßig zu erhöhen. Denn die R. wird dem Fisch so angeboten, wie er sie als Naturköder kennt: An verwachsenen Ufern zwischen dem Gesträuch mit der Tippangel ohne Bebleiung, bei freiem Ufer auf weitere Entfernung mit der Wasserkugel, aber ebenfalls ohne Bleibeschwerung. Die R. versinkt mit Abtreiben der Angel allmählich, so wie es die Fische gewöhnt sind. Auch versunken an der Posenangel bringt die R. Fänge, was wohl vor allem darauf zurückzuführen ist, daß die Raupen-Spezialisten Döbel und Forelle bisweilen so ziemlich alles fressen.

Wachsmottenraupen ködert man auf langschenklige, feindrähtige Haken Größe 10. Schweizer Experten verwenden einen Spezialhaken, der an das Vorfach mit dünner Seide angewickelt und angeleimt ist. Statt eines Plättchens hat der Haken einen nach hinten spitz abstehenden Dorn, der der W., die ganz aufgezogen wird, Halt verschafft. Die Aufköderung erfolgt vom Schwanzende her, die Hakenspitze bleibt frei. Man fischt mit der Posenangel in Grundnähe. Die Anbisse erfolgen meist zügig und entschlossen. Da W. im Wasser bald erschlaffen, ist häufiger Köderwechsel (etwa alle 15 Minuten) zu empfehlen.

Wattwurm

Erkennungsmerkmale

Der Wattwurm, auch Köderwurm, Sandwurm, Sandpier oder Pierer genannt, ist der an den deutschen Meeresküsten bekannteste und meistverwendete Naturköder. Er ist durchschnittlich 10—15 cm lang und 6—7 cm dick. Auffällig ist sein im Verhältnis zum übrigen Körper dicker Kopf. Die Färbung des W. variiert zwischen rotbraun, gelblich-rot, ocker und grau-grün. Seine Seiten sind mit Borstenbündeln besetzt, hinzu kommen paarige rote Kiemenbüschel.

Lebensweise

Wattwürmer leben in schier unvorstellbaren Mengen in den sandigen und schlickigen Wattgebieten der Nordsee; 30—40 Exemplare auf einen Quadratmeter Wattfläche sind keine Seltenheit. Auch in Strandzonen der Ostsee finden wir den W., hier allerdings regional eingeschränkt, vorzugsweise an Stellen, wo der Boden aus einem Gemisch von Sand, Ton und Schlick besteht. W. leben in U-förmigen Wohngängen im Grund, zu deren Bau und Zusammenhalt sie ein jodhaltiges zersetzendes Sekret ausscheiden. In Gebieten, die bei Ebbe für mehrere Stunden trockenfallen, ziehen sich die W. bis zu 30 cm in den Grund zurück. Auf ihre Anwesenheit weisen kringelförmige Sand-Schlick-Häufchen hin, ihre Ausscheidungen, die sie aus ihren Wohngängen hinausschieben. W. atmen durch ihre Kiemenbüschel, entnehmen also den Sauerstoff aus dem Wasser, was Konsequenzen für ihre Hälterung hat.

Fang und Hälterung

Der Fang von Wattwürmern bereitet an den Nordseeküsten wenig Probleme. Wir gehen bei Ebbe dem ablaufenden Wasser nach, bis die Sandhäufchen erscheinen, die auf das Vorhandensein von W. hindeuten. Mit einer Grabgabel (Forke) graben wir etwa 30 cm tief, zerteilen den Aushub, sammeln die freigelegten Würmer ein und reinigen sie in Meerwasser. Die Größe der Sandhäufchen ist übrigens oft Indiz für die Größe der Würmer.

Schwieriger gestaltet sich der Fang der W. an der Ostsee, wo die Gezeiten fehlen, so daß die W. unter Wasser gesucht werden müssen. Eine Wathose ist dabei von Nutzen, denn nicht immer herrschen Badetemperaturen. Sollen die W. ausgegraben werden, so ist statt der Forke, die durch den Sand fährt, ohne etwas zutage zu fördern, vorzugsweise ein Spaten zu benutzen. Die ausgehobenen Brocken werden durch ein Sieb passiert, in dem die W. zurückbleiben. Weniger anstrengend und ergiebiger als das Graben ist das sog. „Wurmstampfen". Hilfsmittel dabei ist ein an langem Stiel befestigtes Holzbrett von ca. 20 cm Durchmesser oder ein Gummisauger, wie er vom Klempner zur Rohrreinigung benutzt wird; damit wird der Boden aufgewühlt, so daß die W. freigespült werden und mit einem am Besenstiel befestigten Küchensieb eingefangen werden können. Das Gefäß zur Aufnahme der W. hängt man am besten um den Hals, um beide Hände frei zu behalten.

W. sind schwierig über längere Zeit zu hältern. Sie benötigen stets Feuchtigkeit zum Atmen und dürfen nicht auf zu engem Raum beieinander liegen, sonst zersetzen sie sich durch ihr eigenes Sekret. Zur langfristigen Hälterung eignet sich am besten eine flache Holzkiste mit einer Lage in Meerwasser gesäubertem, feuchtem Sackleinen am Boden. Die W. werden so auf dem Sackleinen verteilt, daß sie einander nicht berühren, und mit einer weiteren Lage Sackleinen bedeckt, darüber eine neue Schicht Würmer, usw. Anstelle von Sackleinen können auch feuchtes Packpapier oder Tang verwendet werden. Die Kiste wird kühl und schattig aufbewahrt und zweimal täglich befeuchtet. Wird das Leinen zwischenzeitlich gereinigt und abgestorbene W. entfernt, so ist eine Hälterung bis zu 14 Tagen möglich. Zur kurzfristigen Hälterung und zum Transport ans Wasser gibt man die W. in einen Stoffbeutel mit meerwassergefeuchtetem Moos, Tang oder Sackleinen. W. halten sich auch in einem Gefäß mit Meerwasser, wenn dieses jede Stunde erneuert wird. Schließlich kann man sie hältern, indem man sie in einem Gefäß auf Wattenschlick legt; die gesunden Tiere graben sich dann ein, während die kranken oben liebenbleiben und entfernt werden.

Eine weitere Möglichkeit, W. aufzubewahren, besteht darin, sie einzusalzen und zu trocknen. W. werden einzeln in die Rippen grober Wellpappe gelegt und mit reichlich Salz bestreut. Die Pappe wird eingerollt und an einem trockenen, luftigen Ort aufbewahrt. „Luftgetrocknete" W. werden hart und schrumpelig, lassen sich monatelang konservieren und werden von Fischen fast ebenso gern genommen wie frische.

Fischarten

Wattwürmer sind hervorragende und gängige Köder für Grundfische, wie Aal, Scholle, Flunder. In der Dämmerstunde bringen sie in Ufernähe Erfolg auf Dorsch; auch Meerforelle und Lachs werden gelegentlich mit W. erbeutet. Im Brackwasser werden W. gern vom Barsch genommen.

Angelmethoden

Der Wattwurm wird im allgemeinen an der Grundangel mit Bodenblei angeboten, nur selten mit der Schwimmerangel (z. B. in Gebieten mit Strandkrabbenplage, wo man besser ca. 50 cm über Grund fischt). Die Gerätezusammenstellung hängt von den örtlichen Gegebenheiten ab: von erforderlicher Wurfentfernung, Strömung, Bodenbewuchs, Größe der zu erwartenden Fische. Die mittlere Schnurstärke dürfte bei 0,45 mm liegen. Standardhaken ist der sog. „Aalhaken", ein langschenkliger verzinnter Rundbogen-Öhrhaken in den Größen 1/0—2. Der Haken wird am Kopfende in den W. eingeführt, so weit wie möglich durchgezogen und wieder ausgeführt. Bei dieser Art der Beköderung sind weiche Würfe erforderlich, anderenfalls reißt das herabhängende Ende des W. ab, ebenso wie durch das Schleifen am Grund beim Einholen der Angel. Um dem W. lebhaftere Bewegungen am Haken zu gestatten, wird oft die Beköderung durch mehrfaches Durchstechen des Hakens bevorzugt. Auch hierbei ist jedoch die Gefahr des Auslaufens oder Zerreißens groß (außer natürlich beim gesalzen-konservierten W.). Die sicherste und fängigste Art der Anköderung ist das Aufziehen des W. auf Haken und Vorfach mittels einer speziellen Wurm-Ködernadel. Dabei ist ein Plattenhaken Größe 2—5 vorteilhaft, da ein Öhr das Aufziehen des W. auf das Vorfach behindert. Der Hakenbogen steckt im Schwanzende des Wurms, Fehlbisse gibt es bei dieser Beköderung kaum.

Der W. wird von den Fischen in der Regel gierig genommen, selten wieder ausgespuckt.

Wespenlarve

Erkennungsmerkmale

Es ist nur ein paar Jahre her, da galten Wespenlarven noch als Geheimköder, von dem man allenfalls dem besten Sportfreund hinter der hohlen Hand erzählte. Wenngleich inzwischen durch die Fachliteratur, insbesondere die aus England, bekannter geworden, wird dieser hervorragende Köder noch heute relativ selten verwendet: Man kann ihn ja nirgends kaufen; und die Angst vor schmerzhaften Wespenstichen hält die meisten Sportfischer von der Suche nach den Larven ab.

Die für den Angelsport interessanten Larven stammen von staatenbildenden Faltwespen (die im Ruhestand ihre Flügel längs einfalten), deren charakteristisches Merkmal neben der schwarzgelben Zeichnung ihre „Wespentaille" ist, eine Einschnürung des ersten Hinterleibringes, durch die die Beweglichkeit von Hinterleib und Stachel erhöht wird. Die Larven sind 1,5 bis 2 cm lang bei einem Durchmesser von 3 bis 5 mm. Ihr elfenbein- bis gelblich-weiß gefärbter Körper ist weich und saftig, nur der schwarzbraune, deckelartige Abschluß des Hinterteils ist härter.

Lebensweise

Wespenlarven leben in unterirdischen Nestern, die die Wespen zumeist in lockerem, leicht grabbarem Boden anlegen, z. B. in stillgelegten Sandgruben, Schutthalden, Brachland in der Nähe bebauter Gebiete, leichtem Waldboden, morschen Dämmen. Nestgehäuse und Waben werden aus Speichel und Holzfasern hergestellt, die die Wespen mit ihren Kaukiefern von Bäumen und Brettern abnagen. Die Nester bestehen aus mehreren, in der Regel bis zu acht Schichten von Waben und werden von den Insekten durch ein oder mehrere Fluglöcher angeflogen.

Während sich die Wespen vom süßen Saft der Früchte und vom Nektar flacher Blüten ernähren, benötigen die Larven Fleischnahrung. Mit ihrem Giftstachel, mit dem auch wir Menschen häufig unangenehme Berührung haben, töten die Wespen andere Insekten, die sie durch geschickte Drehbewegungen in Fleischklümpchen verwandeln, ins Nest transportieren und in vorgekauter Form an die Larven abgeben. Ein Wespenstaat lebt nur einen Sommer lang; nur ein befruchtetes Weibchen überwintert, um als „Königin" im folgenden Frühjahr einen neuen Staat zu gründen.

Fang und Hälterung

Wespenlarven zu sammeln, ist weniger schwierig und nicht so gefährlich, wie im allgemeinen angenommen wird. Die besten Möglichkeiten bieten sich in trockenen, warmen Sommerperioden, wenn die Wespen am aktivsten sind. Zunächst einmal gilt es, Nester ausfindig zu machen. In geeignetem Gelände (s. o.) beobachten wir abends Wespen, die zielstrebig und über längere Strecken auf geradem Wege fliegen. Sie kehren meist zum Nest zurück, fliegen dabei an klaren, sonnigen Tagen bis zu sechs Meter hoch, bei feuchtem, windigem Wetter maximal einen Meter über dem Boden. Wir verfolgen eine gesichtete Wespe so weit wie möglich; ist sie aus dem Gesichtsfeld verschwunden, so warten wir einfach auf die nächste, die bald vorbeifliegen wird, wenn wir eine richtige „Einflugschneise" gefunden haben. Auf diese Weise arbeiten wir uns bis zum Einfluglloch vor, lassen dieses aber zunächst unberührt. Die Wespen kehren bis zum Sonnenuntergang zurück. Einige Stunden danach — im Sommer ist es dann noch hell genug — gießen wir mit einem langstieligen Löffel in das Loch und an den Rand Insektengift und lassen es über Nacht wirken. Früher wurde das in vielfacher Hinsicht gefährliche Zyanid verwendet; heute erhält man in Apotheken und Drogerien leichtere Gifte, die ihren Zweck ebenso gut erfüllen. Je nach Giftart muß das Loch offen gelassen oder verschlossen werden (Gebrauchsanweisung beachten!) In der Nacht sterben die Wespen ab, die Larven bleiben unversehrt. Am Morgen wird das Nest ausgegraben; wir sollten darauf achten, es ganz und unbeschädigt aus der Erde zu holen.

Zur kurzfristigen Aufbewahrung werden die Waben voneinander getrennt und einzeln in Zeitungspapier eingewickelt, um sie trocken zu halten. Oder aber die Larven werden aus den Waben herausgenommen und in einer flachen Dose mit trockener Kleie gehältert. Um Wespenlarven auch außerhalb der Sommersaison verwenden zu können, verpackt man ganze Waben luftdicht im Plastikbeutel und friert sie in der Kühltruhe ein. 24 Stunden vor der Angeltour aufgetaut, sind die Köder so gut wie „frische". Einzelne Larven einzufrieren, hat keinen Sinn; sie werden braun und zu weich, damit unbrauchbar.

Um den weichen Larven eine festere Konsistenz zu geben, kann man sie kochen oder im Ofen rösten. Das Eiweiß in ihrem Inneren verfestigt sich dabei. Umstritten ist allerdings, ob sie dann noch so fängig sind wie im Naturzustand.

Fischarten

Wespenlarven gelten als „tödlicher" Köder für Döbel, bei dem dieser sonst scheue und vorsichtige Fisch bisweilen völlig „den Verstand verliert". Alle anderen Friedfische schätzen die Larven ebenfalls, vor allem Häsling und Rotauge. Am besten kommen Wespenlarven im Sommer und Frühherbst bei klarem Niedrigwasser zur Geltung. In manchen Gewässern, z. B. in der mittleren Weser, stellen Wespenl. im Sommer alle anderen Köder in den Schatten, vor allem sind sie in der Weser ein unübertroffener Köder für Aale.

Angelmethoden

Als Hakenköder verwenden wir große, fette gelbliche Wespenlarven, die noch nicht zur Verpuppung angesetzt haben, also keine Ansätze von Flügel- oder Beinchenbildung zeigen. Bei der Posenangelei in stehenden oder langsam fließenden Gewässern auf Weißfische ködern wir eine Larve an einen feindrätigen Haken Größe 12 bis 14, je nach Larvengröße. Der Haken wird entweder in der Körpermitte unter der Haut durchgeführt oder unter den schwarzen „Deckel" am Körperende gestochen. In stärkerer Strömung werden bei der Bodenbleiangelei die weichen Wespenl. oft vom Haken fallen; dasselbe gilt bei weiten Würfen. Wollen wir nicht Gefahr laufen, die meiste Zeit mit blankem Haken zu fischen, so ködern wir unter diesen Umständen drei Larven an einen Haken Größe 4 bis 8; eine oder zwei davon werden meist am Haken bleiben.

Regelmäßiges Anfüttern erhöht die Fangaussichten. Hierzu werfen wir bei jeder Drift der Angel ein paar der kleineren Larven mit ein; diese dürfen allerdings nicht schwimmen (Test im Eimer mit Wasser). Bei stärkerer Strömung bringen wir die Larven mit Futterbällen aus eingeweichtem Paniermehl zum Grund. Die leeren Wa-

ben werden eingeweicht aus-
gedrückt und der Anfütte-
rung beigemischt. Englische
Sportfischer haben die Erfahrung gemacht, daß Wa-
benstücke bis hin zur Größe
einer Streichholzschachtel,
womöglich mit Larven darin,
auf große Haken geködert
hervorragende Köder für Döbel darstellen.

Wollhandkrabbe

Erkennungsmerkmale

Die an eine überdimensionale Spinne erinnernde Wollhandkrabbe ist ursprünglich kein „Europäer", sondern wurde Anfang dieses Jahrhunderts aus China eingeschleppt und in Deutschland erstmals 1912 in der Aller gefangen. Seit ihrem ersten Massenauftreten 1927 in der Elbe hat sie sich in allen Küstenflüssen massenhaft entwickelt und muß inzwischen zur einheimischen Fauna gerechnet werden. Sie gehört zur Familie der Kurzschwanzkrebse und ist damit mit Strandkrabbe und Taschenkrebs verwandt.
Ausgewachsene W. sind etwa faustgroß, auf dem Rücken olivgrün bis braunschwarz gefärbt und dunkel besprenkelt. Ihr eckig gewölbter Rückenpanzer ist ca. 6—7 cm lang und 8—9 cm breit. „Weiche" W., d. h. solche, die im Prozeß der Häutung stehen, sind heller braun gefärbt. Die an den Beinen befestigten Scheren sind mit einer dicken, filzigen Schicht von langen Haaren bedeckt, denen die Tiere ihren Namen verdanken.

Lebensweise

Wollhandkrabben leben im allgemeinen im Süßwasser der küstennahen Ströme und ihrer Nebenflüsse und -arme. Die im Alter von 4—5 Jahren laichreifen Tiere beginnen im Frühsommer in großen Schwärmen ins Brackwasser der Flußmündungen zu wandern, um dort gegen Herbstbeginn abzulaichen. Für die zahlreichen Sportfischer, die im Sommer in den Mündungsgebieten mit der Grundangel Aalen und Flundern nachstellen, sind sie schlimme Plagegeister, die laufend den Köder abfressen oder gar die Angelschnur zerschneiden. Auch der Berufsfischer mag sie nicht, da sie in Reusen eindringen, dort die Fische anfressen und zum Dank das Netz zerschneiden. Schädlich wirken die W. schließlich dadurch, daß sie in Flüssen Wohnhöhlen in die Uferböschung graben und diese damit beschädigen.
Da W. von einem harten Rücken- und Bauchpanzer umgeben sind, müssen sie sich während des Wachstums wiederholt häuten. Nach Abwerfen des alten Panzers sind die W. schutzlos und halten sich einige Tage lang in einem dunklen Unterschlupf auf, der vor allem nach oben hin Deckung bietet, bis der neue Panzer härter ist. Als Angelköder ist die sich häutende, „weiche" W. interessant, deren Fleisch fester ist als die gallertartige Körpermasse der gepanzerten Tiere.

Fang und Hälterung

In den Gezeitenflüssen suchen wir die Wollhandkrabbe bei Niedrigwasser unter den Steinen der Buhnen und Uferbefestigungen, in Faschinen, unter angetriebenem Holz und anderem „Strandgut". Ist eine W. gefunden, so heißt es schnell (und vorzugsweise mit Handschuhen) zupacken, denn die Tiere sind flinke Kletterer und machen sich anderenfalls eilig aus dem Staube.
Einfacher als das Suchen ist es, die W. gezielt zu fangen, indem man ihnen Unterschlupfmöglichkeiten anbietet. Dazu werden alte, nicht mehr glänzende Blechdosen — oder ein Stück altes Ofenrohr, an einem Ende mit feinem Maschendraht verschlossen — mit der Öffnung zum Ufer bei Ebbe ausgelegt. Bei der nächsten Ebbe können dann die neuen „Mieter" eingesammelt werden.
Sollen die W. sofort als Köder verwendet werden, so sammeln wir nur die ungepanzerten Krabben ein. Sie dürfen nicht im Wasser auf-

Wollhandkrabbe, zur Köderbeschaffung zerlegt.

bewahrt oder transportiert werden, da sich sonst der Panzer bald verhärtet und der Köder unbrauchbar wird. Man kann sie kurzfristig in einem kühlgestellten Eimer ohne Wasser bei guter Luftzufuhr halten. Werden größere Zahlen von W. für einen längeren Zeitraum gesammelt, so hältert man sie in einem festen Gefäß mit Wasser. Verwendet werden dann jeweils diejenigen Tiere, bei denen zwischen Rücken- und Bauchpanzer hervortretende Bauchwülste darauf hindeuten, daß sie zur Häutung ansetzen.

Fischarten

Die „weiche" Wollhandkrabbe gilt als der überhaupt beste Köder zum Aalfang. Berufsfischer benutzen zerteilte W. zum Beködern ihrer Aalkörbe, da sie im Wasser eine für den Aal fast unwiderstehliche Duftspur hinterlassen. Entsprechend anziehend wirken sie auf Aale natürlich auch an der Angel. Daneben erzielt der Krabbenköder gute Ergebnisse auf Aalquappe und Barsch, auch auf große Friedfische wie Barbe, Döbel, Karpfen und kapitale Brassen.

Angelmethoden

Gemäß ihrer Lebensweise wird die Wollhandkrabbe als Köder zumeist in Ufernähe angeboten, und zwar in der Regel an der Grundangel mit Bodenblei. Da es sich um einen relativ weichen Köder handelt, der schnelle Bißerkennung und einen frühzeitigen Anhieb erfordert, ist eine Montierung des Laufbleis am Seitenarm zu empfehlen. Benötigt werden frisch gehäutete W. oder kleine W. bis 3 cm Panzerbreite, bei denen der Chitinpanzer noch weich ist. Die W. werden durch einen Stich durch die Augen oder durch einen harten Wurf auf den Boden getötet. Beine und Scheren zusammen ergeben jeweils einen Köder, der Rumpf wird geviertelt. Ein einfacher, langschenkliger Haken, je nach Ködergröße in der Größe 2—6, wird am Beinansatz eingestochen, wo das Fleisch fester ist; das weichere Fleisch liegt im Hakenbogen und gestattet so einen leichten Austritt der Hakenspitze beim Anhieb. Soll auf große Fische geangelt werden, so kann eine mittlere W. ganz auf einen Drilling gezogen werden.

Alle unsere Köderfische

Manche Köderfische, z. B. Kaulbarsche, lassen sich leicht mit einer feinen Angel und Wurmstückchen fangen.

Tauwurm hin, Tauwurm her, der natürlichste natürliche Köder ist immer noch ein Fisch, wenn man Fische fangen will. Natürlich gilt dies vor allem für Raubfische.

Die ganz großen Aale zum Beispiel werden fast ausschließlich mit Köderfischen gefangen. Auch Zander lassen sich mit Fischen oder Fischfetzen eher überlisten als mit Kunstködern. Gleiches kann man für den „Allesfresser" Döbel sagen. Und viele Friedfische sind beileibe nicht so friedlich, wie der Name sagt. Hin und wieder werden kapitale Karpfen an der Köderfischangel gefangen, wenn auch nicht so häufig, daß man diese Methode gezielt anwenden könnte. Bei der Barbe hingegen ist dies durchaus der Fall. Sie zieht kleine Köderfische, an der Bodenbleiangel angeboten, bisweilen sogar den Standardködern Käse und Wurm vor.

Im Prinzip läßt sich jeder Fisch als Köder benutzen, in der Regel sind es aber die „weniger edlen" bzw. kleinwüchsigen Fischarten, die für den Köderfischangler von Interesse sind. Und üblicherweise bieten wir den Raubfischen solche Fische an, die in dem jeweiligen Gewässer heimisch sind. Ausnahmen bestätigen aber auch hier die Regel. So sind in den letzten Jahren stark riechende Meeresfische wie Stint, Hering und Makrele als fängige Köder im Süßwasser, vor allem auf Hecht und Zander, „entdeckt" worden.

Vor den Erfolg haben die Götter auch beim Köderfischangeln den Schweiß gesetzt. Zu deutsch: Erst einmal müssen wir sie haben! Was liegt für Angler näher, als Köderfische mit der Angel zu fangen? Dazu mehr

Einfacher geht's mit der Senke, die an Schilfkanten oft reiche Ernte bringt.

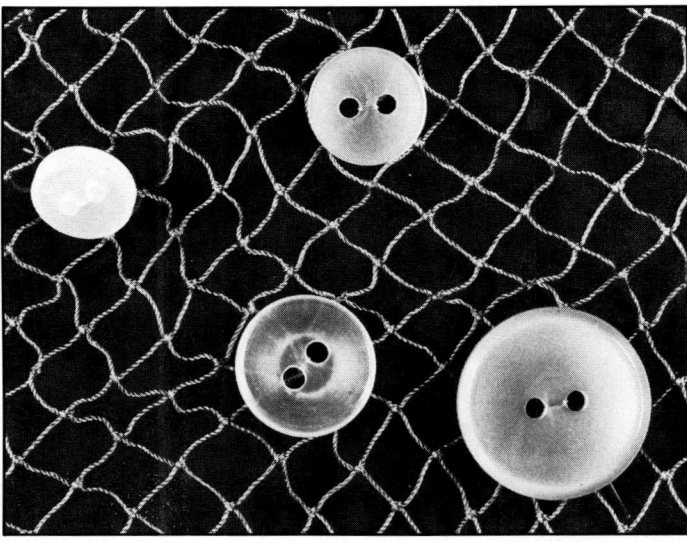

Perlmuttknöpfe auf der Senke locken durch ihr Glitzern die Fische an.

Wenn man die Senke ganz schräg hält, braucht man die Fischlein beim „Umladen" nicht anzufassen.

auf den folgenden Seiten, auf denen wir ein Dutzend der gängigsten Köderfische vorstellen und die besten Methoden, um sie an die Angel zu bekommen.

Wer sich das manchmal mühselige Köderfischtippen ersparen will, der greift zur Köderfischsenke. An Bootsstegen, Schilfkanten, versunkenen Bäumen etc. lassen sich oft ganze Rudel kleiner Fische nieder, die mit dem feinmaschigen Senknetz gefangen werden können.

Eine andere Methode ist der Fang mit der Flaschenreuse, die hauptsächlich bei Elritzen in Fließgewässern angewendet wird (s. den Basteltip auf dieser Seite).

Wie man Köderfische hältert und anködert, davon mehr auf den Seiten 88 bis 95.

Flaschenreuse rasch und einfach

Man braucht zwei Plastikflaschen, von einer wird der Hals abgeschnitten (1/2), von der anderen der Boden (3). Nun schiebt man den abgetrennten Hals in die Flasche ohne Boden und klebt ihn dort mit Plastik-Kleber fest (4/5), und schon haben wir unsere Flaschenreuse, die nicht zerbrechen kann, wenn sie versehentlich mal hinfällt. In den Schraubverschluß der Fangflasche müssen einige Löcher gebohrt werden, damit das Wasser durchfließen kann.

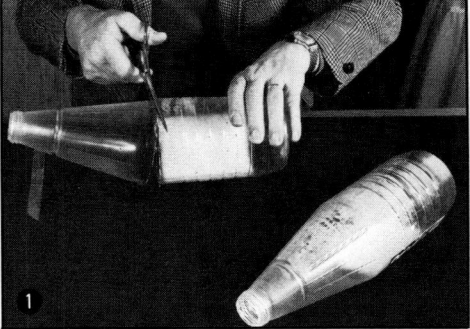

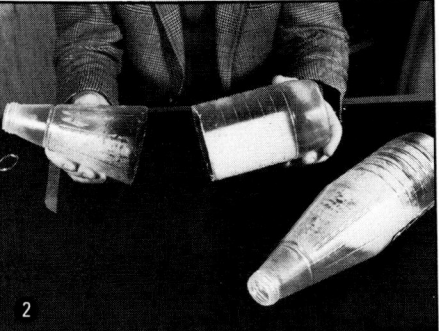

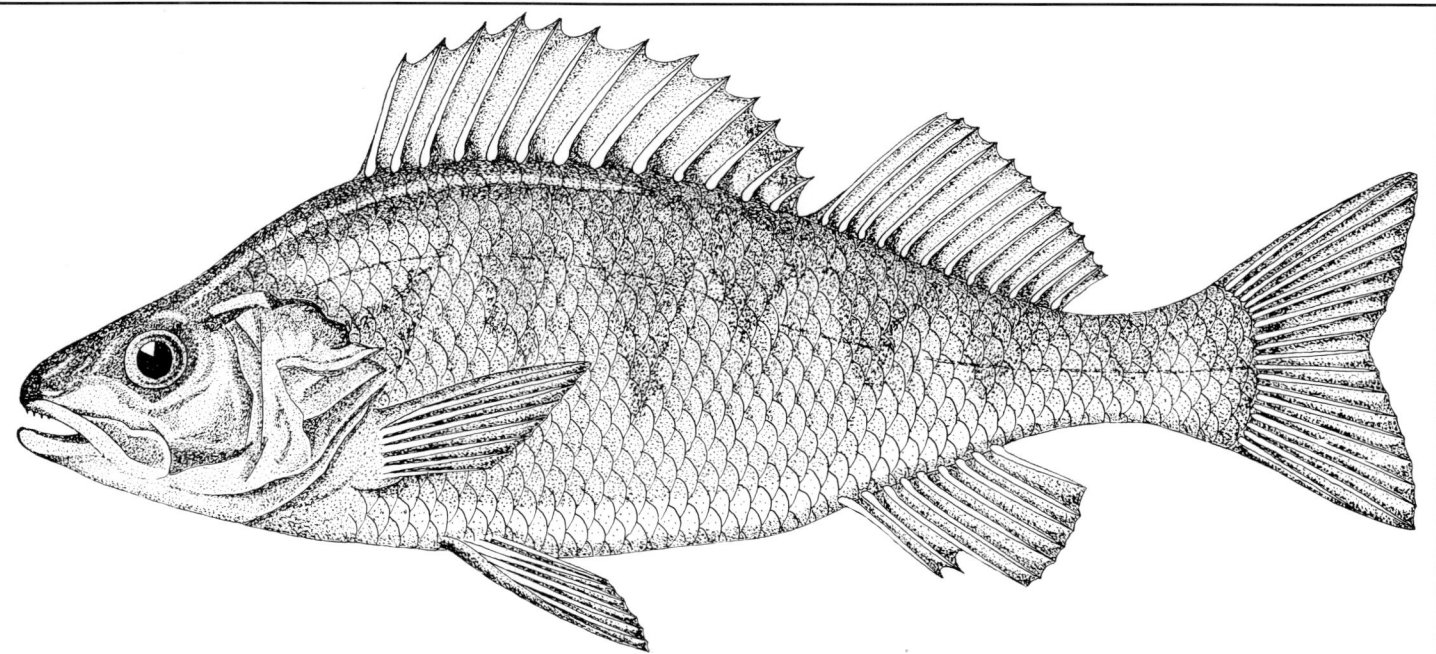

Der Barsch als Köderfisch

Unter den Raubfischen — diese Beobachtung kann man immer wieder machen — ist die innerartliche Angriffslust besonders stark ausgeprägt. So eignet sich denn der Minibarsch wie kaum ein anderer Köderfisch hervorragend zum Fang größerer Artgenossen. Auch der Zander, Erzrivale der Barsche, da selbst barschartig, läßt sich durch einen Kleinbarsch leicht aus der Reserve locken. Doch damit nicht genug: Unzählige Hechte und auch manchen guten Aal habe ich schon auf Barsch gefangen. Besonders wenn ich mit totem Köderfisch am Einzelhaken spinne, ist der Barsch Favorit bei mir, da er robuster als jeder Weißfisch gebaut ist und viele Würfe überdauert, ohne daß man ihn dabei vom Haken wegkatapultiert.

Es ist schon ein rechter Jammer, daß dieser hervorragende Köderfisch mit einer nicht zu übersehenden Zahl von Nachteilen behaftet ist, die wir kurz erörtern wollen. Punkt eins: Der Barsch benötigt relativ viel Sauerstoff. In Gerätegeschäften wird er kaum zum Kauf angeboten, weil er kein Durchhaltevermögen besitzt. Weder in den engen Hälterungsbecken noch auf dem Transport.

Selbst in Setzkescher oder Fischkasten, in einer Wanne oder Eimer ist er anfälliger als andere Fische und muß besonders gepflegt werden. Punkt zwei: Der Fang. Zwar ist es nicht weiter schwierig, einen Kleinbarsch mit leichtem Stippgeschirr zum Anbiß zu verlocken, doch oft schluckt er unglaublich schnell und tief, so daß er sich nach dem Hakenlösen gesundheitlich ernstlich geschädigt fühlt und sich dementsprechend matt verhält. Erst seit der Entdeckung der Mormyschka ist es mir gelungen, Kleinbarsche serienweise unverletzt zu fangen. Meist in Grundnähe.

Punkt drei: Das Verhalten an der Angel. Er ist nicht übermäßig ausdauernd. Speziell schon etwas herangereifte Exemplare machen viel eher schlapp als ein etwa gleich großes Rotauge. Das gilt natürlich in besonderem Maße für die Sommermonate. Bei der Rückenköderung sollten wir deshalb besonders vorsichtig zu Werke gehen. Nicht in der Mitte oder gar im hinteren Drittel dürfen wir den Barsch anködern, wenn wir länger etwas von ihm haben wollen, sondern im vorderen Drittel, wo das meiste Fleisch sitzt.

Eigenartig ist auch das Verhalten nach dem Einwerfen: mit einer rasanten Flucht taucht er weg, die Pose mit sich nehmend, als ob er sofort geschnappt worden wäre. Nicht selten saust er dabei ins Kraut, verfängt sich dort, und unser Schwimmer taucht nie wieder auf. Die ersten Male glaubte ich bei so einer Aktion an den Biß der Bisse, um dann nach dem Anhieb Berge von Grünzeug hochzukurbeln. Wenn ich Glück hatte, fand ich dazwischen meinen Barsch. Die Wut, mit der Barsche einander den Garaus machen, führt dazu, daß unser Köder-

fisch auch von solchen Exemplaren genommen wird, die mitzunehmen es sich nicht lohnt, die andererseits aber über das Köderfischalter hinausgewachsen sind. Wenn solche Burschen dann noch tief geschluckt haben, ist das schon eine leidige Sache.

Je größer ein Barsch ist, desto weniger gut eignet er sich als Köderfisch. In der allergrößten Not, weil ich nichts anderes hatte, habe ich auch schon Halbpfünder angeködert, in Ausnahmefällen sogar darauf gefangen, doch empfehlen möchte ich diese Methode nicht.

Schwierigkeiten ergeben sich auch dann, wenn wir unsere Köderbarsche in größerer Tiefe fangen. Der Barsch ist außerordentlich empfindlich, wenn die Wasserdruckverhältnisse sich zu rasch ändern. Sehr langsam nur dürfen wir ihn in solchen Fällen nach oben führen. Kleinere Exemplare verkraften diese Umstellung besser als heranwachsende.

Gelegentlich liest man, daß man Barschen die wehrhafte Rückenflosse abschneiden solle, bevor man sie anködert, da sie sonst niemand schlucken mag. Das möchte ich ganz entschieden ins Reich der Fabel verweisen.

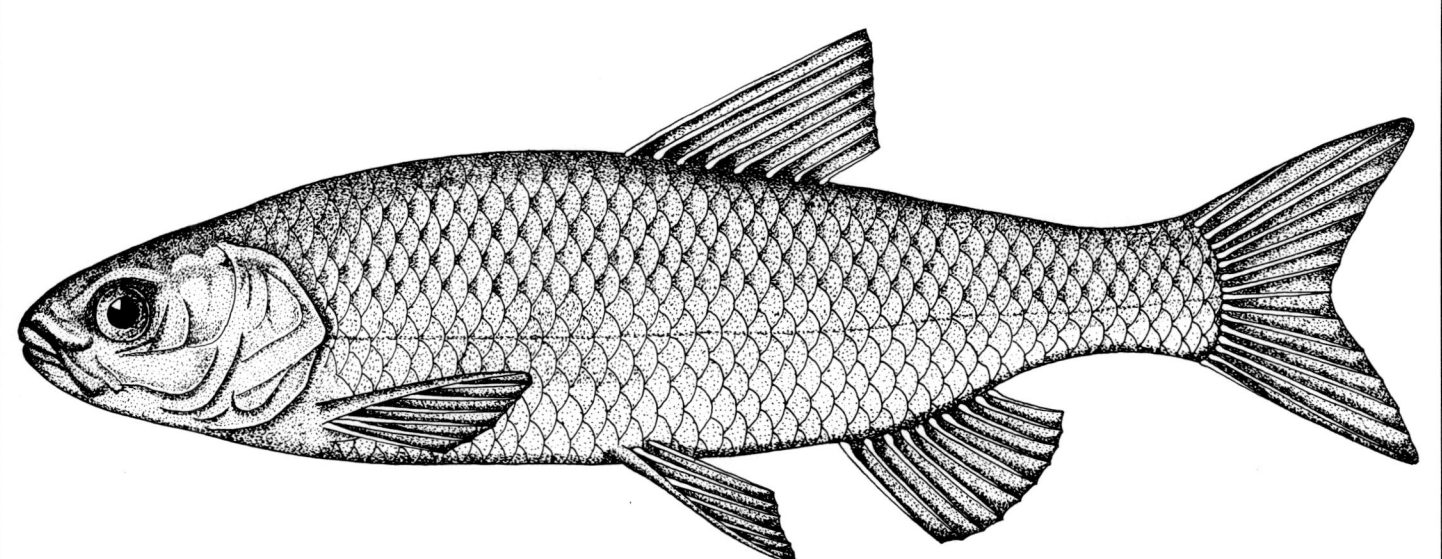

Der Döbel, Geheimfavorit unter den Köderfischen

Wieso Geheimfavorit? Zum einen, weil die Fachliteratur uns die Eignung des kleinen Döbels als Köderfisch schlichtweg unterschlägt; 'zig deutschsprachige Werke aus Ost und West habe ich durchforscht und nicht eines empfahl, für den Hecht-, Aal- und Großdöbelfang einen Kleindöbel anzuködern. Zum anderen, weil viele Angler auch ohne fachliterarische Ermunterung nicht dazu kommen, mit dem Döbel zu experimentieren, da er, verglichen mit anderen Köderfischen, schwieriger zu fangen ist. Vielerorts liegt es auch am Beharrungssinn der Anglerschaft, daß dieser Köderfisch im Hintergrund blieb. Hatte man seit vielen Jahren mit dem Gründling gute Erfahrungen gemacht ... warum wechseln und umsteigen auf einen Fisch, der, zumindest im Jugendstadium und im Sommer, eher zu den Oberflächenfischen gerechnet werden mußte als zu den Grundfischen? In der Tat kann man nur dann vernünftig mit dem Döbel angeln, wenn man ihn mit einem über dem Stahlvorfach montierten Blei in die Tiefe zwingt. Lediglich im flacheren Wasser kann man darauf verzichten, da der Hecht sich seine Beute hier auch von der Oberfläche holt. Was sollte es also? Brachte ein Fisch mit dem Drang nach oben

nicht leichter das Geschirr durcheinander, zumal wenn die Schnur nicht gefettet war und durchhing?
Nachdenklich sollte uns machen, daß z. B. am Edersee der kleine Döbel mit ca. 50 Pf. gehandelt wird, während andere Weißfische schon für einen Groschen zu haben sind. Kürzlich fragte ich bei einem alten Freund an, weshalb er auf Hechte lieber mit kleinen Döbeln als mit Gründlingen angelte. „Ich ziehe den kleinen Döbel für Hechte vor", schrieb er zurück, „weil er wesentlich mobiler ist und durch seine hellen Seiten besser und weiter vom Hecht gesehen wird." In der Tat, die Mobilität des Döbels ist einzigartig. Unermüdlich marschiert er herum, zeigt sich überall vor, zieht weite Kreise, wie er ja

auch im unangeköderten Zustand ein rechter Zigeuner ist und keine festen Dauerstandplätze einnimmt.
Dieser Umstand, wie auch seine übergroße Vorsicht und seine behutsame Art, den Köder zu nehmen, machen es dem Durchschnittsangler nicht immer leicht, diesen Fisch zu fangen.
Junge Döbel leben gesellig beieinander, meist in Nähe der Wasseroberfläche, in Ufernähe, vor allem, wenn sich dort Wasserpflanzen angesiedelt haben. Das sind u. a. nämlich auch jene Stellen, die der Döbel sich zum Laichen aussucht.
Was die günstigsten Beißmonate betrifft, möchte ich auf eine auf dem Fang von 17 343 Döbeln beruhende tschechische Statistik verweisen, die in „So fängt man

im Winter" auf S. 96 zu finden ist: „Setzt man den Juli gleich 100 und die Schonzeitmonate gleich 0, kommt man zu den jeweils für einen Monat geltenden 12 Zahlen: 5 – 15 – 14 – 0 – 0 – 53 – 100 – 83 – 50 – 51 – 63 – 17.
Es empfiehlt sich allemal, unseren Köder hinter einer vorangeschickten Lockfutterwolke abtreiben zu lassen. Der Döbel ist ein ziemlich gefräßiger Nimmersatt, dessen Speisekarte sehr vielseitig ist. Doch gilt es zu bedenken, daß wir kleine Döbel fangen wollen. Entsprechend bemessen sollten unsere Köder sein, ob Made, Wurm, Kartoffelstückchen oder Insekten. Entsprechend fein auch sei unser Geschirr. Der Jungdöbel ist nicht ganz so scheu wie seine Großeltern. Dennoch sollten wir uns sehr vorsichtig am Wasser bewegen, zumal wir in Ufernähe mit unserer Beute rechnen müssen. Schlammiger Grund und allzu ruhiges Wasser wird in Flüssen vom Döbel nicht besonders geschätzt. Merklich empor schnellen übrigens unsere Fangaussichten, wenn unsere Uferstellen unter überhängenden Zweigen liegen.
Noch was? Ja, wichtig für die Hälterung: Talsperren-Döbel benötigen weniger Sauerstoff als Flußdöbel. Sie sind häufig der Futterfisch der Regenbogenforelle.

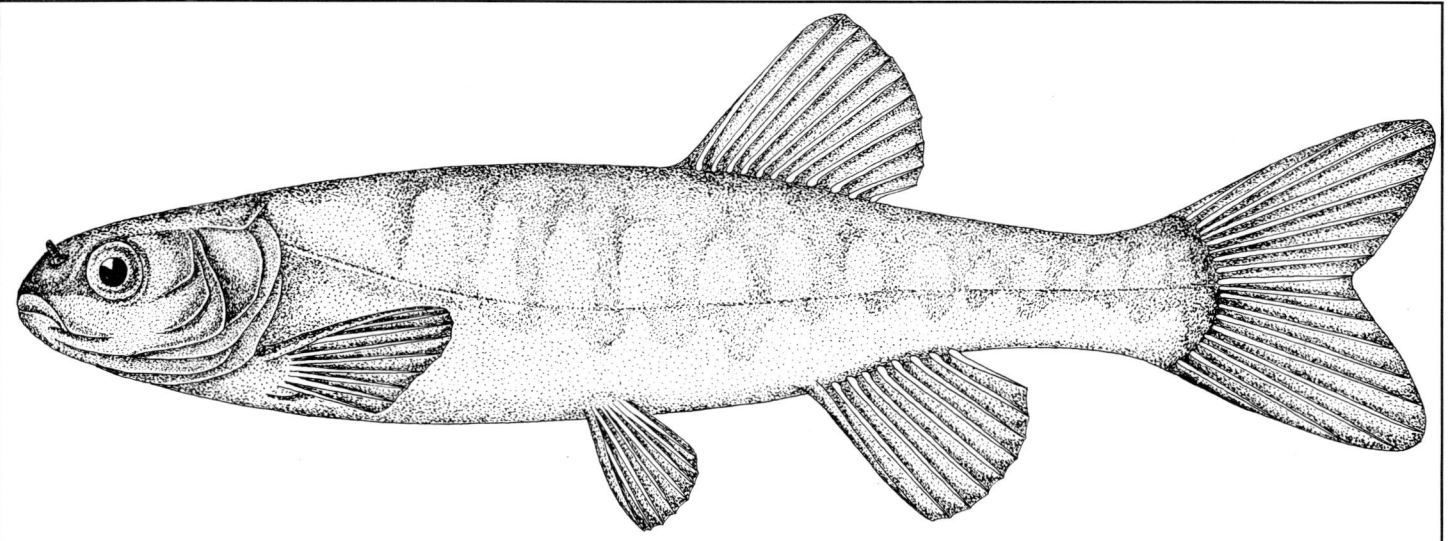

Die Elritze, der beste Lebendköder für Forellen

Darf ich mit einer Rechtfertigung beginnen? Ja? Danke! Es gibt durchaus ernsthafte Gründe, die das Angeln auf Forellen mit der lebenden Elritze rechtfertigen. Die Raub- und Schadforelle beispielsweise ist im kalten Frühjahr kaum anders zu überlisten. Oder wenn kleine, nahrungsarme Bergseen besetzt werden sollen. Die Veteraninnen, die dort noch drin sind, müssen raus, wenn sich der Besatz rentieren soll. Einmal haben wir uns mit diesen Köderfischchen aus einem entlegenen Bergsee auch Forellen als Besatz für ein leichter zu erreichendes Fließgewässer geholt, nachdem uns der Besitzer mit einem Jeep bis in die Nähe des besagten Sees gefahren hatte. So mühsam war dieses Wasser zu erreichen, daß es anglerisch überhaupt nicht genutzt wurde. Deshalb Umquartierung der Forellen. Mit Hilfe von Elritzen.

Diese höchstens bis auf eine Länge von 10 cm abwachsenden Forellenfutterfische sind **der** Lebendköder für Forellen und auch für Saiblinge. Wir finden sie schwarmweise in rascher fließenden Gewässern, wie auch in nahrungsarmen Gebirgsseen. Da die Elritze, wie soll ich sagen, sehr zartfleischig ist, verschleißt sie sich beim Angeln mit Spinnsystem zu schnell. Am besten ködern

wir sie lebend an, und zwar mit einem Einzelhaken an der Lippe. Dann halten sie trotz ihres hohen Sauerstoffbedarfes relativ lange durch. Für den Fang dieser Winzlinge möchte ich die sog. Flaschenreuse empfehlen. Wir benötigen dafür eine 1/1 Flasche aus farblosem Glas mit ausgekehltem Flaschenboden. In diesen Boden schlagen wir mit Hilfe eines starken Nagels ein möglichst kreisrundes Loch mit einem Durchmesser von ca. 2 cm. Wer sich das nicht zutraut, kann sich das Loch auch freisprengen. Dabei verfahren wir wie folgt: Die Auskehlung am Flaschenboden wird unter Aussparung des Loches, das wir freisprengen wollen, mit einer Klebemasse ausgefüllt, Lehm, Knetgummi oder dergleichen. Der

verbliebene Schacht zu unserer geplanten Reusenöffnung wird anschließend mit Brennspiritus gefüllt, den wir anzünden und wegbrennen lassen. Dann kommt der Kälteschock. Auf die heiße, frei gebliebene Stelle wird kaltes Wasser gegossen und peng, sprengt es uns den Reuseneingang auf. So weit, so gut. Jetzt muß die eigentliche Flaschenöffnung verschlossen werden. Aber bitte nicht mit einem Korken wie in Loebells „So fängt man Köderfische", sondern wie es richtigerweise Borne/Aldingers „Angelfischerei" empfiehlt, mit einem Stückchen drübergebundener Gaze. Das Warum wird jedem einleuchten. Wenn das Wasser unsere Reuse nicht durchfließen kann, scheuen die Fische nicht nur vor der stillgeleg-

ten Strömung zurück. Sie müßten auch, gingen sie trotzdem in die Falle, mit der zeit an Sauerstoffmangel ersticken.

Fängiger noch wird die Flaschenreuse, wenn wir sie beködern. Mit ein paar Würmern. Zur Not auch mit Brotkrümeln. Wir legen die so beköderte Flasche mit dem Flaschenhals gegen die Strömung auf sandigen oder kiesigen Grund, über dem Elritzen sich besonders gern aufhalten. Damit sie uns nicht abtreibt, sichern wir sie mit einer stärkeren Schnur, die wir am Ufergebüsch festknoten. Die Fischchen, die sich in unserer Reuse gefangen haben, lassen sich hernach aus dem Flaschenhals direkt in den Köderkessel gießen.

Wer genügend Zeit hat, sollte sich die Delikatesse nicht entgehen lassen, Elritzen mit feinstem Köderfischgeschirr zu fangen, und zwar in 2/3 der vorhandenen Wassertiefe, denn wir haben es mit einem Oberflächenfisch zu tun. Nur Vorsicht, daß uns keine Forellen an den Haken gehen. Lieber Teig anbieten, statt der auch fängigen Maden und Wurmstückchen.

Achtung! In Niedersachsen ist die Elritze jetzt ganzjährig geschont, weil die Bestände sich durch Wasserverschmutzung beängstigend verringert haben.

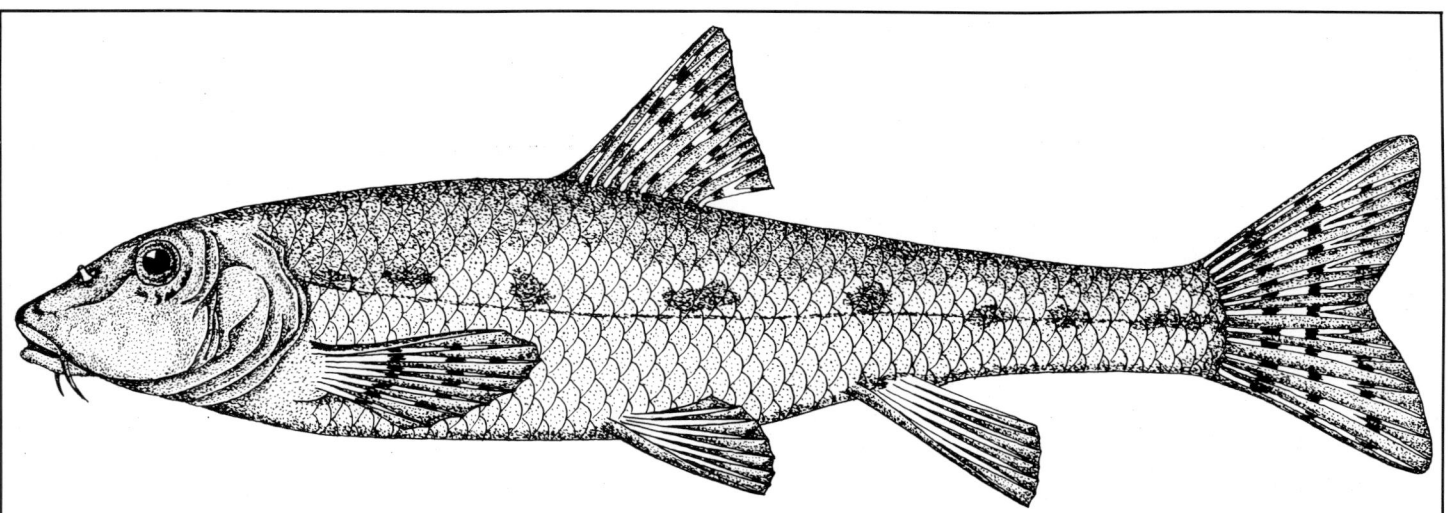

Wohl dem, der einen Gründling hat

Alle größeren Räuber haben ihn zum Fressen gern, besonders Deutschlands Raubfisch Nr. 1, der Hecht, aber auch größere Döbel und Aale, für die er als Grundfisch ein guter, alter Bekannter ist.

Ein zäher Bursche

Trotz seines relativ hohen Sauerstoffbedarfes ist der Gründling ein zählebiger Bursche. Es gibt kaum ein Fachbuch, das seine Eignung als Köderfisch nicht herausstellt.

Schon bei einer Länge von 7-10 cm ist dieser Fisch erwachsen bzw. geschlechtsreif und daher den Beschwernissen des Angeködertseins sehr viel besser gewachsen als z. B. ein gleichlanges entsprechend jugendlicheres Rotauge. Noch stärker fällt die Beweglichkeit ins Gewicht, wenn der Gründling mit ca. 15 cm seine maximale Länge erreicht hat. Barsche sind dann noch halbe Kinder und entsprechend schneller mit ihrer Widerstandskraft am Ende. Der Fang nur eines einzigen Gründlings kann uns, besonders wenn es kühler geworden ist, zu ein paar Stunden Hechtpirsch verhelfen bzw. nach kurzer Zeit

zu einem Hecht. Wir haben das einmal so gemacht: Am Ufer sind wir entlanggepirscht, mit Hechtangel, Gründling dran und Wassereimer. Von Unterstand zu Unterstand. Immer wenn wir die Stellung wechselten, kam der Gründling, weiterhin angeködert, in den Eimer. Langlebigkeit darf allerdings nicht mit Lebendigkeit verwechselt werden. Der Gründling an der Köderfischangel ist relativ faul, weitaus fauler z. B. als der hyperaktive Döbel. Mit kleinen Rucken an der Schnur muß er immer wieder ermahnt werden, nicht einzuschlafen.

Vorteilhaft für den Angler ist, daß der Gründling, wie schon der Name sagt, ein Grundfisch ist. Auf schwere Bebleiungen kann verzichtet werden. An Unarten ist hervorzuheben, daß Gründlinge, einmal angeködert, danach streben, sich zwischen Steinen oder Uferwurzeln festzuhängen.

Nur haben muß man diese fetten, kleinen Kerle erst einmal. Es gab in unserem Flüßchen ausgesprochene Gründlingsstellen. Warf man dort einen dünndrähtigen Kleinhaken aus, beködert am besten mit einem Rotwurm-

stückchen, dann fing man. Nur Gründlinge fing man dort. Auch bei heißem Sommerwetter. Wie nun sind solche Stellen beschaffen?

Immer am Grund

Übereinstimmend wird berichtet, daß der Gründling kiesigen oder sandigen Grund liebt, selten dagegen über schlammig-moorigem Grund oder über Lehm anzutreffen ist. Dazu: schwache Strömung (Sauerstoff). Nicht im Hauptstrom also, sondern an der Stromkante, dort, wo es vom Flachen ins Tiefere übergeht. Auch in von leichter Strömung miterfaßten Buchten treffen wir ihn an. Selbst in meinem heimatlichen See ist er schon gefangen worden, bezeichnenderweise im Strömungsgebiet eines munteren Zulaufes. Man liest auch, daß er in Seen an der Scharkante in Ufernähe und sogar in Teichen anzutreffen ist oder nach einem Hochwasser in zurückgebliebenen Wasserkuhlen am Ufer, doch bin ich ihm persönlich dort noch nie begegnet. Meine Gründlingsstelle hatte für diese gesellig lebenden Fische noch eine zusätzliche Attraktion: Einen in den Fluß

gestürzten Baum, der ideale Versteckmöglichkeiten bot. Der Gründling lebt am Grund. Immer. Auch wenn er auf der Flucht ist. Wir suchen ihn zwischen 0,60 und 1,20 m Wassertiefe und bieten unseren Köder ganz knapp über Grund an oder auch direkt am Grund. Wurmstückchen sind erfolgversprechender als ganze Würmer. Zu Saisonbeginn empfiehlt sich die Made. Die beste Beißzeit ist von Juli bis September. Doch auch in den übrigen Monaten läßt er sich fangen. Voraussetzung sind feines Geschirr und ein rasches Reaktionsvermögen. Unser Anhieb muß sehr schnell kommen. Wer seinem Petri Heil durch zusätzliche Manipulationen auf die Sprünge helfen will, sollte den Grund aufwühlen oder sogar mit einer Harke bearbeiten, wie Bauch und Borne empfehlen, und danach mit Wurmstückchen anfüttern.

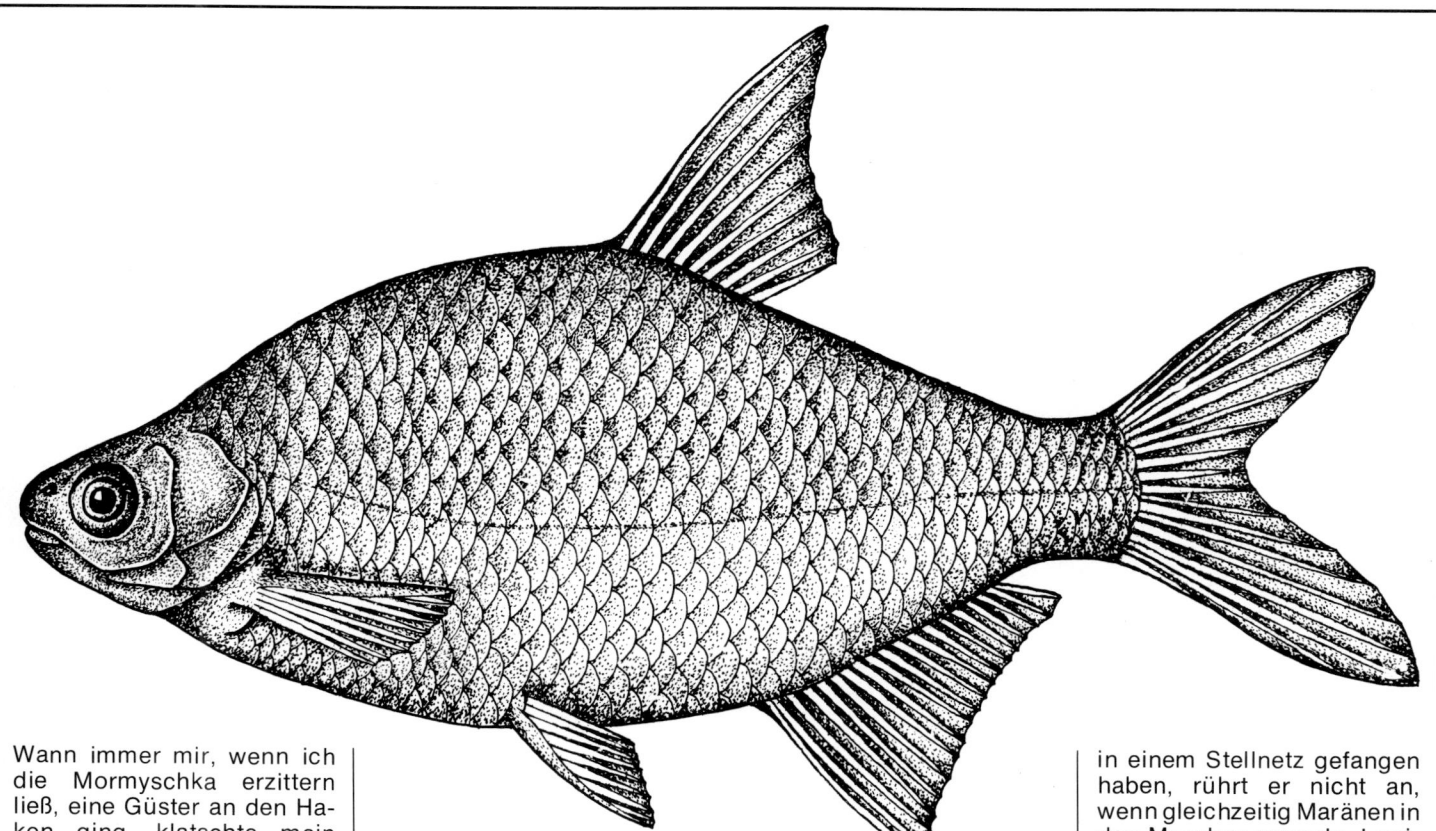

Raubfischfang mit Güstern

Wann immer mir, wenn ich die Mormyschka erzittern ließ, eine Güster an den Haken ging, klatschte mein Sportlerherz in die Hände. So wenigstens fühlte sich das merklich verstärkte Klopfen in meinem Brustkorb an. Schon der Drill dieses lebhaften Fisches an dem superfeinen Gerät ist ein kleiner Genuß. Man bedenke: Die Rutenspitze ist so dünn, daß man ein Fahrradventilgummi als Bißanzeiger drüberziehen kann.

Ich benutze für die Mormyschka eine kurze Teleskoprute mit innen durchgeführter Schnur. Die Mormyschka selbst ist bekanntlich ein etwa linsengroßes Metallkörperchen mit seitlich montiertem Minihaken und einer Durchbohrung, damit wir die Schnur befestigen können. Köder: eine Made. Im Winter greife ich auf die sog. Strauchmaden zurück, raupenartige Tierchen, die sich in erkrankten Stengeln hinfälliger Beifußstauden finden. Als Bewegungsanreiz genügt häufig schon das bißchen Geschaukel im Angelkahn. Wer mehr tun will, befleißige sich der vertikalen Zitterführung. So oft habe ich die Mormyschka schon erwähnt in diesen Köderfischartikeln, immer voraussetzend, daß jeder dieses sensible Angelgerät kennt. Vielleicht aber überschätze ich diesen Bekanntheitsgrad. Darum habe ich sie hier noch einmal näher beschrieben.

Die Güster kämpft also lebhaft und strebt als echter Grundfisch dem Grunde zu. Beides zahlt sich aus, wenn wir unseren Fang zum Köderfisch umfunktionieren. Die Lebhaftigkeit, weil sie auffällt und den Räubern ins Auge sticht, der Drang nach unten, weil es dadurch kaum zu Tüdelagen kommt. Nur kennen müssen wir unsere Fische natürlich. Wer, im guten Glauben eine Güster erwischt zu haben, eine Rotfeder anködern sollte, wird ein böses Erwachen erleben. Rotfedern nämlich sind Oberflächenfische und bringen unser Geschirr in Nullkommanix heillos durcheinander. Rotfedern also . . . lieber tot als lebendig, wenn wir sie als Köder benutzen.

Doch zurück zur Güster. Ihr Temperament ist gepaart auch mit Zähigkeit. Weit widerstandsfähiger als Barsch und Rotauge habe ich sie erlebt. Nicht nur Freude am Fang also bewegt mein Herz, sondern auch Vorfreude auf einen Großfang. Zumindest, wenn ich eine größere Güster angeködert habe, spekuliere ich auf Hechte. Bei Klein- oder Minigüstern möchte ich eine ganz andere Prognose wagen.

Ein Freund von mir hatte einmal eine Aalschnur ausgelegt, beködert mit kleinen Güstern und Barschen. Als er sie einholte, war das Erstaunen groß: Die Barsche waren durchweg von ihren größeren Brüdern und Schwestern inhaliert worden. An den Güstern dagegen hatten sich die Raubaale festgebissen.

Mehrfach kann man beobachten, daß Aale wählerisch sind. Rotaugen z. B., die sich in einem Stellnetz gefangen haben, rührt er nicht an, wenn gleichzeitig Maränen in den Maschen zappeln. Logische Folgerung für mich: Mit Maränen-Fetzenköder auf Aalfang ziehen, dann zumindest, wenn ich keine Köderfische habe und Gefahr besteht, daß Würmer von Weißfischen zerbissen werden, ehe der Aal zur Stelle ist.

Die Güstern kleineren Formats (5 – 6 cm) holt man sich am zweckmäßigsten mit der Köderfischsenke. In der wärmeren Jahreszeit finden wir unsere Silberlinge in der Uferregion in der Nähe des Grundes. Die Güster liebt modderigen Untergrund und dürfte ihre tiefer gelegenen Winterquartiere räumen, wenn der Frühling mit warmen Tagen lockt. Sie laicht im Mai/Juni und geht in den darauffolgenden Monaten am willigsten an die Angel. Es ist nicht verkehrt, wenn wir uns vor dem Senken einen Anfütterplatz anlegen. Das Futter: Teig aus Kartoffeln und alten Brötchen. Erfolgssteigernd dürfte es sein, wenn wir vor dem Senken den Schlammgrund etwas aufwühlen. Die Güster ist ein typischer Kleintierfresser und wird sich der Verlockung eines hochgewirbelten Nahrungsbreis kaum entziehen können.

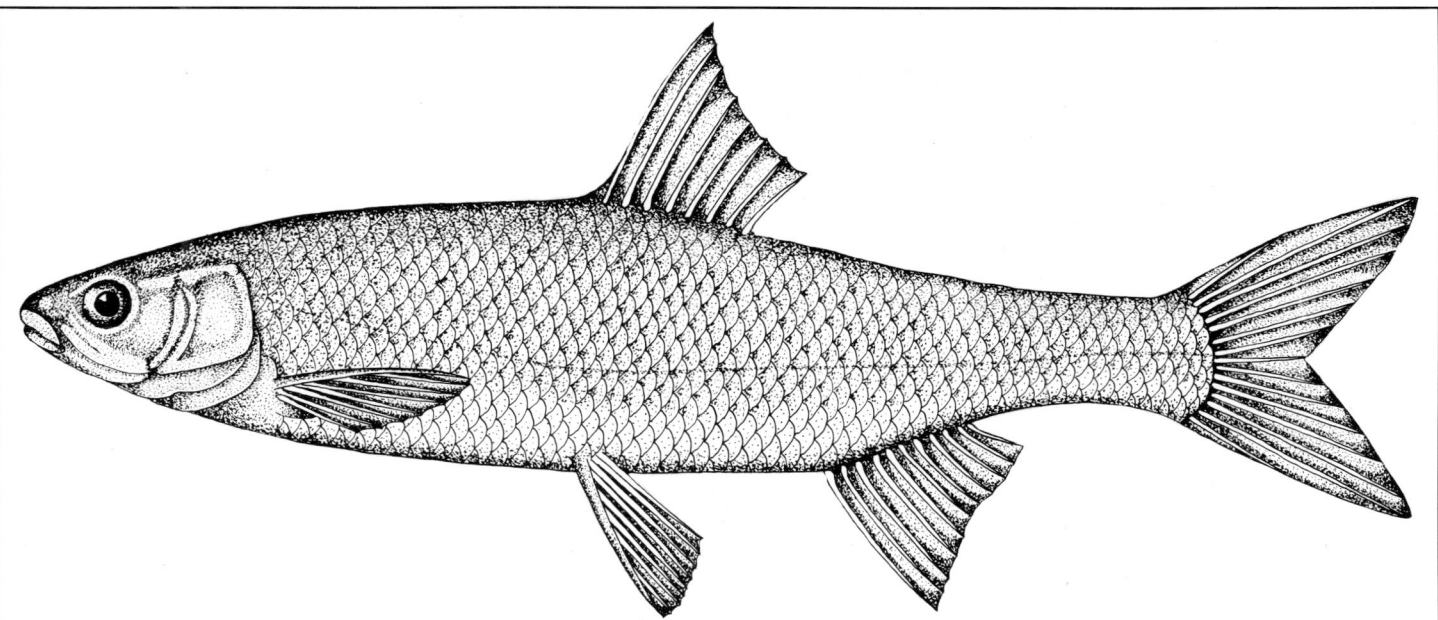

Der Hasel – fängig, doch nicht leicht zu fangen

Viel Widersprüchliches lesen wir über diesen kleinen Kerl. Schon über die Tiefe, in der der Köder angeboten werden sollte, streiten sich die Experten. Schindler („Unsere Süßwasserfische") charakterisiert ihn als Oberflächenfisch. Auch bei Child („Mit Floß und Fliege") lesen wir, daß der Hasel seine Nahrung nicht am Grund sucht. In der „Angelfischerei" von Borne/Aldinger wird dagegen empfohlen, auf Hasel nahe am Grund zu fischen.

Auch was den günstigsten Köder betrifft, gehen die Meinungen der Fischgelehrten auseinander. Borne: „Der beste Köder ist ein nicht zu großer, recht lebhafter Wurm". Child dagegen: „Am besten fängt mit Teigködern, aber auch ganz kleine Brotrindenbrocken, Maden und Wespenlarven sind zu gebrauchen und manchmal sogar ein kleiner Rotwurm".

Für die Oberflächentheorie spricht der Umstand, daß wir in fast allen Fachbüchern den Hinweis finden, daß der Hasel gut mit der künstlichen Fliege zu fangen ist, eine Erfahrung, die ich selbst schon gemacht habe. Goldfliege und Kutscher empfehlen Bauch („Die einheimischen Süßwasserfische") und Borne. Child dagegen plädiert

für die Black Gnat und die und die Blue Upright. Andere Länder, andere Sitten. Auch wenn wir die Haselschulen in der Sonne spielen und durcheinanderspritzen sehen, gewinnen wir den Eindruck, daß der Häsling, zumindest in der warmen Jahreszeit, nicht am Grund auf Nahrungssuche geht. Im Winter dagegen, aber auch im Frühling und Herbst habe ich, besonders an etwas frostigen Tagen, Häslinge auch schon mit der abtreibenden Floßangel gefangen. Dabei ließ ich den Köder – Made oder Rotwurm – über Grund schleifen und fischte von der Außenkante des Wassers zur gegenüberliegenden Innenkante rüber. Weitere Köder für den Hasel sind der Sprock (Köcherfliegenlarve,) Insekten aller Art, aber auch Weizen oder Weißbrot.

Schwierig wird der Hasel-

fang vor allem dadurch, daß wir ungewöhnlich rasch auf den Anbiß reagieren müssen und das in relativ unruhigem Wasser. Die Heimat des Hasels sind die Barben- und auch die Äschenregionen, und hier wiederum bevorzugt er Stellen im Flachen, wo das Wasser recht munter dahergeströmt kommt. Nur im Winter und auch bei Hochwasser verdrückt er sich in ruhigeres Wasser, sei es an die Uferkante oder in einem Rückstau, dort, wo ein Seitenbach einmündet. Wegen seiner Liebe zum Fließwasser ist der Hasel in stehenden Gewässern hauptsächlich im Bereich der Zu- und Abflüsse anzutreffen. Da unser Kandidat in Schulen steht, müssen wir, wenn wir mehrere Exemplare fangen wollen, einen gehakten Fisch schnell von den übrigen wegdirigieren. Ziemlich

scheu sind unsere silbrigen Köderfischaspiranten. Folglich müssen wir weit und fein fischen, über größere Distanze und mit leichtem Geschirr. Haben wir glücklich einen Hasel gehakt, stellen wir fest, daß wir es mit einem energischen kleinen Kerl zu tun haben. Diese Energien mobilisiert er auch, wenn wir ihn als Köderfisch verwenden. Der Hasel ist wesentlich mobiler als der oft zum Einschlafen tendierende Gründling. Obgleich wir es mit einem Oberflächenfisch zu tun haben, schwimmt der Hasel, einmal angeködert, nicht nach oben, wie beispielsweise der Döbel. Kein Wunder also, wenn seine Eignung als Köderfisch in der Angler-Literatur gebührend hervorgehoben wird. Vor allem dort werden wir mit Haseln Erfolg haben, wo es in einem Revier neben rascher strömenden Haselstellen auch ruhigere Schlupfwinkel gibt, in denen der Hecht auf Beute lauert. Längere Überlandtransporte sollten wir diesem an viel Sauerstoff gewöhnten Fisch nur dann zumuten, wenn auch unser Köderfisch-Kessel ausreichend gelüftet wird: Sauerstoffpumpe, bitte keine Sauerstofftabletten. Und möglichst kühles Wasser.

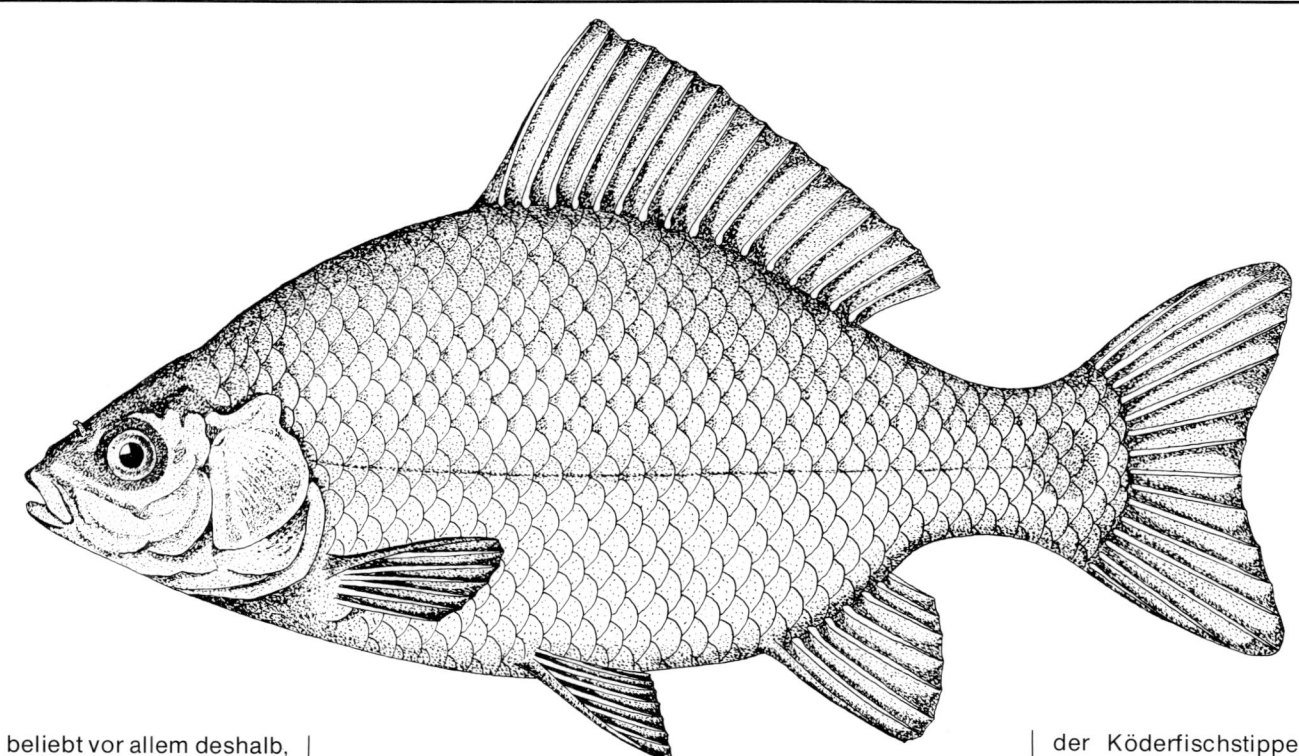

Die Karausche, ein beliebter Köderfisch

. . . beliebt vor allem deshalb, weil man sie im Gerätegeschäft kaufen und dann auch ohne größeres Risiko über längere Strecken transportieren kann. Angler, deren Brieftaschen nicht an Untergewicht kranken, können am gelobten Hechtgewässer also gleich loslegen und brauchen sich nicht im Köderfischfang zu verzetteln. Erschreckend fand ich die Preise, nach denen ich mich gerade telefonisch erkundigt habe. Vierzig Pfennig für eine „größere" Karausche. Au, Backe! K 1 Karpfen (8 – 10 cm) fand ich in einem Inserat für DM 230,– per 1000 Stck. angeboten. Da kostet das Stück also nur 23 Pf. Bei S 1 Schleien (6 – 10 cm) kämen wir nach der gleichen Rechnung sogar nur auf 0,85 Pfennig, also auf weniger als den 40. Teil einer Köderfisch-Karausche. Da aber Zeit bekanntlich Geld ist, scheint sich das Geschäft mit der Karausche immer noch zu lohnen.

Dabei gibt es so viele Moorlöcher, Kieskuhlen, kleine Tümpel und Weiher, in denen es von degenerierten Teichkarauschen nur so wimmelt. Vor allem diese kleinwüchsige bzw. verbuttete Teichkarausche ist es, mit der wir uns befassen wollen. Weniger mit der Seekarausche, die 2 kg und schwerer werden kann. Es ist schon abenteuerlich,

die Gegend nach Wasserlöchern zu durchstöbern, den Besitzer ausfindig zu machen, um sich Angelerlaubnis zu holen und dann in sozusagen jungfräulichem Revier zu fischen. Ich fand so einen Teich. In Radlandsichten, einem Ort, der nur aus einem Hof besteht. Sein Besitzer Bruno Schumacher gab mir Erlaubnis, dort eine Drahtreuse zu legen. Schleien und Karauschen waren in dem Wasserloch. Merkwürdigerweise fing sich nie eine Schleie in der Reuse, aber immer genügend Karauschen. Erst heute, wo das Wasser durch Insektizide vergiftet worden ist, lasse ich dies lange gehütete Geheimnis aus dem Sack. Im nächsten Jahr gehe ich erneut auf Karauschengewässersuche. Abenteuer sind das, die ich nie in meinem Leben missen

möchte. Da die Karausche ein in jeder Beziehung genügsamer Fisch ist und sich dank einer Eiablage von 200 000 – 300 000 Stück recht gut vermehrt (Laichzeit Mai–Juni), habe ich kaum Bedenken, daß ich kein geeignetes Revier finden werde. Auch in wenig ertragreichen, in sauerstoffarmen, ja auch in relativ stark belasteten Gewässern ertrotzt sich dieser genügsame Fisch sein Dasein. Mit kleinen Würmern werde ich ihn becircen oder auch mit Erbsen, weil das in vielen Fachbüchern empfohlen wird. Weniger halte ich davon, einen Kartoffel-Drahtkorb sozusagen als Zugnetz über den Grund zu schleifen. Ein Angler läßt das Angeln nicht. Auch auf die Reuse werde ich nicht zurückgreifen. Warum sollte ich mich des Zaubers berauben, der

der Köderfischstipperei innewohnt?

Nur gut, daß diese Fische so zäh sind, zäher selbst als Rotaugen und sich so gut transportieren lassen. Sie verdanken ihr Durchhaltevermögen dem Umstand, daß sie mit einer sog. Notatmung auch der Luft Sauerstoff entnehmen können. Einmal angeködert, erweisen sie sich als unermüdliche Arbeiter. Speziell auf Hecht habe ich mit Karauschen gefischt. Besonders die etwas größeren Exemplare eignen sich wegen ihrer hochrückigen Form weniger gut für Barsch-, Aal- oder Zanderfang.

Eins freilich sollten wir nicht tun, so teuer wir die Karauschen auch bezahlt, so mühsam wir sie auch gefangen haben: Wir sollten sie, wenn wir zum Schluß noch Fische übrig haben, nicht in unserem Gewässer freisetzen. Ich kenne sogar Vereinssatzungen, die einen derartigen Gnadenerlaß ausdrücklich verbieten. Aus mehreren Gründen: 1. Krankheiten könnten eingeschleppt werden. 2. Der meist ohnehin zu große Weißfischbestand wird u. U. durch eine Karauschenexplosion nochmals vergrößert. 3. Karauschen können sich mit Karpfen paaren. Der Nachwuchs ist lange nicht so schnell- und großwüchsig wie reinrassige Karpfen.

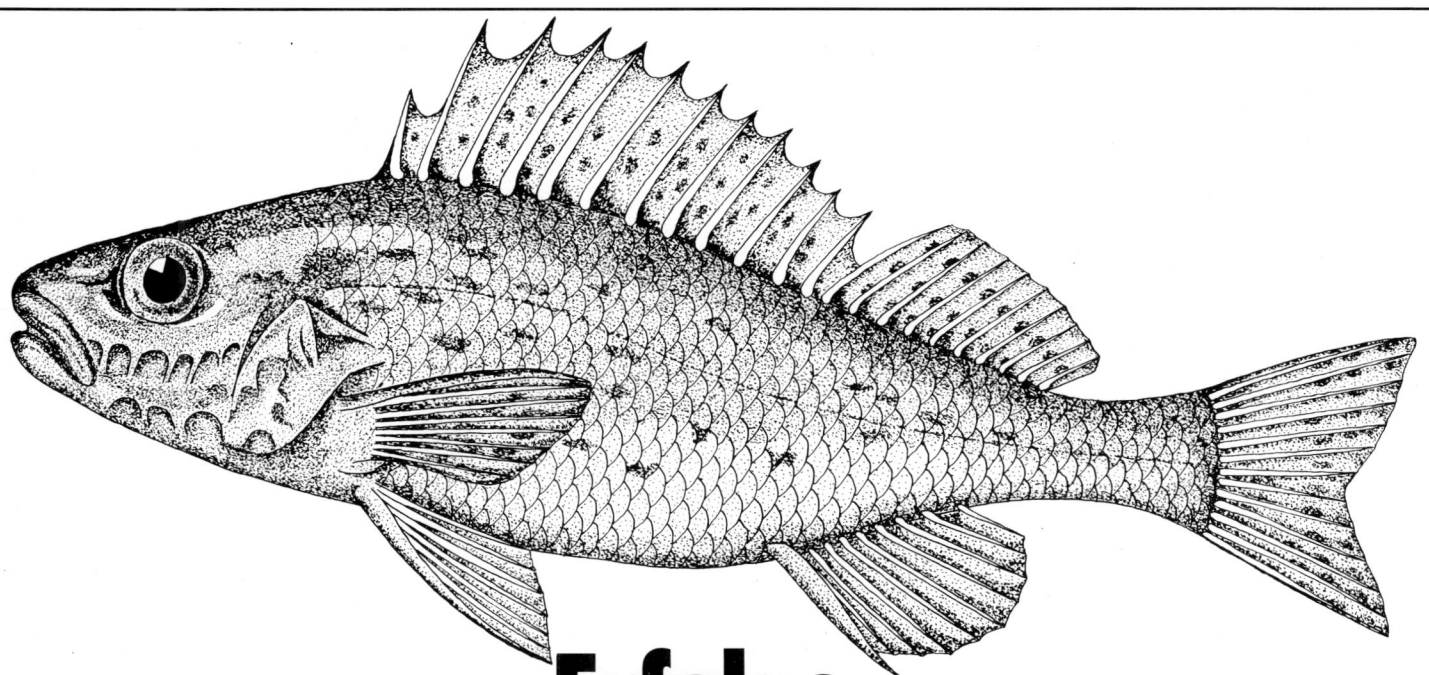

Erfolgs-Köderfisch Kaulbarsch

Merkwürdig ist das: Kein größeres Standardwerk der Angel- und Fischliteratur läßt ihn unerwähnt, gleichviel, ob es das Angeln auf ihn interessant oder uninteressant nennt und seine kulinarische Weiterverwendung beschreibt, empfiehlt oder unter die Tafel fallen läßt.

In manchen Punkten kommen die Fischgelehrten zu übereinstimmenden Urteilen. So z.B. darüber, daß der Kaulbarsch ein Laichräuber ist und die Angler ärgert, da er ihre dicksten Tauwürmer bis sonst wohin herunterschlingt, statt sie den Aalen zu überlassen. Auch über die Laichzeit (März-Mai) gibt es keine Meinungsverschiedenheiten. 50 000 – 100 000 Eier legt Frau Kaulbärschin, erstmals im zweiten Lebensjahr, wenn sie auf 8 – 10 cm abgewachsen ist.

In anderen Punkten streiten sich die Experten. Als Fischbruträuber brandmarkt ihn der eine (Zeiske, Handbuch des Angelsports). Ein zweiter glaubt, daß er sich mit Hilfe kleiner Köderfische fangen lasse (Schindler, unsere Süßwasserfische), während wir in Knaurs Tierreich in Farben auf S. 245 lesen, daß Kaulbarsche nur in wenigen Fällen an Fische gehen.

Die Standorte des Kaulbarsches werden von den Schriftgelehrten durchweg in die Uferzone verlegt, unter überhängende Zweige, in ruhige Kreiselströmung, z. B. hinter Buhnenköpfe, auch sind Zonen mit Wasserpflanzen und toten Muscheln im Gespräch, und es hat wohl noch nie jemand wie ich den Kaulbarsch weit draußen auf dem See an einem Barschberg gefangen. Ja, dort erwische ich sie, meist über sandigem oder kiesigem Grund bzw. am Rande einer Hornkraut-Plantage. Und zwar immer in unmittelbarer Nähe des Grundes mit der bemadeten Mormyschka. Winzige Exemplare sind es, deren Biß kaum spürbar ist. Daumenlang vielleicht. In der Unterelbe fing ich dagegen europarekordverdächtige Riesen. Aber gerade diese Minis waren interessant für mich.

Damit komme ich auf das zu sprechen, was ich in keinem Fachbuch gefunden habe, auf die Verwendbarkeit des Kaulbarsches als Köderfisch. Nicht einmal Loebell erwähnt ihn in „So fängt man Köderfische", vielleicht, weil das Fangen zumindest ausgewachsener Kaulbarsche keine Kunst ist. Bei ihnen muß man nur aufpassen, daß nicht zu tief geschluckt wird. Doch den Westentaschenformatskaulbarsch zu erwischen. . . ich rechne mir das immer als einen großen Glücksfall an. Weil er kaum wahrnehmbar anbeißt. Weil ich ihn meist dann fange, wenn mir alle anderen möglichen Köderfische die Afterflosse zukehren. Vor allem aber, weil ich mir ziemlich sicher bin, daß diese Köderfischkostbarkeit sich in einen Aal oder Flußbarsch verwandeln wird, möglicherweise auch in einen Zander oder Hecht. Und das trotz seiner Stacheligkeit. Nicht nur die meist drohend aufgerichtete Rückenflosse ist spitzstachelig, auch die Kiemendeckel und deren Vordeckel sind je mit einem Stachel bzw. kurzem Dorn versehen. Übereinstimmend wird übrigens davor gewarnt, sich an diesen Stacheln zu verletzten. Die dabei entstehenden Wunden sollen eitern und schlecht heilen. Wie schon der Flußbarsch, ist auch sein bepunkteter kleiner Vetter nicht besonders widerstandsfähig. Deshalb habe ich mir ein Angelverfahren einfallen lassen, bei dem jeder Köderfisch merkbar länger munter bleibt. Gemeint ist die Laufbleiangelei ohne Pose. Derart „gefesselte" Köderfische werden fast ebenso gut genommen wie solche, die an der Pose hängen. Und sie ermüden eben nicht so rasch, zumal wenn wir mit Lippenköderung operieren. Vermutlich liegt es daran, daß das Hin und Her und Auf und Ab an der Pose kraftzehrender ist, als die unbeschwerter wirkende Laufbleimontage. Die Angel wird mit geöffnetem Bügel so deponiert, daß ohne Reibungswiderstand Schnur genommen werden kann. Läuft die Schnur dann, wissen wir: Der Kaulbarsch hat seine Schuldigkeit getan.

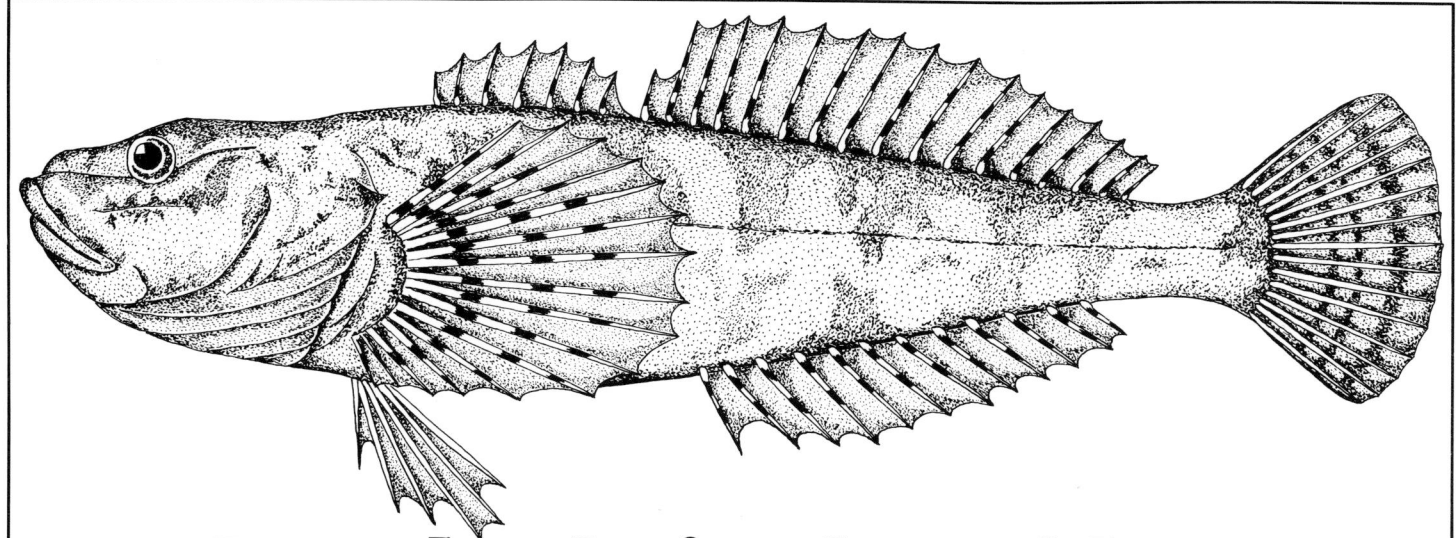

Begehrt bei Salmoniden: Die Mühlkoppe

...auch Groppe oder kurz Koppe genannt. Den Puristen krampft es sicherlich das Herz zusammen, wenn sie diese Überschrift lesen. Doch bleiben wir auf dem Teppich. Mir ist kein Fall bekannt, daß ein Huchen mit einer Märzbraunen gefangen worden ist. Auch die kannibalischen Raubforellen, die schon aus hegerischen Gründen herausgefangen werden müssen, erwischen wir weit eher mit einer Koppe als mit der Trockenfliege. Zudem gibt es viele Salmonidengewässer, die derart reißend sind, daß der Flugangler allenfalls mit dicken Streamern zum Zuge kommt. Von hier bis zum Spinnen mit totem Köderfischchen am System ist es nur ein kleiner Schritt. Gehen wir die Sache also an.

Frage Nummer eins: Wo und wie fangen wir die Koppe? Erst mit dem Einsetzen der Dämmerung geht unser Kandidat auf Jagd. Tagsüber verbirgt er sich gern unter flachen Steinen, die von Wasser unterspült werden. Vorsichtig drehen wir solche Steine um, aber dann! Was die Fachliteratur an Fangmethoden bietet, ist zwar vielseitig, aber wenig effektiv. Artisten gibt es, die diesen im Zickzack davonhuschenden Fisch schon gegriffen haben. Andere manövrieren behutsam eine Schlinge um den keulenförmigen Körper und hopp dann, raus damit. Wenn man Glück hat. Auch ein Würmchen hat man schon tanzen lassen vor unserem Köderfisch. Meist ohne Erfolg. Das sicherste Fangverfahren, wenn auch mit tödlichem Ausgang, lehrte mich die Baronin von Klimburg. Mit einer Gabel stach sie zu. Blitzschnell und ehe der Fisch in einen neuen Unterschlupf gehuscht war. Ich selbst habe mir seinerzeit getrocknete Koppen in einem Angelgerätegeschäft gekauft.

Um dem Koppen-Petri-Heil auf die Sprünge zu helfen, können wir, z.B. mit Hilfe von Dachziegeln, in unserem Bach geeignete Unterschlüpfe anlegen. So ersparen wir uns die Suche nach unterwaschenem Naturgestein.

Ich persönlich habe nur mit toten Koppen geangelt. Die Koppe ist zwar ungewöhnlich zählebig, wird uns aber leicht vom Haken gefressen, gleichviel, ob wir mit Lippenoder Sattelköderung operieren. Mein Koppensystem bestand aus einem durchbohrten Bleikopf, dessen Rand ausgezackt war, so daß sich die Haube fest an den Koppenkopf pressen ließ. Das Vorfach wird mit Hilfe der Ködernadel in den After eingeführt und durch das Maul und das Loch im Bleikopf wieder heraus. Der Drilling sitzt danach also im After. Zwischen Drilling und Vorfach haben wir endlich noch zwei starre, aber beweglich miteinander verbundene Drahtteile, So bekommt der Köder von innen her einen besseren Halt. Doch auch ohne eine derartige Verstärkung müßten wir gut mit den zähfleischigen Koppen zurechtkommen.

Erhöhen können wir die Reizwirkung der Koppe noch, wenn die Schwanzwurzel mit einem Faden abgebunden wird (vergl. R. Loebell ,,So fängt man Köderfische''). Dadurch nämlich spreizt sich die Schwanzflosse einem Fächer gleich auseinander, so wie wir es bei der Brustflosse beobachten können.

Wie nun angeln wir mit der Koppe? Dort, wo wir eine größere Beute vermuten, z.B. in der Nähe des Auslaufes tiefer Gumpen oder vor räuberburgverdächtigen Unterständen, lassen wir unseren Bleikopf samt schmackhaftem Anhang grundwärts tauchen, um ihn dann gleich wieder anzulüften. Natürlich können wir auch regelrecht damit spinnen, entlang unterwaschener Uferkanten oder in den Stauwehren vor Wassermühlen, denen die Koppe, weil sie sich dort gern aufhält, den Beinamen Mühlkoppe verdankt.

Vermerkt sei endlich noch, daß, wo vorhanden, auch andere Raubfische mit der Koppe gefangen werden können: Hechte, Barsche und auch große Döbel. Der Anhieb muß, wie immer beim Systemfischen, sehr kräftig gesetzt werden.

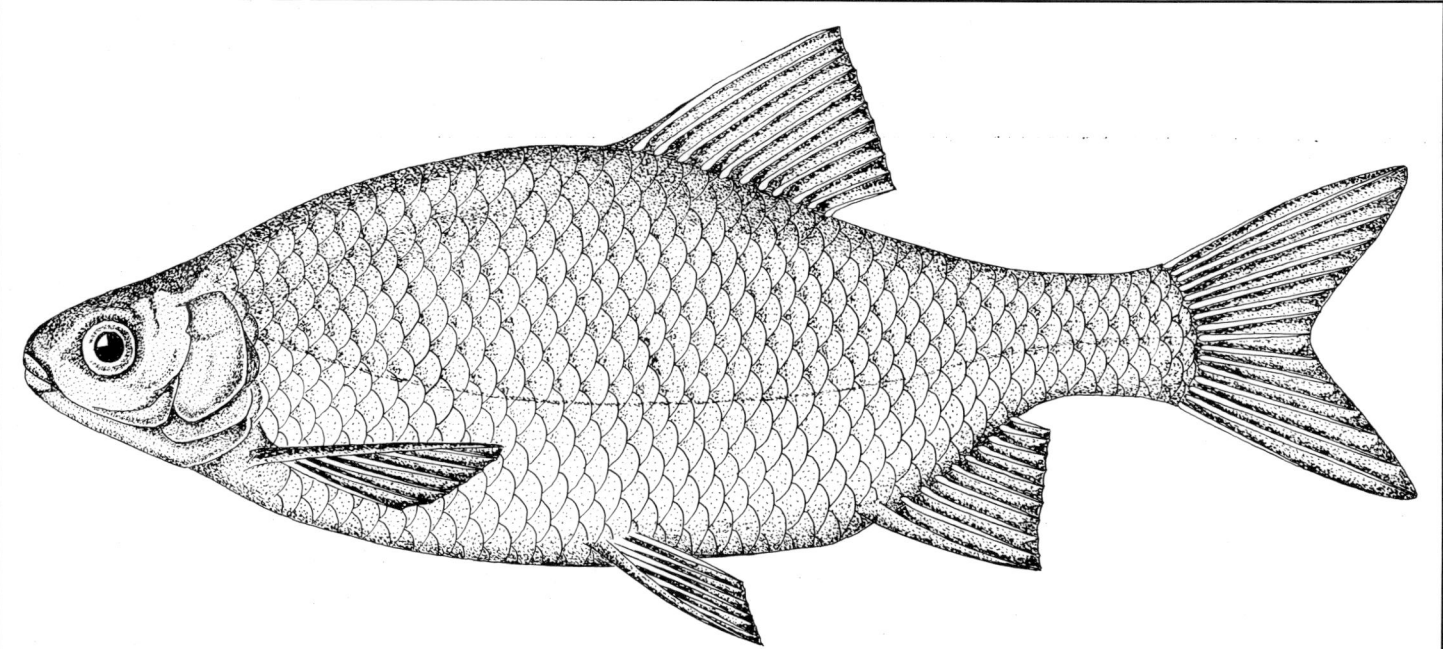

Köderfisch Nr. 1: das Rotauge

Wohl kaum ein anderer Köderfisch wird dem Hecht so oft vorgesetzt wie das Rotauge. Da sich „Weißfische" auf dem Markt kaum noch verkaufen lassen, werden die Rotaugenbestände unserer Flüsse und Seen durch die Berufsfischerei nicht nennenswert dezimiert. So erleben wir es, besonders in Seen mit einem Nahrungsüberangebot, immer wieder, daß sich die Rotaugen explosionsartig vermehren und entsprechend leicht zu fangen sind. Dankenswerterweise verfällt dieser Fisch nicht in eine Art Winterschlaf, ist also auch in der kalten Jahreszeit noch gut zu haben.

So ein paar Mucken hat allerdings auch dieser Allerweltsköderfisch. Zum einen ist er wetterfühlig und reagiert auf den Nordost nicht selten mit einer an Köderverachtung grenzenden Beißunlust. Zum anderen habe ich es immer wieder erlebt, daß sich an bestimmten Tagen im Sommer die Beißzeit auf die Morgen- und Abendstunden konzentrierte. Wir tun darum gut, wenn wir uns nicht ausschließlich auf unsere Angelkünste und ein huldvolles Nicken unseres Schutzpatrons verlassen und ein paar Reservetricks parat haben.

Einen möchte ich verraten, den mit der angefütterten Senke. Durch Lockfutter gewöhnen wir die Rotaugen an einem geeigneten Platz, z. B. einem Bootssteg, vor dem es rasch tiefer wird, an eine immer gedeckte Tafel. Wenn wir dann mit der Köderfischsenke auftauchen, wird auch diese „beködert". Wir legen etwas von unserem Lockfutter auf das Netz, das dann von den Fischen mit Interesse betrachtet werden dürfte. Sehr zu ihrem Verhängnis. Am liebsten fange ich meine Rotaugen immer noch „vor Ort", dort also, wo ich auch meine Hechte kriegen will. Das hat zwei Gründe. Erstens ist ein frisch gefangener Köderfisch besonders munter. Und zweitens sage ich mir: Freund Esox steht nicht weit vom Futterschwarm.

Wo ich also Rotaugen fange, rechne ich mir auch gute Chancen für den Hechtfang aus. Wenn sich an der leichten Grundrute nichts tut, hat mir nicht selten die mit einer Made beköderte Mormyschka geholfen. Fangplatz ist zumeist die Scharkante der Barsch-Berge. Nur bei ungünstigem Beißwetter gehe ich auf Nummer Sicher und befische die Rotaugenschulen, die sich direkt vor meinem Garten im seichten Wasser auf den Schilflichtungen tummeln. Viele meiner Angelfreunde haben übrigens Absprachen mit dem Berufsfischer, daß er ihnen Rotaugen mitbringt, die sich in seine Aalreusen verirrt haben.

An der Köderfischangel zeichnet sich das Rotauge, besonders wenn es schonend angeködert wird, durch rege Aktivität aus, ohne dabei nach unten wegzusausen und sich im Kraut festzuhängen wie der Barsch. Auch größere Exemplare sind noch zu gebrauchen und haben schon zu spektakulären Erfolgen geführt. Nachteilig kann sich die Mobilität dieses Köderfisches allenfalls dort auswirken, wo wir die Angel sehr flach stellen müssen. Nicht selten habe ich dort mein Rotauge garniert mit Schnursalat zurückgekurbelt. Gegenmaßnahmen: Schnur einfetten und häufige Kontrollen.

Da das Rotauge in vielen Gewässern der Futterfisch des Hechtes schlechthin ist, dürfen wir uns nicht wundern, wenn es mit zunehmender Häufigkeit zu Fehlbissen kommt. Unser Rotaugenschlucker stellt Vergleiche an. Hier ein Rotauge „ohne Dorn", dort eins, das barschartig piekst. Hier ein Futterfisch, der schwerelos mit in die Tiefe genommen werden kann, dort einer mit Auftriebskraft. Mißtrauen breitet sich aus. Häufig werden auf unserem See in den letzten Jahren Klagen laut, daß so ein Rotauge kurz angeratscht, aber nicht vorschriftsmäßig verschluckt wird. Mit feinst ausgebleiten Posen und nicht zu auffälligen Drillingen versuche ich, einer derartigen Zurückhaltung zu begegnen.

Viele Angler neigen dazu, mehr Rotaugen zu hältern, als wirklich benötigt werden. Da Gefangenwerden und Hälterung fast immer zu Verletzungen des Fisches führen, sollten wir keine Aktion Eichhörnchen betreiben.

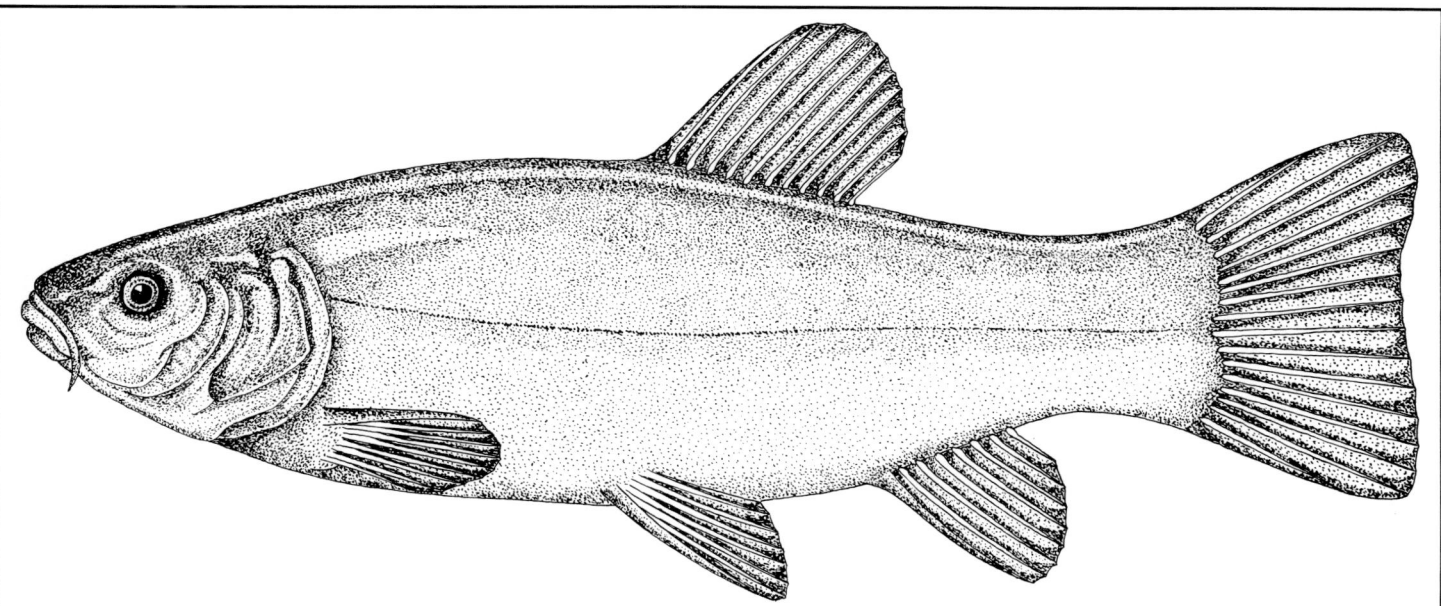

Ein umstrittener Hechtköder – die Schleie

Merkwürdig ist das. Je höher ein Fisch in Rang und Ansehen steht, desto mehr scheuen wir uns, ihn als Köderfisch zu verwenden. Würde ich empfehlen, mit kleinen Karpfen oder gar Forellen auf Hechtfang zu ziehen . . . ich möchte die Proteste nicht zählen, die ich mir dadurch einhandelte. Karauschen dagegen oder Rotaugen werden weit eher akzeptiert. Artendiskriminierung nennt man so etwas wohl.

Die Schleie, meine ich, ist ein Grenzfall. Soll man, darf man, oder sollte man lieber nicht? Vor ein paar Jahren ist die Schleie aus noch einem ganz anderen Grunde in die Diskussion geraten. Ich erinnere mich recht gut an einen Fachartikel, der glauben machen wollte, daß Freundin Tinca tinca nicht vom Hecht genommen würde. In der nächsten Nummer meldeten sich dann die Gegenstimmen: Erfolgs- über Erfolgsmeldung beim Hechtfang mit Schleien. Woran also sollen wir uns halten?

In erster Linie, meine ich, an die Futterfischverhältnisse in unserem Wasser. Gewässer gibt es, in denen es von kleinen oder auch degenerierten Schleien nur so wimmelt. Hier dürfen wir sicher sein, daß wir, wenn Hechte vorhanden sind, mit Schleien als

Köderfisch ausgezeichnete Erfolge haben werden. Unter diesen Bedingungen plagen einen auch nicht allzu viele Skrupel, wenn wir besagten Überbesatz ein bißchen lichten. Haben wir dagegen ein Gewässer mit normalem oder spärlichem Schleienbesatz vor uns, löst sich das Problem insofern von selbst, als es uns hier kaum gelingen dürfte, kleine Schleien in ausreichender Menge zu fangen.

Ähnlich wie die Karauschen kommen Schleien mit sehr wenig Sauerstoff aus. Sie lassen sich also vorzüglich hältern und sind, einmal angeködert, ausdauernd, zäh und zudem „Grundfische", die unser Gerät kaum durch Ausflüge an die Wasseroberfläche durcheinanderbringen.

Weitere Vorteile? Aber ja! Im Vergleich zu anderen „Friedfischen" ist die Schleie kompakter und fester im Fleisch.

Wenn ich mit Rotaugen, Ukeleis oder Karauschen als Spinnfischchen am System oder am Einzelhaken angele, sind sie sehr viel rascher verschlissen als eine Schleie, die in puncto Festigkeit nur noch von den Barschen und der Mühlkoppe übertroffen wird.

Die Frage ist nur: Wie fangen wir die kleinen Schleien? Dieser Fisch ist bekanntlich ein echtes Krautschwein. Besonders im Jugendalter, wo man gern ein Versteck in greifbarer Nähe weiß, steht die Schleie mit Vorliebe in bewachsenen Uferzonen über schlammigem Grund. Am besten ist es, wenn wir uns eine Erntestelle schaffen. Wir schneiden uns eine regelrechte Lichtung sowie einige Zuschwimm-Schneisen in ein Krautfeld und füttern an, so daß sich die Schleien an eine immer gedeckte Tafel gewöhnen. Außerdem schneiden wir uns

von der Lichtung zum Ufer hin eine breitere Jagd-Schneise in den Pflanzenwald, durch die wir später die auf der Lichtung ausgelegte Köderfischsenke schräg über Grund zu uns heranziehen können.

Besonders günstig für derartige Operationen, wie überhaupt für den Köderfischfang, sind die Zuflüsse, aber auch die Abflüsse eines Sees. Hier nämlich verdichtet sich das herumschwebende Plankton zu einem regelrechten Nahrungsstrom, dem man nur das geöffnete Maul entgegenzuhalten braucht. Immer wieder ist mir an derartigen Stellen ein Kleinfischgewimmel aufgefallen, dessen Dichte, verglichen mit anderen Partien des Gewässers, ungewöhnlich groß war.

Als Lockfutter, das sei noch angemerkt, eignet sich fleischliche Kost (Würmer, Wurmstückchen) besser als pflanzliche (Kartoffeln u. a.), die von der Schleie als Angelköder nur in Ausnahmefällen genommen wird. An- und aufreizend wirkt auf die Fische dagegen, wenn wir, nachdem wir die Senke ausgelegt haben, den Schlammgrund kräftig aufwühlen, da dadurch immer etliche Leckerbissen mit hochgewirbelt werden.

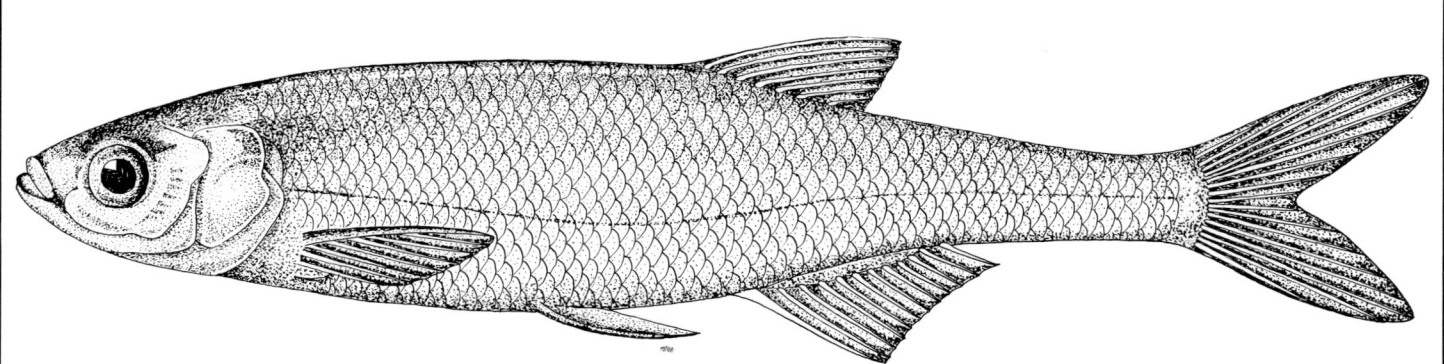

Der Ukelei, eine Köderfisch-Delikatesse

Die Ukeleis (Lauben) sind da! Sobald diese Kunde sich in unserem Dorf verbreitet, werden wir unruhig, sehr unruhig, denn dieser silbrige Kleinfisch mit dem blaugrünen Rücken ... es grenzt an Anglerlatein, was wir mit ihm alles anstellen können. Den Häuptlingsbarsch lockt er ebenso aus der Reserve wie den mißtrauischen Zander, den Raubaal und Freund Nimmersatt, den Hecht. Ein gesichteter Unkeleischwarm verspricht in mehr als einer Hinsicht große Tage.

Da hätten wir zunächst den Fang dieser Fische als solchen: eine sportliche Delikatesse. Pausenlos wird der Köder attackiert. Ständig ist die Pose in Bewegung. Und ein Anhieb nach dem anderen geht herrlich ins Leere. Als ob wir es mit einer Schule von Geisterfischen zu tun hätten. Abenteuerlich! Nur wenn wir an Haken das Kleinste vom Kleinen, an Schnüren das Feinste vom Feinen montieren und dazu noch eine Winzigkeit von Pose, kommen wir zum Erfolg. Rotaugen kann jeder fangen. Ukeleis – das ist hohe Schule. Viele greifen am Ende aus Verzweiflung zur Senke, aber auch das ist kein Allheilmittel, besonders, wenn wir vom Boot aus fischen. Diese kleinen, von allen Himmelhunden gejagten Kerle sind nämlich scheu und halten auf Abstand. Oft ist es gar nicht so leicht, mit dem feinen Ge-

schirr die Distanz im Wurf zu überbrücken. Deshalb ...
Ukeleis fange ich mit meiner kostbarsten Rute, der ABU Mark 5, und mit einer Rolle, die es gleichfalls in sich hat, mit der ABU 506. Mit der Mormyschka ist weniger zu machen, da die Silberlinge im Freiwasser eben die Nähe des Bootes meiden.
Ukeleis verraten uns ihre Spielplätze durch eine ständig leicht beunruhigte Wasseroberfläche. Hier springt einer, dort hinterläßt einer einen kleinen Strudel, und oft durchbrechen silbrige Fischleiber das Wasser, dann nämlich, wenn ein Raubfisch in die Schar der spielenden Gesellen hineingestoßen ist.
Der Ukelei ist also ein Fisch,

der gern in der Nähe der Oberfläche steht, zu bestimmten Zeiten wenigstens, und mit Vorliebe in windgeschützten Buchten. So wenigstens verhält er sich auf meinem heimatlichen See. Doch halt, auch an einer Uferkante habe ich schon eine „Laubenkolonie" ausgemacht. Ins Wasser gestürzte Bäume boten ideale Versteckmöglichkeiten.
Deshalb waren die Fische weit weniger scheu als im Freiwasser. Wie meine eigene Galionsfigur hing ich über dem Bug meines Kahnes und ließ die Mormyschka tanzen. Sehr genau konnte ich dabei das Verhalten der Fische beobachten. Setzte ich den Anhieb zu früh und

ohne daß der kleine Beißer geritzt wurde, war er ohne zu zögern bereit, die Mormyschka ein zweites Mal zu nehmen, aber nur, wenn der Haken mit einer Made beködert gewesen war. Die unbeköderte Mormyschka wurde nach einem derartigen Fehlbiß angeekelt zurückgewiesen. Genauso abweisend benahmen sich die Fische, wenn der Fehlbiß mit einer kleinen Kurz-Luftreise verbunden gewesen war, auch wenn eine Made ihnen den Schreck versüßt hatte. Merklich vertrauter wurde gebissen, wenn ich die Schule für ein paar Minuten in Frieden gelassen hatte. Ich fing übrigens ganz in der Nähe dieser Kolonie den kleinsten Hecht meines Lebens auf eins meiner Fischchen. Noch keine 30 cm war er lang. Beim Aal- und Barschangeln bin ich später sehr viel besser bedient worden.
Natürlich besitzt eine einmal angeköderte Laube nicht die Robustheit eines Rotauges oder gar einer Karausche. Trotzdem erstaunte es mich immer wieder, wie lebhaft sich diese Fische bewegten, selbst dann, wenn sie am Rücken angeködert waren und Teile des leicht verletzlichen Schuppenkleides verloren hatten. Letztlich ermatten diese Kerlchen jedoch früher als Rotaugen. Deshalb sollte unser Vorrat entsprechend größer und die Art der Anköderung so schonend wie möglich sein.

Nicht jeder Angler fängt sich heute seine Köderfische „vor Ort", dort also, wo er sie auch zum Einsatz bringen will. Munterere Fischchen als die am eigentlichen Fangplatz gefangenen wird er zwar kaum servieren können, doch diese zu überlisten … viel Zeit geht dabei verloren, und groß ist das Risiko, daß uns überhaupt kein Futterfisch an den Haken geht. Ein Hauch von Nord-Ost oder eine Nacht mit Niedrigst-Temperaturen könnte ihnen auf den Magen schlagen. Teuflich ist das. Im Hochsommer, wenn die Hechte nur ungern mit sich reden lassen, fängt man Kleinbarsch und Rotauge satt. Doch im Frühjahr und Herbst gibt es häufig Schwierigkei-

Der Köderfischkessel ist keine Badewanne

ten. Besser also, man sorgt vor und kauft sich seine Köderfische. Wie nun transportieren wir sie am zweckmäßigsten zu unserem Angelplatz?

Die handelsüblichen Köderfischkessel haben sich in den letzten Jahren gemausert. Durchweg werden sie nicht mehr aus Zinkblech, sondern aus Kunststoff her-

gestellt, und fast immer haben sie einen herausnehmbaren Einsatz, den wir am Angelplatz ins Wasser stellen oder hängen können. Auch von der Form her gibt es kaum noch Unterschiede. Bevorzugt wird statt des runden Eimers das standsichere, fischformgerechtere und weniger überschwappanfällige Oval.

Unterschiede gibt es bei den Preisen und dem Wasserfassungsvermögen. Man sollte also Vergleiche anstellen und nicht einfach drauflkaufen.

Doch weiter: Nicht immer ist ein Köderfischkessel das zweckmäßigste Transportgefäß. Vor einigen Jahren z.B. wollte ich zusammen mit einem anderen Hotelgast in ei-

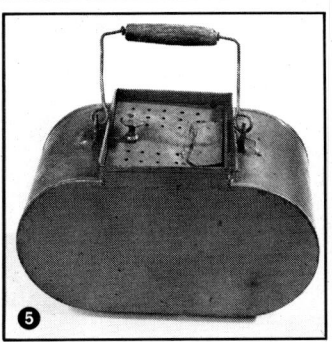  

❶ *Ovaler Plastik-Köderfischkessel mit herausnehmbarem Locheinsatz, den wir am Angelplatz ins Wasser stellen oder hängen können.*

❷ *Mit der Hand wird Luft ins Wasser geschlagen.*

❸ *Ein schwimmendes Stück Holz läßt das Wasser nicht so leicht im Kessel überschwappen.*

❹ *Im Plastikbeutel lassen sich die Köderfische transportieren. Allerdings eignet sich der fest zu-*

gebundene Beutel nur für Kurztransporte.

❺ *Altes Zinkmodell. Das Wasser bricht sich beim Schaukeln in den Rundungen an den Enden und nimmt dabei Luft auf.*

❻ *Die angeklammerte Pumpe bringt den Fischen Atemluft. Belüftungspumpen mit Batteriebetrieb kosten um die 20,– DM.*

❼ *Sauerstofftabletten lösen sich im Wasser langsam auf und geben Sauerstoff frei.*

nem nur nach langem Anstieg zu erreichenden Bergsee Forellen fangen. Mein Mitangler hatte im Tal ein paar muntere kleine Elritzen erwischt. Sie wollte er als Lebendköder benutzen. Um sich nicht mit dem Gewicht eines Köderfischkessels zu belasten, sperrte er sie in eine Thermosflasche. Dank ihrer Isolierwandung hält sie nicht nur Heißes heiß, sondern auch Kaltes kalt. Wir füllten sie mit Quellwasser und setzten die Elritzen hinein. Unterwegs haben wir dann, wenn wir es irgendwo plätschern hörten, immer einen Teil des Thermosflaschen-Fischwassers durch ein Taschentuch ablaufen lassen und durch Frischwasser ergänzt.

Natürlich hätten wir uns auch ein Fischlagel umhängen können. Auch diese Behälter gibt es jetzt aus Kunststoff. Leer wiegen sie dann noch keine 1000 g. Ist so ein Ding jedoch mit 10 l Wasser gefüllt .. zu einem fernen Bergsee möchte ich nicht damit steigen. Mit einem Lagel sollten wir uns also nur dann plagen, wenn wir unsere Beute lebend abliefern müssen.

Wenn unsere Köderfischquelle nur wenige 100 m vom Bootshafen entfernt ist, können wir uns die Ausgabe für einen Köderkessel sparen. In der Nähe meiner Angelhütte wohnt zum Beispiel ein Berufsfischer, der mir gern mal ein paar Rotaugen überläßt. Dann packe ich mir unsere 10-Liter-Gartengießkanne in den Wagen, fülle sie beim Fischer mit Wasser, alsdann rein mit den Rotaugen! Und obendrauf gebe ich ein, zwei Holzscheite hinzu. Dann schwappt das Wasser nicht so leicht über. Auch fest zugebundene Plastiktüten eignen sich für Kurztransporte. Aber bitte nur für Kurztransporte!

Auch Eimer bzw. Balge haben bei mir eine feste Funktion, allerdings nicht beim Autotransport, sondern an

Bord während der Fahrt zum Angelplatz. In sie hänge ich einen flexiblen Setzkescher, in dem die Köderfische schwimmen. Wenn ich ankere, wird der Setzkescher einfach in den See gehängt. Frei sollten unsere Köderfische nicht in so einem „Hälter-Bassin" herumschwimmen. Sie springen nämlich heraus. Meist, wenn ihnen der Sauerstoff zu knapp wird. Damit wären wir beim Thema —

Belüftung

Belüftungspumpen kosten heute so um die 20 DM herum. Dazu besorgen wir uns eine 1,5-Volt-Monozelle von einem anerkannten Markenartikel-Hersteller. Und eine in Reserve. So weit, so gut. Können wir noch mehr tun? Wir können.

Unsere Köderfische werden es uns danken, wenn wir die Wassertemperatur möglichst niedrig halten. Plündern wir vor der Abfahrt ruhig die Eiswürfelschale unseres Kühlschrankes und geben die Würfel mit ins Wasser. Zusätzlich kann auch ein nasser Lappen für Kühlung sorgen, den wir auf den Kessel legen (nicht gerade auf die Luftlöcher) oder drum herum binden. Diese Kühlung entsteht durch ein Verdunsten der Feuchtigkeit im Lappen.

Ferner sollten wir unserem Köderfischkessel im Auto das kühlste Plätzchen einräumen, etwa auf dem Fußboden vor den Hintersitzen und nicht auf einem sonnenbeschienenen Polster.

Wichtig ist ferner: Das Wasser muß im Kessel plätschern können. Wir dürfen ihn nicht bis zum Rand füllen. Durch dieses Geplätscher nämlich wird das Wasser zusätzlich mit Sauerstoff aufgeladen.

Auch wenn man länger mit dem Boot unterwegs ist und seine Fische in Balge oder Eimer transportiert, kann man ihnen, indem man mit der Hand im Wasser plätschert, zusätzlichen Sauer-

stoff verschaffen. Besser ist es allerdings, wenn man einen Teil des verbrauchten Wassers durch frisches ergänzt. Durch das Handgeplätscher nämlich kommt nicht nur Sauerstoff rein. Gleichzeitig beunruhigt man die Fische, so daß auch mehr Sauerstoff verbraucht wird.

Noch ein letztes Wort zur Hälterung der Köderfische am Angelplatz. Wo wir klares, ein bißchen bewegtes oder gar leicht strömendes Wasser haben, geht die Sache in Ordnung. Ist es aber ohne jede Bewegung und ist der Grund zudem noch von faulenden Pflanzen und Algen bedeckt, laufen wir — besonders bei warmem Wetter und flachem Wasser — Gefahr, daß die Fische ersticken. Schlecht ergeht es ihnen auch, wenn wir sie in einem Drahtsetzkescher starkem Wellengang aussetzen.

Weniger gut als die Belüftungspumpen haben sich Sauerstofftabletten bewährt. Diese Tabletten bestehen ja nicht aus reinem Sauerstoff. Vielmehr enthalten sie Bindestoffe, die den Sauerstoff festhalten und ihn freigeben, wenn sie in Verbindung mit Wasser kommen. Ich sprach unlängst mit einem Spezialisten, der es wissen muß, weil er die Angelverkäuferfachkraft in einem Gerätegeschäft ist. Wenn die Tabletten sich auflösen, so sagte er, bildet sich im Wasser mit der Zeit ein grauer Film. Wenn der sich nun in die Kiemen der Fische setzt, besteht Erstickungsgefahr.

Belüftung ist die eine Seite der Medaille, der Sauerstoffbedarf der zu transportierenden Fische die andere. Bewohner der Forellenregion sind also anspruchsvoller als Bewohner der Brassenregion. Und je wärmer das Wetter ist, desto größer ist ganz generell der Sauerstoffbedarf.

Doch auch wenn wir die verschiedenen Bewohner der

Brassenregion Revue passieren lassen, ergeben sich Unterschiede. Relativ unempfindlich sind Karauschen sowie kleine Schleien und Karpfen. Rotaugen dagegen halten längst nicht so lange durch. Eine Mittelstellung behaupten Barsch und Gründling, Güster und Ukelei.

Nach all diesen Tips steht zu erwarten, daß wir unsere Köderfische wohlbehalten ans Wasser kriegen. So munter sie dort auch sein mögen, eins sollten wir nicht tun: Die nicht mehr benötigten Köderfische am Schluß einfach schwimmen lassen. Den Besatz sollten wir dem Gewässerobmann überlassen. Er weiß, was für Fische man reinsetzen darf. Zudem besteht immer die Gefahr, daß man mit einem gekauften Köderfisch eine nicht erkannte Krankheit aussetzt. Besser also, wir töten die restlichen Fischchen und frieren sie ein, damit wir einen Vorrat haben, wenn wir mit toten Köderfischchen angeln wollen.

Mit lebendem Köderfisch

Obwohl das Angeln mit dem lebenden Köderfisch wegen der unvermeidlichen Verletzungen immer umstritten war, besteht kein Zweifel daran, daß es wohl die häufigste Methode ist, auf Raubfische zu angeln — und mitunter auch die erfolgreichste.

Es erübrigt sich deshalb, darüber viele Worte zu verlieren. Die früher übliche Anköderung durch den Rücken ist mehr und mehr durch die Lippen- bzw. Nasenlochköderung ersetzt worden, die den Köderfisch schont und ihm mehr Bewegungsfreiheit läßt. Beim Angeln mit Bodenblei und Köderfisch hat sich auch die Anköderung durch die Schwanzwurzel bewährt. Im Fachhandel sind fertig montierte Systeme für die Angelei mit lebendem Köderfisch erhältlich. Der Köderfisch wird dabei in einer verstellbaren Schlaufe festgehalten und nur leicht von einem Einzelhaken vor der Rückenflosse gehakt. Die zwei losen Drillinge an den Seiten des Schlaufensystems gestatten bei einem Biß den sofortigen Anhieb. Ein langes Warten führt höchstens dazu, daß der Hecht den Köder schluckt und sich nicht mehr lösen läßt, wenn er zurückgesetzt werden soll.

Gerade wenn mit untermaßigen Raubfischen zu rechnen ist — und das ist eigentlich immer der Fall —, sollten Sie einem Einzelhaken (Größe 1—6) den Vorzug geben. Er verletzt Köderfisch und Raubfisch weniger und ist zudem wesentlich unauffälliger.

Für das Angeln auf Hechte muß in jedem Fall geraten werden, ein Stahlvorfach (von mindestens 30 cm Länge) zu benutzen, denn die rauhen Zähne eines Hechtes vermögen es, im Drill jede noch so dicke Schnur durchzuraspeln.

Tot sogar besser?

Im ältesten Angelbuch der Welt, erschienen 1496 in England, findet sich folgender Satz: Am sichersten fängt man einen Hecht mit einem toten Hering. Es brauchte bis zum 2. Weltkrieg, bis sich in England die Erkenntnis allgemein durchgesetzt hatte, daß Hechte tote Köderfische vom Grund aufnehmen. Und die meisten deutschen Angler wollen es heute noch nicht glauben. Obwohl feststeht, daß auf toten Köderfischen sogar bevorzugt große Hechte beißen.

Alles spricht also dafür, einmal einen Versuch damit zu machen. Die Hechte nehmen gern tote Fische, man hat eher die Chance einen großen zu fangen, und es gibt noch einen weiteren triftigen Grund: Der lebende Köderfisch ist heftiger umstritten denn je.

Sehr gut als tote Köder eignen sich die öligen, stark duftenden Meeresfische Hering, Sprotte und Makrele. Die Makrele vor allem, denn wegen ihres festen Fleisches, hält sie besser am Haken. An Süßwasserfischen haben sich Forelle und Äsche sehr bewährt.

Unsere Zeichnungen zeigen erprobte Methoden, tote Fische anzuködern. Halbierte Fische geben mehr Duft ins Wasser ab und haben daher eine stärkere Lockwirkung, denn auch Hechte finden ihre Nahrung mit der Nase. Ein Punkt ist wichtig beim Anködern: Die Hakenspitzen müssen immer zum Schwanz des Köders zeigen (**Abbildung B**). Der Einzelhaken oder die beiden gegeneinander gerichteten Einzelhaken fangen den Ruck beim Werfen auf. Einen ganz schweren Köderfisch kann man zusätzlich am Schwanzstiel festbinden (**Abbildung A**).

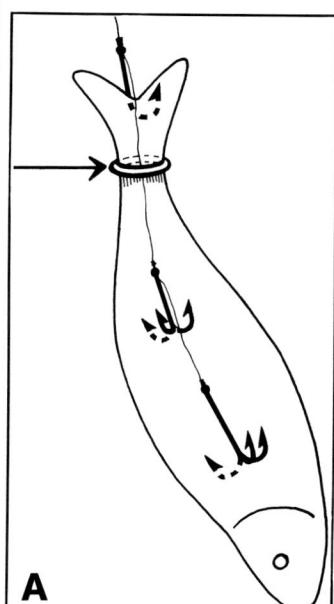

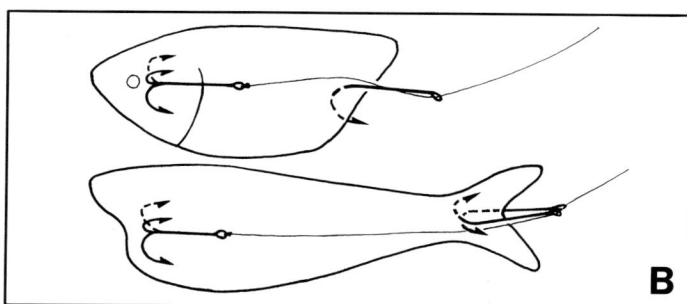

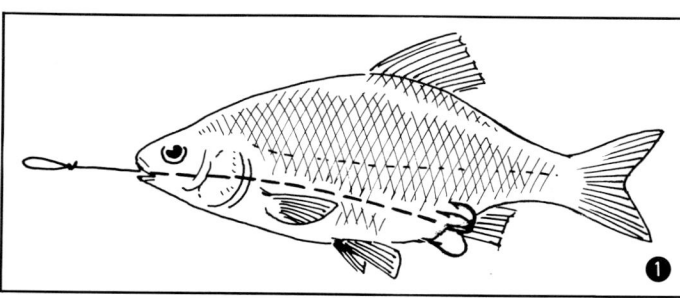

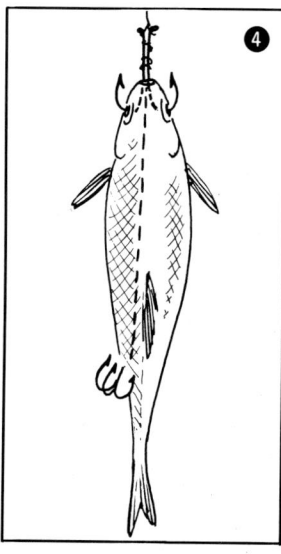

❶ *Vorfach mit der Ködernadel in den After einführen und zum Maul des Köderfisches heraus. Nachteil: Der Drilling kann sich so weit in den Fisch ziehen, daß die Hakenspitzen verdeckt sind. Fehlbisse!*

❷ *Das gleiche wie 1, aber eine kleine Plastikscheibe oder ein Knopf verhindern, daß der Drilling zu weit in den After rutscht.*

❸ *Das Vorfach wird nur hinter dem Kiemendeckel durchgeführt, zwei große Drillinge werden mit einer Spitze seitlich in den Fisch gehakt. Ein System, das sehr schnellen Köderwechsel erlaubt.*

❹ *Vorfach wird mit der Ködernadel durch den ganzen Fisch geführt. Zwei große Einzelhaken fassen vorn durch die Augen und halten den Fisch gut fest beim Werfen.*

Fängiger Fetzen

Fängig ist der Fisch-Fetzen! Wenn er richtig geschnitten wird, so daß er lebhaft im Wasser flattert. Man nehme eine Weißfisch, ein scharfes Messer und eine feste Unterlage, auf der der Fisch nicht wegrutscht. Am besten ein Holzbrett. Nun macht man hinter dem Kiemendeckel einen Querschnitt bis auf das Rückgrat (Foto **1**). Dann schneidet man aus dem Rückenfleisch einen 8—10 cm langen, spitz auslaufenden Streifen mit Haut und Schuppen **2**. Den Streifen legt man auf die Schuppenseite und kratzt mit dem

sehr scharfen Messer das Fleisch bis auf die Haut herunter **3**. Nur am oberen Ende bleibt ein Stück Fleisch stehen. So sieht der fertige Fetzen von der Schuppenseite aus **4**. Durch das Fleisch am oberen Ende wird der Einzel-

haken Größe 2—4 geführt **5**. Der Haken kommt an ein ca. 1 m langes 0,25er Vorfach. Daran ein Wirbel. Vor dem Wirbel sitzt auf der ebenfalls 0,25 mm starken Hauptschnur eine 5—10 g schwere Bleikugel. Mit der leichten

Spinnangel wirft man aus und läßt Blei und Köder bis auf den Boden sinken. Dann holt man über den Grund hüpfend ein, hin und wieder mit einer kleinen Pause. Besonders Barsch und Zander schätzen den spielenden Fetzen. Bei einem Anbiß wartet man mit dem Anhieb, bis der Fisch abzieht. Hat man einen Barsch oder Zander gefangen, zieht man ihm die zähe Haut ab. Daraus läßt sich, wenn man will auch gewellt, ein besonders fängiger, gut am Haken haltender Fetzen schneiden.

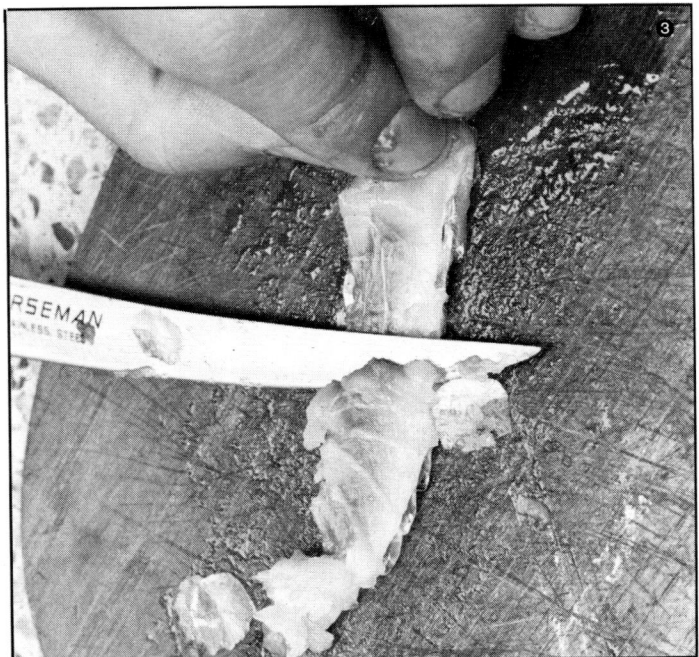

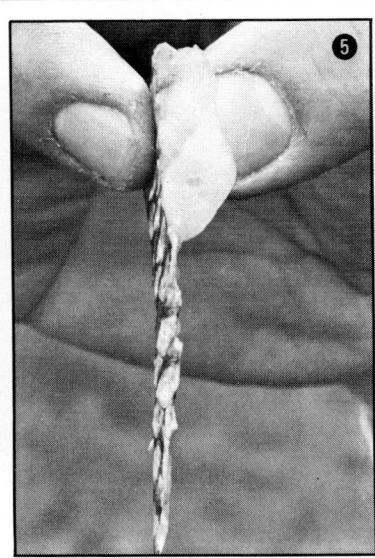

Vegetarische Köder

Karpfen mögen „vegetarische" Köder. Mit treibender Brotkruste sind sie im Sommer sogar an der Oberfläche zu überlisten.

Brot

Beschaffung und Zubereitung

Brot in verschiedenen Verwendungsformen ist ein universeller Friedfischköder, der überall und jederzeit leicht beschafft und ohne umständliche Vorbereitung eingesetzt werden kann. Ein gelegentlich verwendeter Köder sind Kügelchen, die aus dem weichen Inneren von Brötchen oder Weißbrot gedreht werden, z. B. wenn an die Maden zu Hause gelassen hat und das Frühstücksbrot opfern muß.

B.-Flocken, aus dem lockeren Inneren von frischem Weißbrot gerissen, sind ein ausgezeichneter Köder. Gut geeignet ist Toast-B., das bereits in Scheiben geschnitten ist. Bewahrt man einen Tag altes Weißbrot oder Brötchen über Nacht luftdicht verschlossen im Plastikbeutel auf, so wird das Innere zäh-weich und hält besser am Haken; fängiger allerdings ist frisches Brot. B.-Würfel mit glatten Schnittflächen schneidet man mit 1—2 cm Kantenlänge aus Grau- oder Mischbrot.

Während die weiche B.-Flocke sich im Wasser rasch vollsaugt und zu Boden sinkt, schließt die harte B.-Kruste (Rinde) mehr Luft ein und kann deshalb an der Oberfläche oder im Wasser schwebend verwendet werden. Kruste von frischem B. ist allerdings als Köder zu hart; vor dem Fischen ist einige Vorbereitung erforderlich. Am besten nimmt man einige Tage altes B., schneidet die Kruste am Boden und an den Seiten mit einer ca. 1 cm dicken Schicht der weichen Krume ab, deckt ein nasses Geschirrtuch darüber und legt das ganze zwischen zwei Bretter, deren oberes mit einem schweren Gegenstand beschwert wird. Die Kruste wird so über Nacht gepreßt und am nächsten Tag in 1 cm breite Streifen geschnitten, von denen am Wasser Köderstücke der gewünschten Länge abgeteilt werden.

Ein sehr fängiger Köder ist die Kombination Kruste/Flocke von einige Tage altem Weißbrot; die zähe Kruste gibt dem Haken Halt, die weiche Krume quillt im Wasser verlockend auf; dieser Köder schwebt oder sinkt langsam ab, bleibt also z. B. auf Krautbetten liegen, anstatt einzusinken.

Unter der Bezeichnung „Schwimmbrot", „Angelbrot" oder „Pain Chaillou" hält der Fachhandel B.-Köder bereit, die sich durch einfache Zubereitung (Gebrauchsanweisung), besonders gutes Haften am Haken und lange Haltbarkeit auszeichnen. Ihnen fehlt allerdings die Witterung von frischem B.

Anköderung

Zur Anköderung von Brotködern eignen sich am besten helle oder vergoldete Einfachhaken. Die Hakengröße richtet sich nach der Ködergröße, diese wiederum nach der beangelten Fischart. B.-Kügelchen werden durch Eindrücken des Hakens so angeködert, daß die Hakenspitze sich am Rand der Kugel befindet oder frei herausschaut; nur so ist sichergestellt, daß der Haken beim Anhieb ins Fischmaul eindringen kann.

Die B.-Flocke wird so um den Haken herum gefaltet, daß dieser ganz darin verborgen ist. Flocke in Nähe der Hakenöse bzw. -platte leicht andrücken, um dem Köder Halt zu geben. Die Flocke erhält Eigengewicht, indem man sie vor dem Auswerfen kurz ins Wasser taucht und Wasser aufnehmen läßt.

Eine weiche B.-Flocke, die auch Weitwürfe übersteht, erhält man aus frischem Toastbrot, das 1—2 Tage im luftdichten Plastikbeutel aufbewahrt und danach in 1 cm breite und 7—8 cm lange Streifen geschnitten wird. Streifen zur Spirale aufwickeln, mit Ködernadel auf den Haken ziehen. Kleine Flockenstücke sticht man mit dem Kartoffelstecher aus der Toastbrotscheibe. Langschenkligen Haken einführen, wenn die Flocke sich noch im Ausstecher befindet — auf diese Weise wird der Köder nicht zusammengepreßt.

Bei der B.-Kruste bzw. der Kombination Flocke/Kruste wird der Haken im weichen Teil verborgen, um ein einwandfreies Durchdringen beim Anhieb zu ermöglichen. Bei Weitwürfen oder scharfer Strömung Haken durch den flockigen Teil ein und durch die Kruste ausführen, die Hakenspitze muß dann frei herausschauen.

Fischarten

Mit Brotkugeln fängt man Rotaugen, Häslinge und andere kleinere Friedfische (Hakengröße 12—16); an Hakengröße 16—20 dienen sie häufig als „Verlegenheitsköder" zum Köderfischfang.

B.-Flocke in Stücken bis zur Größe einer Streichholzschachtel ist ein vorzüglicher Köder für Karpfen, Döbel und Aland, in kleineren Portionen für Brasse und Rotfeder. Die gleichen Fischarten werden mit B.-Kruste angesprochen. B.-Flocken bringen zwar manchmal weniger Anbisse als z. B. Maden, aber die Fische sind meist größer.

B.-Köder bringen in Hafengebieten und Flußmündungen an der Mittelmeer- und Atlantikküste und neuerdings zunehmend auch an der Nordseeküste Erfolg auf Meeräschen.

Angelmethoden

Zum Angeln mit Brotköder auf kleinere Friedfische eignet sich die unberingte Stipprute mit 10er Vorfach und sensibler, fein austarierter Pose. Die Anbisse erfolgen eher zögernd, daher mit dem Anhieb umso mehr Zeit lassen, je größer der Köder.

B.-Flocke eignet sich zum Oberflächenfischen und zur leichten Bodenbleiangelei in stehenden und langsam fließenden Gewässern. An der Oberfläche läßt man die Flocke entweder an langer Rute ohne Pose und Blei treiben oder bringt sie mit der Wasserkugel auf Distanz. Kurz ins Wasser getauchte Flocken können auch ohne Beschwerung über eine gewisse Entfernung geworfen werden. An der Bodenbleiangel kann die Flocke nur mit wenig Blei in geringer oder mittlerer Tiefe verwendet werden, da der zarte Köder sonst vom Haken gerissen wird. Ähnliches gilt bei Weitwürfen, die zu heftig ausgeführt werden. Der Anhieb erfolgt bei dem großen, im Wasser noch aufschwemmenden Köder erst, wenn der Fisch ihn voll aufgenommen hat und die Schnur strafft.

B.-Kruste eignet sich wegen des hohen Auftriebs beson-

Brot

ders für die Oberflächenangelei, daneben aber auch für die Bodenbleiangel in tieferen Gewässern, bei starker Strömung und zum Fischen auf Distanz, da der Köder zäher und entsprechend widerstandsfähiger ist als die Flocke. An der Bodenbleiangel (am besten mit Seitenarm-Montage) darf der Abstand vom Blei zum Haken nicht zu groß sein, da die Kruste sich aufgrund des Auftriebs sonst zu weit vom Boden entfernt. Eine gut „ausbalancierte" Kombination von Kruste und Flocke

schwebt und bietet sich besonders zum Angeln in Gewässern mit Schlammboden oder Krautbewuchs am Boden an, wo sie aufliegt, aber nicht einsinkt.

Zum Schleienangeln werden kleinere Würfel (entsprechend Hakengröße 8—10) Kruste an der Posenangel verwendet. Die leichte Pose nur mit einem größeren Schrotblei in 5 cm Abstand vom Haken austarieren, das den Köder am Boden hält.

B. ist ein Gewöhnungsköder; Anfüttern mit B.-Stückchen (Oberfläche), B.-Paste, eingeweichtem B. oder Paniermehlfütterung (Grundangel) steigert daher die Erfolgsquote.

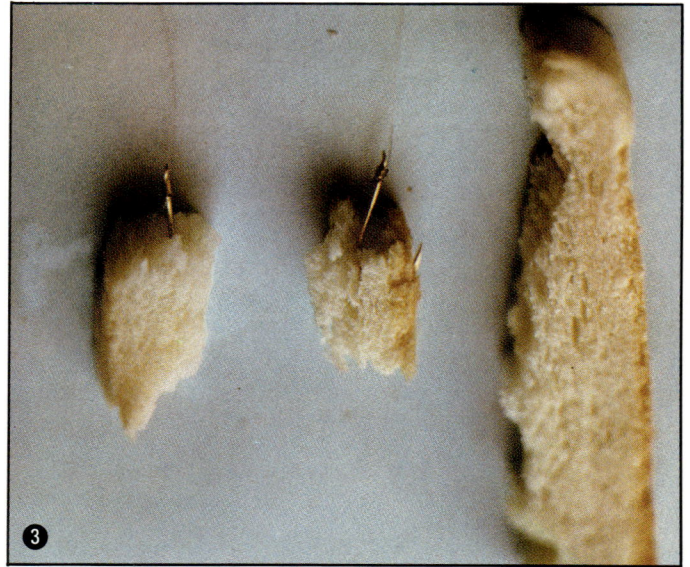

7

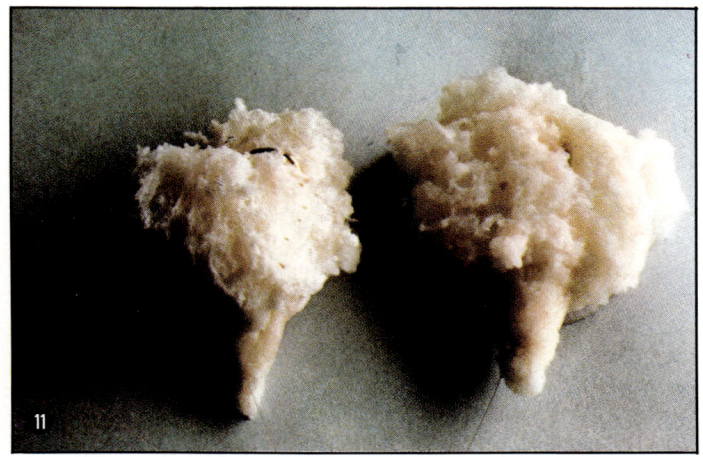

11

8

12

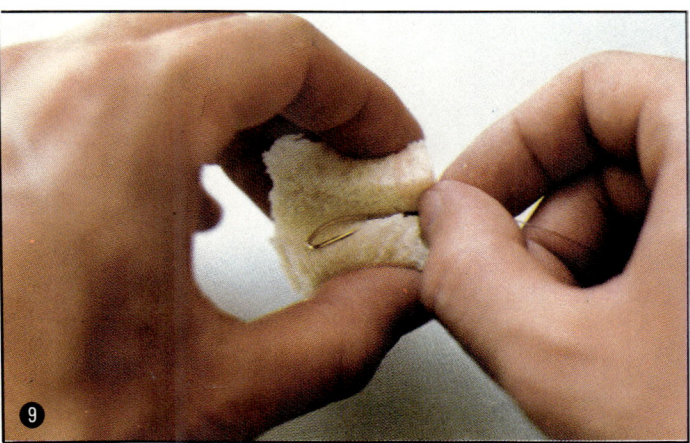

9

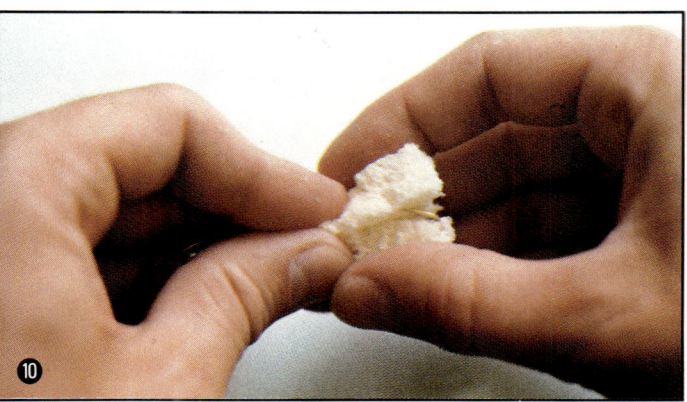

10

❶ *Das Zubehör: Toast- und Feinbrot, Plattenhaken, Rasierklinge, Ködernadeln.*

❷ *Würfel werden so aufgezogen, daß der Haken völlig verborgen ist.*

❸ *Beim Fischen mit Kruste an der Oberfläche genügend „Innereien" stehen lassen.*

❹ *Graubrot-Kruste muß besonders vorbereitet werden*

❺ *Das glatt abgeschnittene Bodenteil des Brotes wird in ein Tuch geschlagen.*

❻ *Zwischen zwei Bretter klemmen und über Nacht beschweren.*

❼ *Danach können wir nach Bedarf passende zäh-weiche Stücke schneiden.*

❽ *Brotflocken entnehmen wir aus ofenfrischem Weißbrot.*

❾ *Flocke einfach um den (Gold) Haken falten.*

❿ *Am Knoten zusammendrücken, damit die Flocke Halt gewinnt.*

⓫ *Einsatzbereite Brotflokken.*

⓬ *Kleine Flocken für Rotaugen z.B. entnehmen wir mit dem Kartoffelausstecher aus Toastbrot-Scheiben.*

Fleischköder

Es ist wohl schon etwas länger her, daß rohes Rindfleisch — je zarter, je besser — ernsthaft als Angelköder empfohlen werden konnte. Das sagt nichts gegen die Qualität dieses Köders, doch die Rindfleischpreise verderben den Fischen die Freude an „ihrem Steak". Dagegen ist rohe Leber (bevorzugt Rinderleber) ein ebenso wirkungsvoller wie preisgünstiger Köder, der übrigens nicht nur zum Angeln, sondern auch zum Bestücken von Krebstellern verwendet wird. Wir beschaffen uns beim Fleischer eine frische Leberscheibe, befreien diese von anhaftenden Häuten und schneiden sie in ködergerechte Stücke. Blutreste, die sich noch an der Leber befinden, werden nicht etwa abgewaschen, sondern daran belassen, um als zusätzlicher Lockstoff zu wirken. Im Wasser verlieren Leberstücke nach einiger Zeit ihre dunkelrote Färbung, wirken blaß und ausgelaugt und sind dann gegen frische Köder auszuwechseln. Fetter Schweinespeck ist ein weiterer relativ billiger Fleischköder. Er wird roh verwendet oder kurz aufgekocht — dabei wird der an sich zähe Köder ein wenig weicher.

Anköderung

Fleisch, Leber und Speck werden in aller Regel an Einfachhaken geködert; Drillinge sind nicht erforderlich, da der Köder gut am Haken hält. Sie wären sogar hinderlich, da sie bei Anhieb das Gewebe nicht so gut durchdringen. In jedem Fall sollte die Hakenspitze frei aus dem Köder herausschauen.
Leber wird zumeist in Würfel von 1—2 cm Kantenlänge geschnitten und auf starkdrähtige Haken Größe 4—6 gesteckt. Speziell zum Aalangeln als „Wurmersatz" eignen sich 4—5 cm lange und ca. 8 mm dicke, stabförmig geschnittene Leberstreifen, die mit der Ködernadel längs aufgezogen werden, so daß das untere Ende im Hakenbogen nicht, während das Vorfach aus dem oberen herausschaut.
Speck schneiden wir in kleine Würfel mit 1 cm Kantenlänge, in 2—4 cm lange und 8—10 mm breite Streifen oder dreiecksförmig zu. Ein einfacher Haken Größe 4—8 wird am oberen Ende in das Speckstück ein- und seitlich ausgeführt. Die Hakenspitze muß bis zum Widerhaken frei sein. Kleinere Speckstückchen, ebenfalls in Streifen-

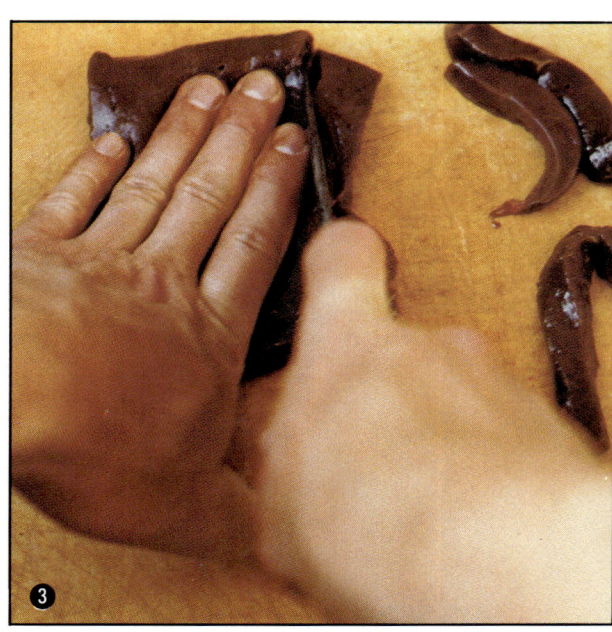

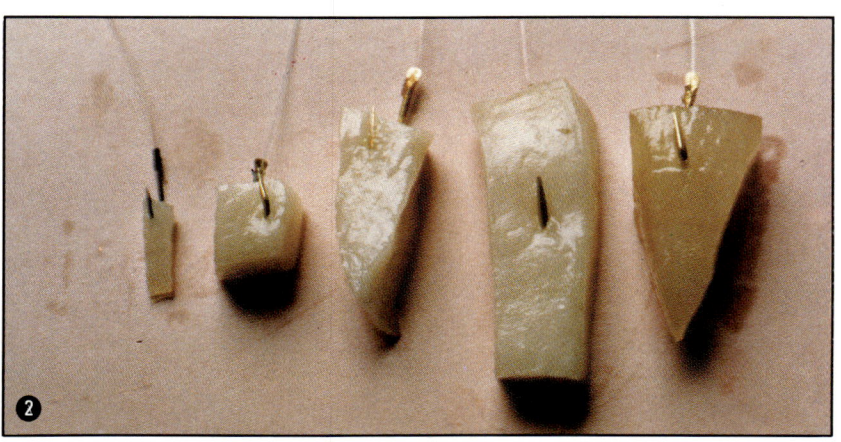

❶ *Aus fettem Speck lassen sich die unterschiedlichsten Köderformen herstellen.*

❷ *Eine kleine Auswahl in verschiedenen Größen und Formen.*

❸ *Rohe Leber wird in Streifen geschnitten.*

oder Dreiecksform, dienen am Haken Größe 16—18 in entsprechender Abmessung als „Madenersatz".

Fischarten

Hauptbeute beim Fischen mit Fleisch, Leber und Speck ist der Döbel. U.a. in den Frühjahrs- und Herbstmonaten werden bei hohem, trübem Wasser gute Döbelfänge mit frischer, blutiger Leber erzielt. Barben und andere größere Cypriniden sowie Aalrutten nehmen diesen Köder gelegentlich. In den Sommermonaten werden mit länglichen Streifen von Leber gute Aalfänge erzielt. Raubfische wie Barsch, Zander und in Ausnahmefällen Waller werden manchmal mit Fleischködern erbeutet. Auf Regenbogenforellen, insbesondere auf die „zahmen" Exemplare in den immer beliebter werdenden „Forellenseen", bringen Leber und v.a. Speck Erfolg. Daneben ist Speck ein guter Köder natürlich für Döbel und auch in kleineren Stücken für Rotaugen und andere Weißfischarten. Madengroße Speckstreifen werden von Wettfischern, die auf Massenfänge an Ukeleis ausgehen, gern benutzt, weil man mit einer Beköderung zehn oder mehr Fische fangen kann, während der Madenköder fortwährend erneuert werden muß.

Angelmethoden

Gängigste Angelmethode auf Friedfische ist die Posenangel; dies gilt auch für das Angeln mit Fleischködern. Für Döbel verwenden wir eine leichte bis mittlere Stipprute, Stationär- bzw. Kapselrolle und 20er bis 25er Hauptschnur, 15er bis 20er Vorfach. Stärkeres Geschirr ist für den weniger kämpferischen Döbel, der sich ja vorwiegend im Freiwasser aufhält, selten angebracht. Da der Anbiß zumeist zügig erfolgt, ist bei diesen robusten Ködern eine übersensible Pose nicht erforderlich, zumal diese bei unruhiger Strömung ständig Scheinanbisse signalisieren würde. Dies gilt freilich nicht für das Rotaugen und Ukeleiangeln mit kleinen Speckstückchen. Auf diese Fischarten muß die Zusammenstellung von Haken, Vorfach, Pose und Blei, wie bei allen anderen Ködern auch, so fein und ausgewogen sein wie irgend möglich.

Beim Döbelfischen in stärkerer Strömung sowie beim Angeln auf Aal und Aalrutte verwenden wir die Grundangel mit Bodenblei. Auf Döbel ist ein leichtes, ggf. am Seitenarm montiertes Bleigewicht, das über den Grund schleift und damit das Absuchen der Angelstrecke ermöglicht, meist vorteilhaft (Bleigewicht 5—15 Gramm, 25er Hauptschnur, 20er Vorfach); beim Aalfischen wird in der Regel der Köder mit einem schweren Sargblei am Boden festgelegt. Dabei kommen, je nach Strömung Bleigewichte von 25 Gramm aufwärts zum Einsatz (35er Hauptschnur, 25er Vorfach oder stärker).

❹ *Damit der Haken so im Köder verborgen ist, daß nur die Spitze frei bleibt, müssen wir mit Hilfe einer Ködernadel anködern.*

❺ *Schnur durchziehen, dann erst Haken anbinden.*

❻ *Jetzt den Haken einziehen.*

Mit Hanf lassen sich große Fänge an Rotaugen machen.

Hanf

Beschaffung und Zubereitung

Hanfkörner sind ein Friedfischköder, der in Deutschland nur von einer relativ geringen Zahl von Spezialisten verwendet wird, während er sich bei unseren Nachbarn in Frankreich und den Benelux-Ländern großer Beliebtheit erfreut und besonders zum Rotaugenfang als bester Köder gilt. Die ungewöhnliche Reizwirkung von Hanf erklären verschiedene Autoren damit, daß die Plötzen in den Ködern kleine Wasserschnecken vermuten, die sie besonders gern auf ihrem Speiseplan sehen.

In Zoo- und Futterhandlungen ist Hanfsaat jederzeit leicht und preiswert zu beschaffen. Wir achten auf frische und großkörnige Ware. Zwar bietet der Angelgerätehandel fertig zubereiteten Hanf in kleinen Gläsern an; da jedoch erfolgreiches Angeln mit Hanf ständiges Anfüttern und somit größere Mengen des Köders voraussetzt, bereiten wir ihn besser selbst zu.

Das einfachste, zugleich aber langwierigste Verfahren besteht darin, die Körner in kaltem Wasser aufquellen zu lassen. Nach drei bis vier Tagen platzen sie auf, es erscheint zwischen den Schalen der weiße, weiche Keim, und der Köder ist gebrauchsfertig. Schneller geht es, wenn wir die Körner 24 Stunden in kaltem Wasser vorquellen, dann aufkochen und auf kleiner Flamme ca. 15 Minuten ziehen lassen, bis sie platzen und einen feinen Strich von ihrem weißen Inhalt zeigen. Eine Portion Hakenköder wird nun entnommen und in einem Sieb unter kaltem Wasser abgespült.

Der Rest, der zum Anfüttern bestimmt ist, darf nochmals 15 Minuten weiterkochen und mehr „Weiß" zeigen und wird dann ebenso behandelt. Ein Eßlöffel Puderzucker im Kochwasser gibt den Körnern mehr Glanz.

Kleinere Mengen Hanf werden am einfachsten und schnellsten in der Thermosflasche zubereitet: Thermosflasche mit kochendem Wasser erhitzen, Wasser ausgießen; Flasche bis höchstens zur Hälfte mit Hanfkörnern füllen, mit kochendem Wasser vollgießen, verschließen. Nach ca. zwei Stunden ist der Hanf gebrauchsfertig,

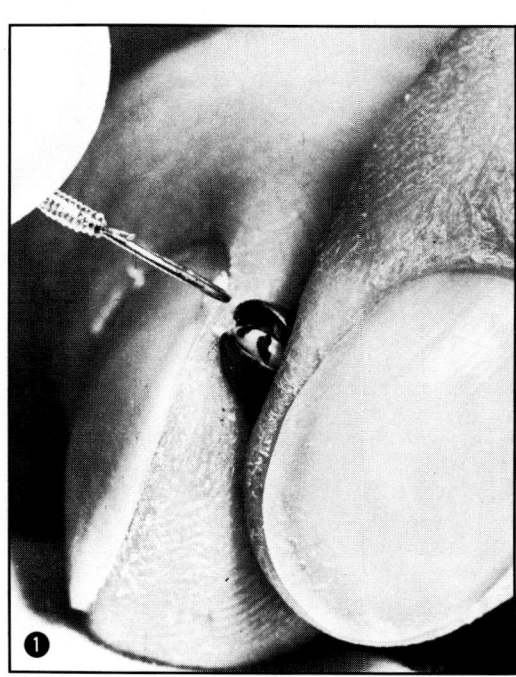

muß allerdings noch in kaltem Wasser „abgeschreckt" werden und im Sieb abtropfen, damit er nicht nachquillt und zu weich wird.

Anköderung

In fast allen Fällen wird mit einem einzigen Hanfkorn gefischt. Geeignet sind langschenklige, feindrähtige Haken Größe 14 bis 16 mit Rundbogen. Zur Anköderung nehmen wir das Korn längs zwischen Daumen und Zeigefinger der linken Hand. Durch einen leichten Druck auf die Spitze öffnet sich die Schale, der Keim tritt hervor. Der Haken wird nun durch den Spalt ein- und durch den Keim herumgeführt, beim Nachlassen des Drucks ins Innere des Korns gezogen. Dabei muß die Hakenspitze seitlich neben dem Keim aus der Schale herausschauen, ansonsten kann sie beim Anhieb nicht im Fischmaul fassen. Als Köder-Variante bei sehr vorsichtig beißenden Fischen, die nur kleinste Köder annehmen, wird gelegentlich nur ein Hanf-Keim auf der Spitze eines Hakens Größe 20 verwendet.

Fischarten

Hanfangeln wird fast ausschließlich auf Rotaugen praktiziert. Viele andere Weißfische wie Häsling, Na-

❶ Zum Anködern Hanfkorn leicht andrücken.

❷ Haken durch den Keimspalt führen.

❸ Fertig zum Angeln.

Hanf

se, Döbel, Brassen, selbst Barbe und starke Karpfen fallen jedoch ebenfalls häufig auf Hanf herein.

Angelmethoden

Hanfangeln ist die Domäne der leichten Stippfischerei; in Frankreich gilt das Angeln mit Hanf als das beste Training für Erfolg anstrebende Wettfischer. Geeignet ist eine lange, unberingte Stipprute mit möglichst schneller Spitzenaktion, 12er bis 14er Hauptschnur und ein 10er bis 12er Vorfach von max. 25 cm Länge. Die sensible Pose muß bis zum Antennenansatz austariert sein. Dazu sind Stab-Klemmblei oder Tropfenblei besser geeignet als kugelförmige Schrotbleie, die von den Fischen oft mit dem Köder verwechselt werden und „Fehlbisse" hervorrufen können. Die Pose wird so eingestellt, daß der Köder knapp über dem schwebt.

Die Anbisse sind zumeist blitzschnell und erfordern einen ebenso prompten Anhieb, sonst ist der Fisch weg; die Schnur muß daher stets straff gehalten werden. Besser noch ist es, die Anbisse durch eine gezielte Führung des Köders an bestimmten Punkten zu provozieren: Köder mit der Strömung treiben lassen — Angel verhalten, so daß der Köder hochgetrieben wird — Angel freilassen: der Köder trudelt wieder zum Grund; in dieser Phase erfolgt häufig der Anbiß.

Hanf ist ein Gewöhnungsköder, daher setzt erfolgreiches Angeln mit Hanf Anfüttern voraus. In stehenden oder langsam fließenden Gewässern werden vor Beginn des Fischens, ggf. auch an mehreren Tagen zuvor, Hanfkörner pur eingeworfen. Bei stärkerer Strömung ist ein Grundfutter aus ein Drittel gequollenen Hanfkörnern, ein Drittel Hanfmehl und ein Drittel Paniermehl geeignet. Diese Mischung wird angefeuchtet (am besten mit dem Kochwasser der Körner), so daß sie sich zu Ballen formen läßt, die zügig zu Boden sinken und sich dort auflösen, um in einzelnen Partikeln stromab zu treiben und die Fische zum Angelplatz zu locken.

Das Hanfmehl kann man in einer Elektro-Kaffeemühle selbst mahlen; dazu stellt man die Körner zuvor kurz in den Backofen, damit die Hitze das Öl leicht austreten läßt und so die Geruchsintensität verstärkt wird.

❶

❶ *So wird Hanf gekocht. Thermosflasche mit den Körnern füllen.*
❷ *Heißes Wasser zugeben.*
❸ *Verschließen und quellen lassen. Aber darauf achten, daß nicht zu viel Hanf eingefüllt wurde. Er dehnt sich noch aus.*
❹ *Wasser abgießen.*
❺ *Zum Angeln sollten die Hanfkörner gerade so weit aufgeplatzt sein, daß der weiße Keim sichtbar ist.*
❻ *Fertig montiert mit schlanker Pose und Tropfenblei.*

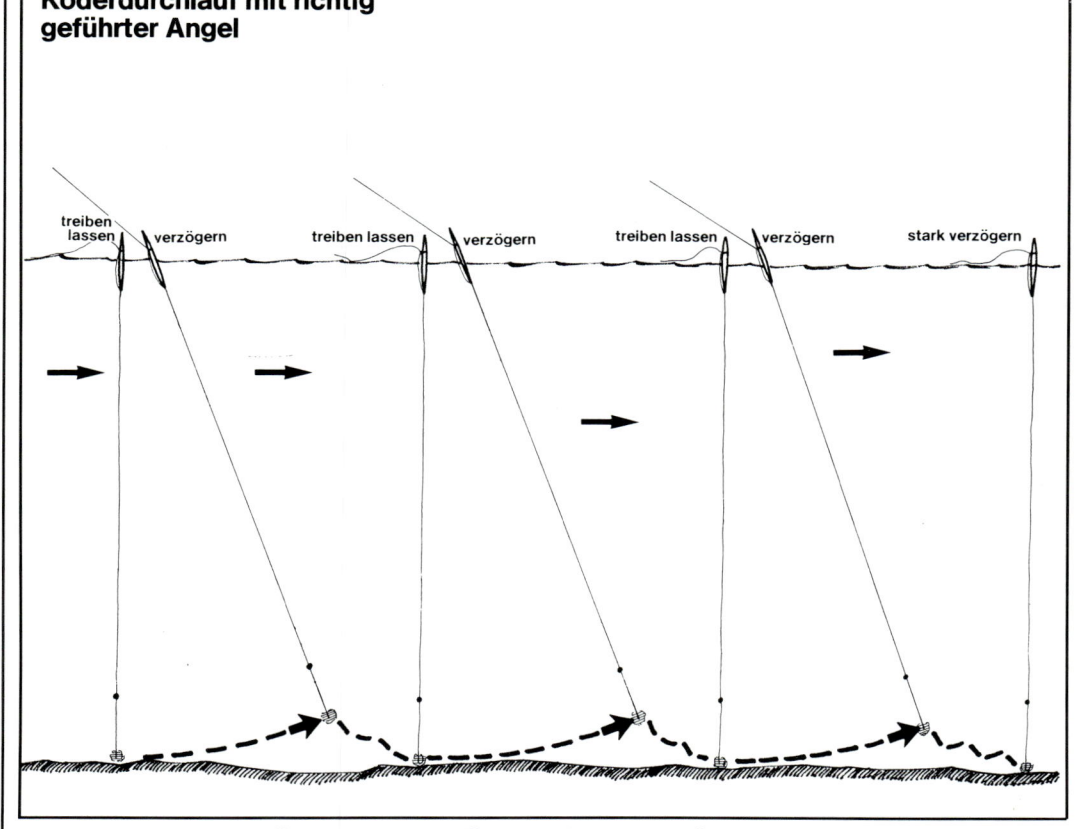

Köderdurchlauf mit richtig geführter Angel

treiben lassen — verzögern — treiben lassen — verzögern — treiben lassen — verzögern — stark verzögern

Die Anbisse erfolgen häufig, wenn der Köder nach dem Verzögern wieder langsam zum Grund „trudelt".

Hülsenfrüchte

Beschaffung und Zubereitung

Am häufigsten werden von den Hülsenfrüchten sicherlich Erbsen verwendet — ob grüne oder gelbe, ist Ansichtssache. Wichtig ist die richtige Konsistenz der Erbsen, die nicht zu hart sein dürfen, da die Fische sie sonst ablehnen und nicht zu weich, weil sie dann nicht am Haken halten. Die Erbsen richtig zu quellen, ist recht schwierig, daher behelfen sich viele Angler, indem sie Konservenerbsen kaufen, die genau die richtige Konsistenz haben. Falls in größeren Mengen angefüttert werden soll, getrocknete Erbsen „en gros" einkaufen, ein bis zwei Tage in kaltem Wasser vorquellen, dann auf kleiner Flamme aufkochen. Mit diesen Erbsen anfüttern, die Hakenköder gebrauchsfertig aus der Konserve nehmen. Für die Beschaffung und Zubereitung von Bohnen — vorzugsweise weiße Bohnen — gilt das gleiche. Ein weniger bekannter Köder sind große Bohnen (dicke Bohnen); ihre Zubereitung erfolgt genauso.

Anköderung

Einzelne Erbsen ködern wir auf kurzschenkligen Rundbogenhaken Größe 10, vorzugsweise Goldhaken, so wird der Haken darin ganz verborgen; bei härterem Köder (Strömung, Weitwürfe) muß die Hakenspitze durch die Haut herausgestochen werden, um einen wirksamen Anhieb zu ermöglichen. Soll mit zwei oder mehr „Körnern" gefischt werden, so ist der Haken entsprechend größer zu wählen. Für die Anköderung von Bohnen eignen sich langschenklige Haken Größe 6—8.

Dicke Bohnen, die für starke Fische bestimmt sind, werden mit der Ködernadel auf starkdrähtige Haken Größe 2—4 geködert. Spitze und Widerhaken sollten frei herausschauen, da sonst die Haken beim Anhieb möglicherweise nicht durch die zähe Außenhaut dringen würden.

Fischarten

Erbsen und Bohnen sind gute Köder für große Rotaugen, für Brassen und Schleien. Döbel, Aland, Nase und Barbe, werden gelegentlich damit erbeutet. Dicke Bohnen benützen Spezialisten zum Karpfenfang.

Angelmethoden

Zum Angeln auf Rotaugen und Brassen eignet sich die leichte Posenangel mit 16er Hauptschnur und 14er Vorfach; eine Rolle sollte immer verwendet werden, da mit gewichtigen Überraschungen zu rechnen ist. Geht die Jagd speziell auf größere Fische, so ist es oft vorteilhaft, den Köder am Boden festzulegen (vor allem auf Schleie, Karpfen). Dazu wird nach dem Ausloten die Entfernung zwischen Haken und Pose größer als die Wassertiefe eingestellt; die Pose ist mit einer „Perlenkette" aus Bleischroten austariert, deren unterste am Boden aufliegen.

In Gewässern mit Strömung wird bisweilen die Grundangel mit Bodenblei eingesetzt. Beim Karpfenfischen mit dicken Bohnen ist diese Angelmethode vorzuziehen; das Gerät wählen wir dann entsprechend stark. Mindestens 30er Vorfach, Hauptschnur entsprechend.

Auf alle genannten Fischarten sind die Fangchancen umso besser, je intensiver angefüttert wird. Das Anfüttern sollte günstigenfalls schon einige Tage vor dem Angeln beginnen.

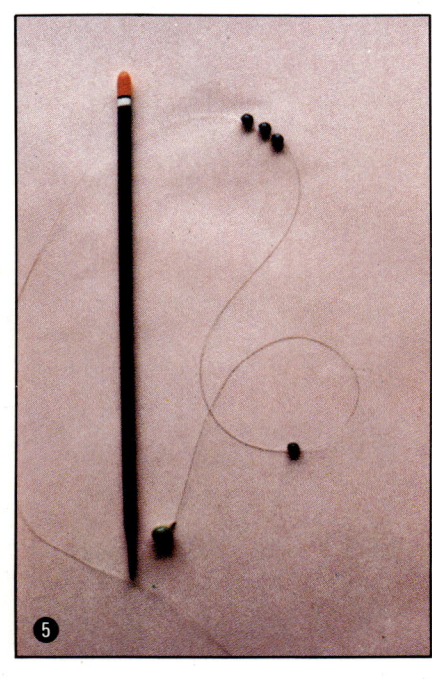

⑤

②

③

④

Angeln auf Brassen mit Erbsen. Posenangeln mit am Boden aufliegendem Köder.

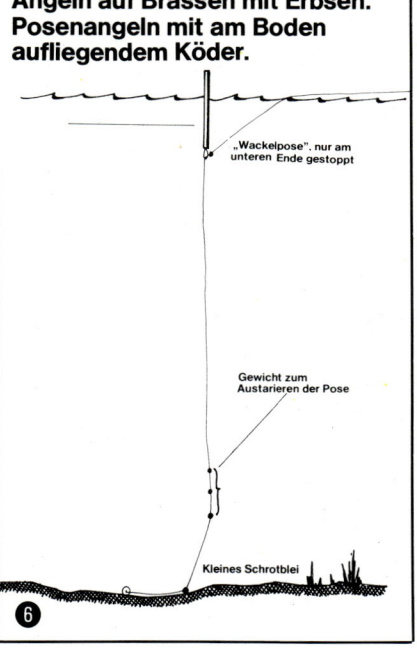

„Wackelpose". nur am unteren Ende gestoppt

Gewicht zum Austarieren der Pose

Kleines Schrotblei

⑥

❶ *Am praktischten benutzt man Hülsenfrüchte gleich aus der Konservendose.*
❷ *Weiße Bohnen auf langschenkligem Haken, Erbsen auf Rundbogenhaken anbieten.*
❸ *Dicke Bohnen werden mit der Ködernadel aufgezogen.*
❹ *Bohnenduo für Karpfen.*
❺ *Pose und Bebleiung für das Angeln mit Erbsen auf Brassen.*
❻ *Die Skizze verdeutlicht diese Angelmethode.*

Ein Käseliebhaber, die
kampfstarke Barbe.

Käse

Beschaffung und Zubereitung

Angefangen beim Käsebröckchen vom Frühstücksbrot, das zum Köderfischfang herhalten muß, weil die Madendose ins Wasser gefallen ist, bis hin zur kunstvoll zubereiteten Käsepaste bietet Käse eine breite Palette von Ködern, die ihre Beliebheit bei den Fischen wohl vor allem einem Faktor verdanken: ihrem intensiven Geruch.

Wer Käse als Köder einkauft, sollte sich zunächst darüber klar werden, welche Sorte für die jeweilige Fischart und Angelmethode geeignet ist. Entscheidend dafür ist die Konsistenz, d.h., der Weichheitsgrad des Käses. Feste Sorten haften gut am Haken und lassen sich daher in starker Strömung und für Weitwürfe einsetzen, wo Weichkäse vom Haken abgespült bzw. abfliegen würde. Andererseits lehnen die Fische zu harte Köder ab und Käse härtet im Wasser noch nach — umso mehr, je kälter dieses ist. Außerdem läßt harter Käse den Haken beim Anhieb nicht gut durchdringen.

Feste Käsesorten wie Holländer, Schweizer und ähnliche werden durch eine einfache Vorbehandlung zäh und elastisch zugleich: Käse in ködergerechte Würfel von 10 bis 15 mm Kantenlänge zerteilen und über Nacht in Milch legen. Liebhaber würziger Gerüche geben noch eine Knoblauchzehe mit in die Milch. Um die Köderwürfel vor dem Austrocknen zu bewahren, in ein feuchtes Geschirrtuch einschlagen. Camembert und Schmelzkäse aller Art können direkt aus der Packung als Köder verwendet werden. Käseteig aus Brot und geriebenem Hartkäse ist ein ausgezeichneter Köder (vergleiche „Teig"). Eine andere fängige Käsepaste ergibt eine Mischung aus gleichen Teilen von altem (fast flüssigem) Camembert oder „Harzer" und Maismehl, die gut verknetet und mit etwas Honig oder Sirup gebunden wird. Schließlich kann man die Fische noch mit einem exquisiten Käse-Fondue verwöhnen: Geriebenen Hartkäse in einem mit Knoblauch ausgeriebenen Topf zusammen mit Weißwein (ein Glas auf 500 g Käse) auf kleiner Flamme erhitzen und unter ständigem Rühren mit Holzlöffel verflüssigen. Watterfasern eintauchen und erkalten lassen. Würfel aus „Watte-Fondue" haben alle Qualitäten von weichem Käse und halten darüber hinaus ausgezeichnet am Haken.

Anköderung

Würfel aus festem Käse ködert man auf kleine Drillinge, Größe 8—12, oder besser auf Einfachhaken Größe 4—8. Goldhaken sind vorzuziehen. In jedem Fall sollte der Käse mit der Ködernadel — ersatzweise Stopfnadel mit durchsägtem Öhr — aufgezogen werden. Die Hakenspitze sollte aus dem Käsewürfel herausschauen, sonst gibt es bei dem relativ harten Köder zu viele Fehlbisse.

Weiche Käsearten halten am Einfachhaken äußerst schlecht, hier ist ein kleiner Drilling vorteilhafter. Der Käse wird um den Haken geknetet oder, um ihn nicht zu pressen, mit einer Ködernadel (ein einfaches Streichholz tut's auch) über das Vorfach auf den Drilling gezogen. Ein Hilfsmittel, das dem

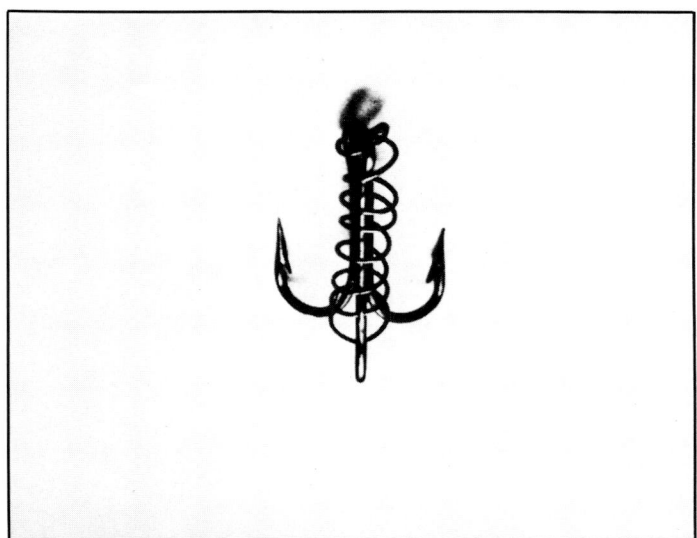

Eine kleine Drahtspirale auf dem Drillingshaken hält auch weichen Käse sicher fest.

weichen Käse oder der Käsepaste zusätzlichen Halt verleiht, ist eine um den Schenkel des Drillings angebrachte kleine Drahtspirale. „Käse-Watte-Fondue" hält problemlos auch am Einfachhaken.

Fischarten

Käse gilt als einer der besten Köder zum Barbenfang; mindestens ebenso gute Ergebnisse bringt er auch beim Döbel. Auf beide Fischarten ist er insbesondere in Gewässern mit Salmonidenvorkommen dem Wurmköder (Verangelungsgefahr!) vorzuziehen, wenngleich Gelegenheitsfänge von (großen) Äschen und vor allen Dingen Regenbogenforellen mit Käse nicht selten sind. Karpfen und Brassen werden mit weichem Käse und Käsepaste gefangen; kleinere Käsestückchen bringen Erfolg auf Rotauge und andere kleinere Friedfische.

Angelmethoden

Abgesehen von gelegentlicher Verwendung von Käse an der leichten Stipangel auf Rotaugen oder Köderfische wird dieser Köder zumeist in größeren Portionen an der Bodenbleiangel serviert.

Zum Barbenangeln eignet sich eine 2,50 bis 3,50 m lange, kräftige Rute mit Stationärrolle und 30er Schnur / 25er Vorfach; auf Döbel kann das Gerät leichter gewählt werden. Weicher Käse sollte mit schwerem Bodenblei (Sargblei) am Grund festgelegt werden, da er beim Schleifen über den Grund unweigerlich vom Haken fallen würde. Wird ein schleifender Köder bevorzugt, so eignet sich nur eine festere Käsesorte. Ein durch die Öse auf der Hauptschnur laufendes oder am Seitenarm montiertes Birnenblei ist bei dieser Angelart die beste Beschwerung. Einige gelegentlich eingeworfene Käsestückchen locken durch ihren intensiven Geruch die Fische häufig von weit her an den Angelplatz.

Käse

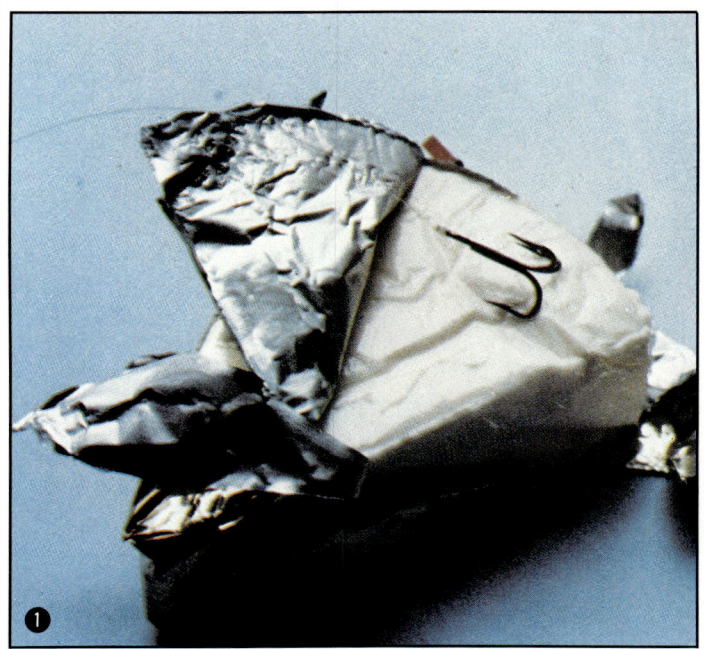

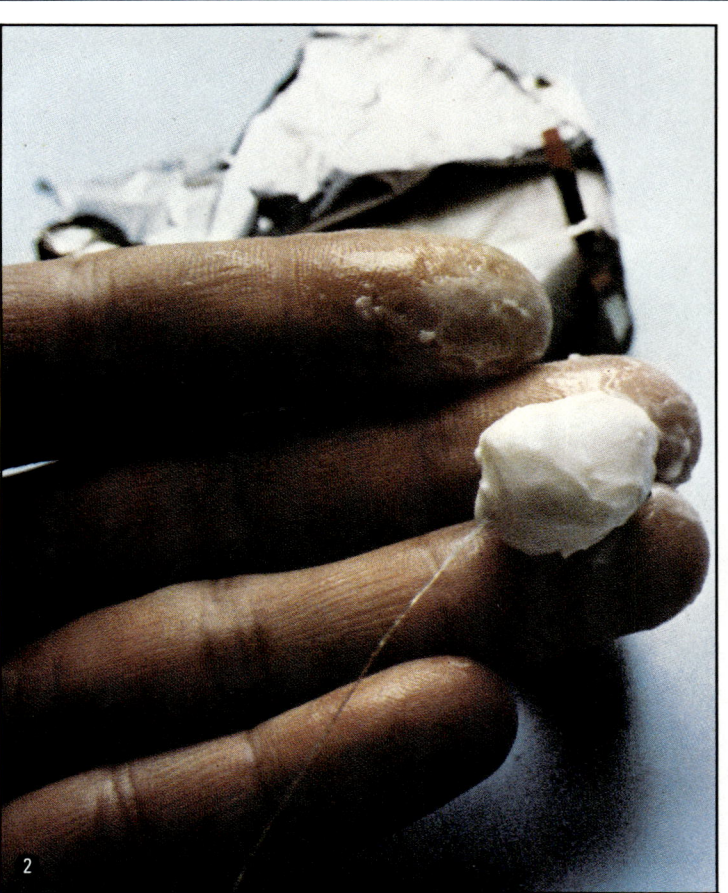

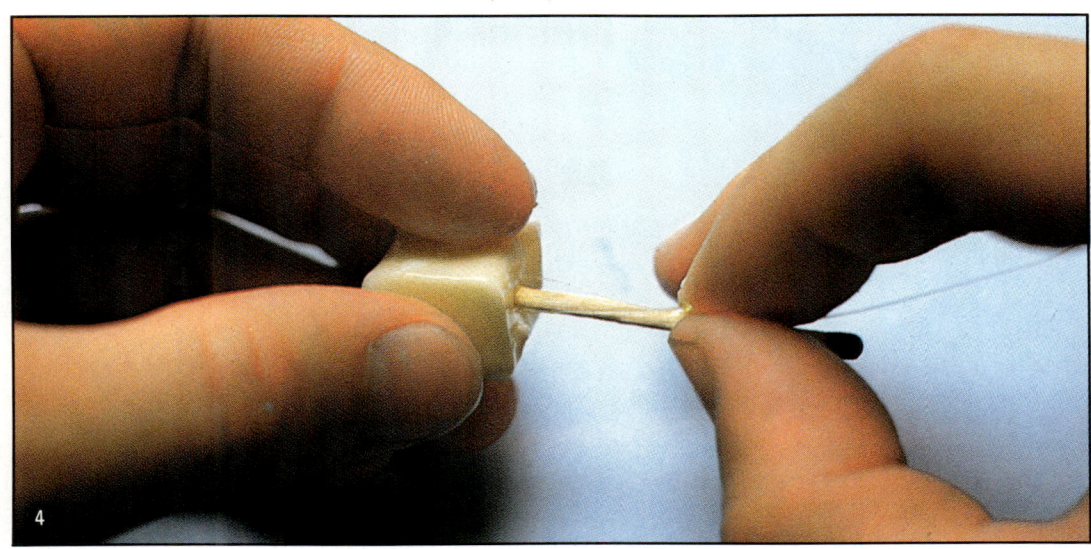

❶ *Duftender Camembert ist ein guter weicher Köder.*
❷ *Er wird einfach um einen Drilling geknetet.*
❸ *Fester Käse wird in maulgerechte Happen zerschnitten.*
❹ *Als provisorische Ködernadel dient ein Streichholz.*
❺ *Die Schnur wird über das stumpfe Ende gelegt und durch den Köder geschoben.*
❻ *Drilling anknoten, einziehen, fertig.*
❼ *Zu harter Käse wird über Nacht in Milch eingelegt und dadurch geschmeidiger.*

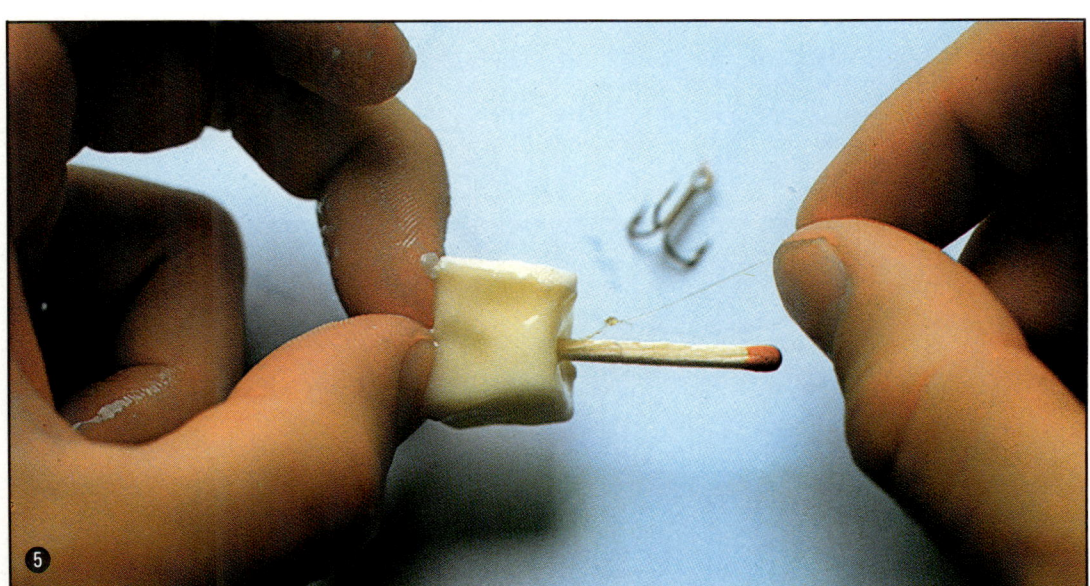

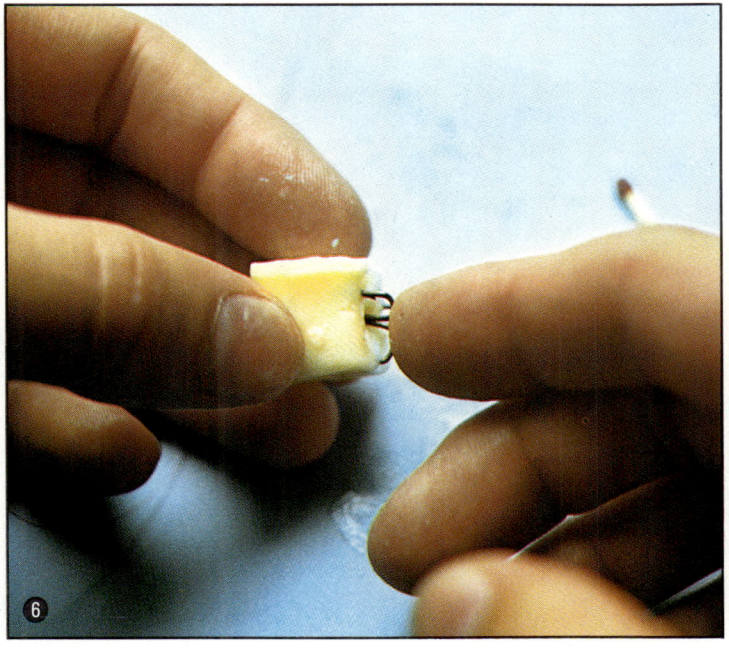

Kartoffeln

Beschaffung und Zubereitung

Gekochte Kartoffeln gehören zu den bekanntesten und meistverwendeten Friedfischködern, da sie jederzeit zu beschaffen und verhältnismäßig leicht zuzubereiten sind. Am besten eignen sich feste K.-Sorten (z.B. „Hansa"), während mehligere Sorten am Angelhaken leicht zerfallen. Über die günstigste Konsistenz der K. gehen die Ansichten auseinander: Halbgar gekochte K. halten gut am Haken und erlauben weite Würfe, lassen aber andererseits den Haken beim Anhieb schlecht durchdringen und führen dadurch zu Fehlbissen, wenn sie von wählerischen Fischen nicht ohnehin abgelehnt werden. Die K. sollten also gar, aber auch wieder nicht zu weich gekocht werden; die erforderliche Kochzeit hängt ab von Sorte, Alter und Größe der K.; jeder Angler wird hier im Laufe der Zeit Erfahrungswerte sammeln.

Kleine K. in Taubenei- bis Hühnereigröße können unzerteilt als Köder verwendet werden. Man läßt sie als „Pell-K.", d.h. mit Schale, ca. 20 Minuten in kochendem Wasser ziehen und im Kochwasser erkalten. „Gesüßte" K., d.h. mit Zuckerzusatz im Wasser gekochte K., gelten als Geheimtip unter Karpfenanglern. Die Köder gewinnen an Festigkeit, wenn man sie einen Tag vor Verwendung zubereitet und über Nacht im Kühlschrank aufbewahrt.

Sollen kleine K.-Stückchen als Köder verwendet werden, so kocht man mehrere verschieden große K. mit Schale ca. 15 Minuten lang, läßt sie erkalten und ebenfalls über Nacht liegen und zerteilt sie danach in Stücke der gewünschten Ködergröße. Einfachstes Verfahren ist, die K. in Scheiben zu zerschneiden und diejenigen Scheiben auszuwählen, die weich sind, aber bei leichtem Biegen in der Mitte nicht zerbrechen. Aus ihnen sticht man mit dem K.-Ausstecher (aus Metall oder Plastik in verschiedenen Größen im Angelgerätehandel) zylindrische Stückchen aus. Anisöl oder andere Lockstoffe können die Reizwirkung des Köders verstärken. Aber spar-

①

110

sam verwenden — ein Tropfen, auf mehrere Scheiben verrieben, reicht aus!

Anköderung

Ganze, weichgekochte Kartoffeln zieht man am besten mit der Ködernadel — im Notfall reicht auch eine Stopfnadel — auf das Vorfach. Ein Drillingshaken Größe 4—8 kann ganz im Köder verborgen werden, ebenso ein einfacher Haken Größe 1/0—2. Der große Einfachhaken eignet sich aus drei Gründen besser: weil er beim Anhieb leichter durchdringt, weil er sich im Drill eines schweren Fisches nicht so leicht aufbiegen läßt und weil er bei Schnurbruch, im Gegensatz zum Drilling, nicht Gefahr läuft, den Fisch im Schlund schwer zu verlet-

zen. Wird mit Einfachhaken ohne Vorfach an der Hauptschnur gefischt, so zieht man mit der Ködernadel den Haken ganz durch die K., dreht ihn dann um 180° und zieht die Hakenspitze in die K. zurück.

Da der K.-Köder weich sein muß, um Fehlbisse zu vermeiden, besteht bei allen beschriebenen Anköderungen die Gefahr, daß er — insbesondere bei Weitwürfen — vom Haken fliegt. Dagegen gibt es verschiedene „Sicherungen". Zunächst kann man am unteren Ende der K. ein Stück Schale stehen lassen, das verhindert, daß der Hakenbogen sich durch die K. hindurch schneidet. Den gleichen Effekt verstärken Stückchen vom Grashalm in den drei Bögen eines Dril-

lings oder ein Stück Strohhalm im Bogen eines Einfachhakens. Noch besser ist beim Einfachhaken ein Stückchen Brotkruste im Bogen, da die Kruste — selbst ein guter Köder — im Wasser aufweicht. Auch ein Röllchen Löschpapier verbessert die Wurfchancen und „verschwindet" im Wasser.

Kleine K.-Zylinder steckt man auf feindrähtige Einfachhaken mit Spitzbogen und mittellangem Schenkel (Limerick-Haken), die Spitze wird im Inneren des Köders verborgen, der Schenkel läuft am Köder entlang. Es hat wenig Sinn, den Köder ganz in das K.-Stück drehen zu wollen, weil dieses dabei meist zerplatzt.

Entsprechend der Köderfarbe sind helle Haken oder

Goldhaken vorzuziehen.

Fischarten

Ganze Kartoffeln in Taubenei- bis Hühnereigröße sind Standardköder für Karpfen, ebenso K.-Stücke entsprechender Größe. Kleinere Stückchen (Hakengröße 14) sind hervorragende Köder

❶ **Für das Angeln auf Rotaugen schneiden wir die Kartoffel in Scheiben.**

❷ **Ein Kartoffelausstecher liefert Köder der richtigen Größe.**

❸ **Größere Kartoffeln ziehen wir mit der Ködernadel auf.**

❹ **Der Drilling oder Einzelhaken wird dann ganz eingezogen.**

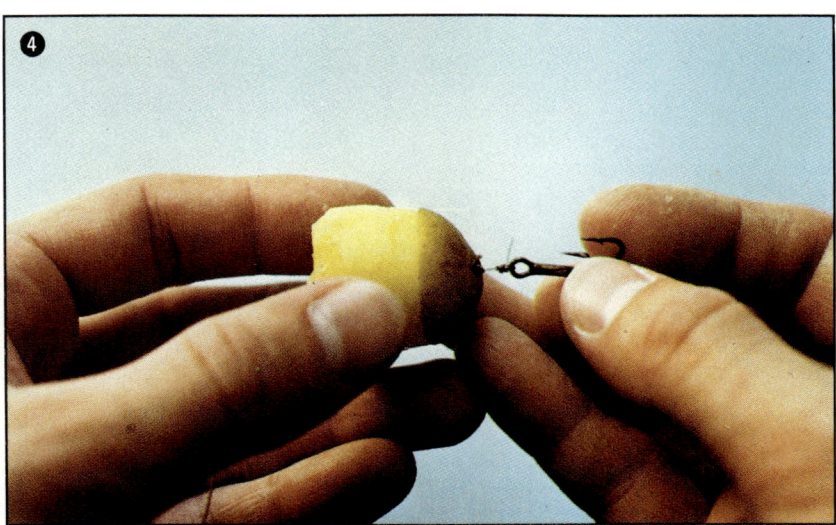

Kartoffeln

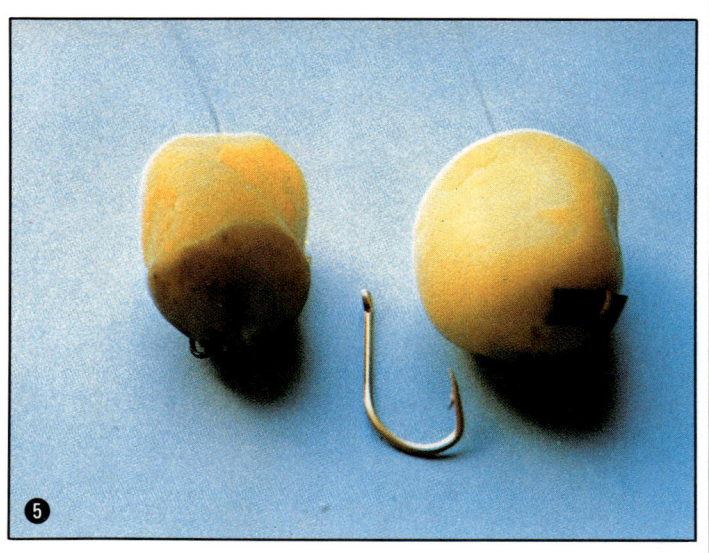

zum Rotaugenangeln und bringen v.a. im Sommer überdurchschnittlich große Rotaugen an den Haken. Außerdem sind Brassen und Schleien (Hakengröße 8—12) gute Abnehmer.

Angelmethoden

Beim Karpfenfischen wird die Kartoffel meist festliegend am Boden, seltener mit der Posenangel, angeboten. Dazu eignet sich eine kräftige Teleskoprute oder eine spezielle Karpfenrute von 2,70 bis 3,60 Meter Länge, eine mittelgroße Stationärrolle, 35er Hauptschnur mit 30er Vorfach — in hindernisreichen Gewässern noch wesentlich stärkere Schnur. Bei Strömung wird der Köder durch ein Bodenblei in Seitenarm-Montage am Grund festgelegt, in stehenden Gewässern kann auf jede Beschwerung verzichtet werden, da die K. selbst schwer genug ist, um die erforderliche Wurfentfernung zu erreichen und zu Boden zu sinken. Der Karpfen nimmt den großen Köder meist entschlossen auf; wenn er dabei keinen Widerstand spürt, zieht er kräftig Schnur ab (muß frei von der Rolle ablaufen können); dann ist der Anhieb zu setzen. Als Bißanzeiger eignet sich z. B. ein Stück Silberpapier, das vor der Rolle auf der Schnur angebracht wird und das Abziehen des Karpfens signalisiert. Mehrtägiges Anfüttern mit großen K.-Stücken erhöht die Erfolgsaussichten.

Kleinere Friedfische (Rotaugen) fängt man mit der leichten Stippangel an 10er bis 14er Vorfach. Die sensible Pose muß bis zum Antennenansatz austariert werden, um jeden feinen Anbiß anzuzeigen; anderenfalls

wird der zerbrechliche Köder zerdrückt und abgefressen. Um auf den Anbiß prompt reagieren zu können, ist eine lange unberingte Stipprute von Vorteil. Gute Fangchancen bestehen, wenn laufend in kleinen Mengen mit zerdrückten K., K.-Püree oder auch mit Paniermehl angefüttert wird.

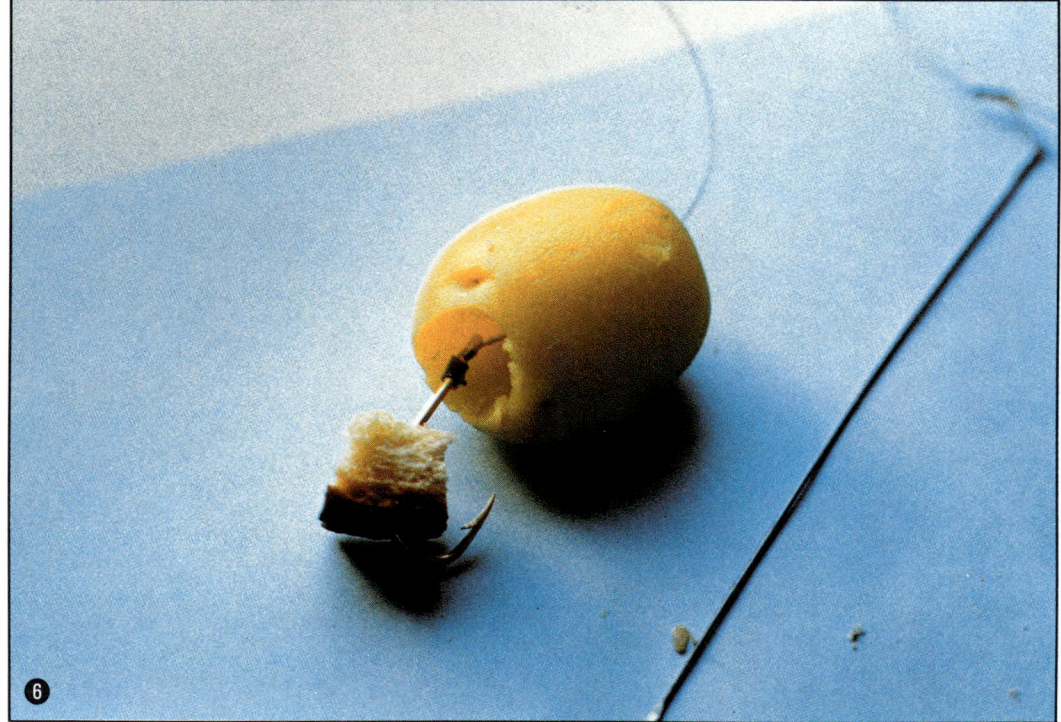

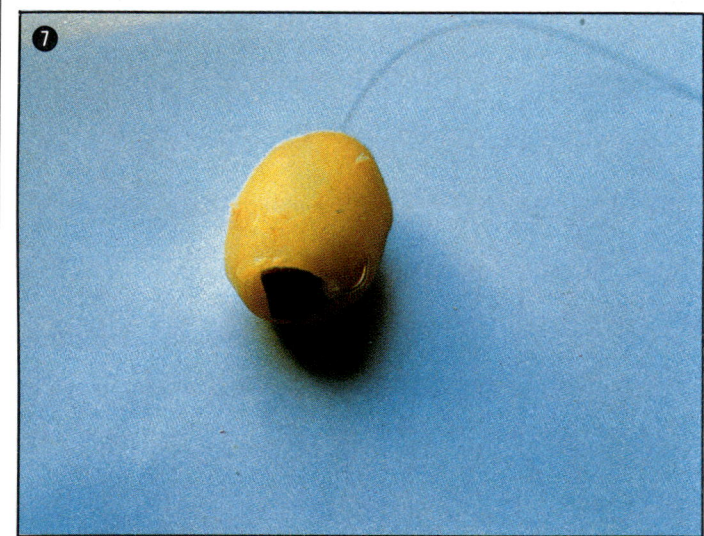

❺ Ein Stück Schale oder ein Grashalm verhindern, daß der Haken beim Wurf ausreißt.
❻ Eine andere Art, dem Haken unauffällig Halt zu geben: Ein Stück Brotrinde auf den Hakenbogen schieben.
❼ Das Brot verschwindet in dem unteren Ende der Kartoffel.

Mais

Beschaffung und Zubereitung

Maiskörner werden mehrere Tage lang in kaltem Wasser vorgequellt und anschließend aufgekocht; sie dienen als preisgünstige und — wegen der am Gewässergrund gut sichtbaren Färbung — äußerst wirkungsvolle Anfütterung. Als Hakenköder bieten sich gebrauchsfertige Maiskörner in Konserven (Gemüsemais) an. Der Maisköder kann auch im Thermosflaschen-Verfahren (vergleiche Hanf, Weizen) zubereitet werden. Frische Maiskörner sind zu Beginn ihres Reifeprozesses Mitte August bis Anfang September weich und saftig genug, um direkt vom Kolben ohne weitere Zubereitung als Köder verwendet zu werden.

Auf Maisbasis läßt sich auch ein fängiger Teigköder herstellen. In Ungarn z. B. ist dieser Polenta (Maismehl)-Teig **der** Köder für Karpfen. Die Zubereitung: Man schüttet 250 g Maismehl unter ständigem Rühren in 1 l kochendes Wasser und läßt die entstandene Masse 6 Minuten lang garkochen. Hierbei muß die Herdflamme klein gehalten und weiterhin ständig gerührt werden, damit die Polenta nicht anbrennt. Danach stellt man die Herdflamme ab und läßt die Masse noch ca. 5 Minuten im Topf nachdicken. Dann nimmt man die Polenta vom Herd und breitet sie gleichmäßig in der gewünschten Dicke auf einem trockenen Tuch aus, wodurch nach dem Abkühlen ein regelrechter Maiskuchen mit harter Kruste entsteht. Die Köderzubereitung eignet sich für kurze und mittlere Wurfweiten, wie sie an Friedfischgewässern meist angebracht sind. Wer an seinem

❶ *Wer sich die Mühe der Vorbereitung sparen will, verwendet Mais direkt aus der Dose.*

❷ *Während des Angelns immer mal wieder mit einer Handvoll Mais anfüttern.*

Gewässer jedoch „olympiareife" Weitwürfe praktizieren muß, um die scheuen Schuppenträger zu erreichen, der sollte lieber auf folgendes Polentarezept zurückgreifen. Der gekochten Polentamasse wird pro 100 g Maismehl eine Ecke Weichkäse oder etwas Stärkemehl („Maizena") beigemischt. Die so entstandene Masse wird dann kräftig geknetet und wie Teig benutzt.

Wer experimentierfreudig ist, sollte der Polenta einmal, wie es die Italiener am Gardasee tun, etwas Gorgonzola beimischen. Wer weiß, vielleicht schmeckt das auch den deutschen Fischen.

Besser als das in Deutschland erhältliche Maismehl eignet sich das Produkt „Rapid Mais" der Schweizer Firma Maggi zur Polentazubereitung (Kochdauer hierbei nur ca. 3 Minuten und bessere Zähigkeit).

Anköderung

Einzelne Maiskörner werden auf kurzschenkligen Rundbogenhaken der Größe 10 (Goldhaken!) angeboten. Bei zwei oder mehr Körnern wählen wir den Haken etwas größer. Die Hakenspitze sollte in jedem Fall frei bleiben, damit der Anhieb durchdringt. Bei dickeren Köderbrocken aus Polenta können wir auch auf einen Drillingshaken zurückgreifen, der mit der Ködernadel durch den Teigball gezogen wird.

Ein Tip noch zum Anködern von Maiskörnern: Manchmal

Mais

genügt schon die Tatsache, daß der Hakenköder durch das Gewicht des Hakens schneller sinkt als das Beifutter, um die Karpfen mißtrauisch zu machen. Das Gewicht des Hakens läßt sich jedoch ausgleichen, indem

man neben zwei Maiskörnern ein winziges Stück gelben Styropors, wie es bei manchen Verpackungen benutzt wird, zuerst auf den Haken schiebt. Der Köder sinkt dann genau so langsam ab wie das daneben eingeworfene Lockfutter.

Fischarten

Mais ist trotz der geringen Größe des Köders ein ausgezeichneter Karpfenköder, da gerade große, erfahrene Fische mitunter relativ kleine Köder schätzen. Zudem bewahrt Mais den Karpfenangler vor unliebsamen Kleinfischen, die sich an die animalischen Köder wie Wurm oder an Teig ständig zu schaffen machen.
Natürlich lassen sich auch große Rotaugen, Brassen,

Barben und Schleien mit Maisködern fangen, vor allem mit Polenta. Wichtig ist aber auch hier, den Fisch an diese Köder zu gewöhnen, indem man vor dem Angeln regelmäßig anfüttert und auch während des Angelns hin und wieder eine Handvoll Maiskörner einwirft.

Angelmethoden

Polenta läßt sich wie jeder Teig an „freier" Schnur auf Grund anbieten. Beim Angeln mit Maiskörnern brauchen wir jedoch zusätzliches Gewicht, um den Köder auswerfen zu können. Beim Posenangeln sollten die untersten Bleischrote der Beschwerung auf dem Grund aufliegen. Also etwas tiefer einstellen als die Auslotung ergeben hat. Die Schnur darf nicht zu stark gewählt werden, da sie sonst den Wurf bremst und das natürliche Absinken des Köders verhindert. Wenn wir aber auf kämpferische Karpfen angeln, sollte die Schnurstärke auch 0,25 mm nicht unterschreiten.
Beim Fischen mit Bodenblei am Seitenzweig können wir uns eine „Sicherheitsreserve" für den Drill leisten und mindestens 0,30 mm Schnur benutzen.

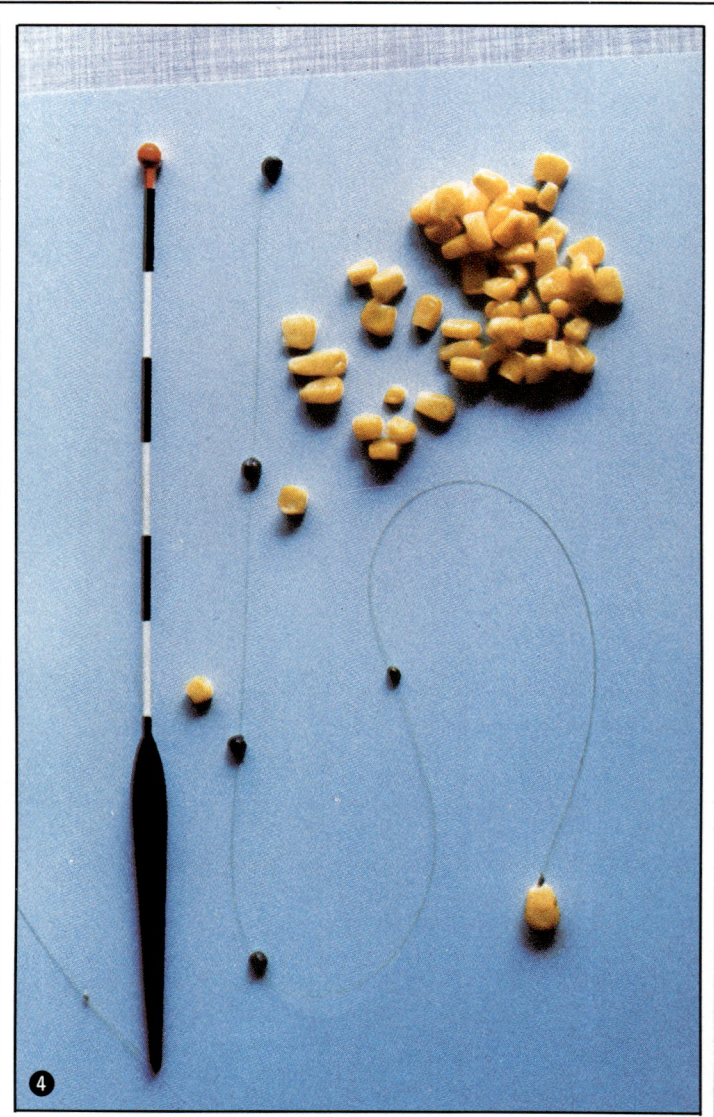

❸ *Kaum zu glauben, aber auf diesen kleinen Happen fallen große Karpfen herein.*
❹ *Fertig montiert zum Posenangeln.*
❺ *Damit der Köder langsam absinkt, gleichen wir das Gewicht des Hakens durch ein Stück Styropor aus, das zuerst auf den Haken geschoben wird.*

Obst

Beschaffung und Zubereitung

Verschiedene Obstsorten sind im Sommer und Frühherbst ganz ausgezeichnete Köder für den Döbelfang. Am häufigsten werden Kirschen zur Zeit ihrer Reife Ende Juni bis Ende Juli verwendet. Helle, aber nicht zu feste Kirsche, die wir uns frisch vom Baum beschaffen, eignen sich besser als die zumeist überreife und weiche Handelsware. Versuche mit konservierten oder eingefrorenen Kirschen außerhalb der eigentlichen „Kirschenzeit" versprechen wenig Erfolg. Weintrauben und halbierte Pflaumen sind ebenfalls gute Köder, desgleichen Erdbeeren, Brombeeren, Himbeeren, Johannisbeeren — jeweils zu „ihrer" Jahreszeit. Vor allem in England werden Holunderbeeren vielfach als Köder eingesetzt. Diese sollten dunkel, aber noch nicht ganz reif und schwarz sein. Um Holunderbeeren ganzjährig verwenden zu können, empfehlen englische Autoren, sie in 5%iger Formalinlösung einzulegen (vor dem Fischen abwaschen!).

Stücke von Apfel, Birne, Banane und selbst von Orangen-Schale sind weitere Obstköder; auch Oliven und Korinthen können gelegentlich an den Haken.

Anköderung

Kirschen ködert man an einfache Rundbogenhaken Größe 2, kurzschenklig mit seitlich ausgestellter Spitze. Der Haken wird um den Stein herumgeführt, so daß dieser im Hakenbogen liegt; die Spitze sollte leicht aus der Haut der Frucht herausschauen, um beim Anhieb sofort zu fassen. Ein anderes

❶ Süße Köder-Palette: Johannisbeeren, Bananen, Kirschen und Weintrauben.

❷ Die Hakengröße muß sorgfältig auf den jeweiligen Köder abgestimmt werden.

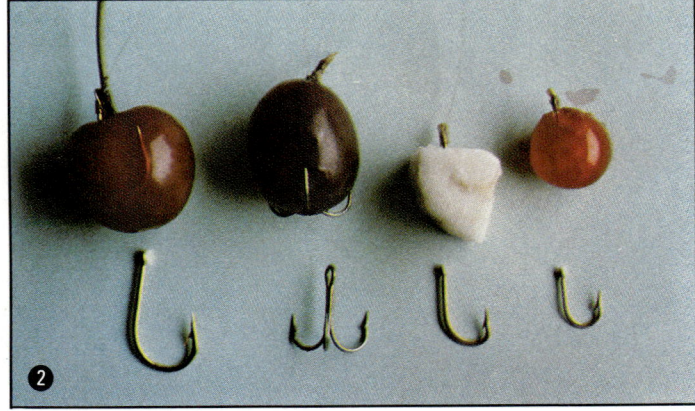

Verfahren besteht darin, die Kirschen zunächst zu entsteinen (entsprechende Geräte gibt es im Haushaltswarengeschäft) und dann mit der Ködernadel auf einen Drilling Größe 8 zu ködern. Weintrauben ködert man ebenfalls mit der Ködernadel auf einen kleinen Drilling; von Einfachhaken würde dieser schwere, aber weiche Köder zu leicht abfallen. Für halbierte Pflaumen eignet sich am besten ein Zwillingshaken. Für Himbeeren, Brombeeren, kleinere Erdbeeren oder Erdbeerstücke gilt das gleiche wie für Weintrauben. Johannisbeeren werden an Einfachhaken Größe 8 gesteckt, die Haken-

spitze sollte frei aus dem Köder heraussehen. Bei Holunderbeeren gilt dasselbe Verfahren mit kleineren Haken (Größe 12), oder es werden mehrere Beeren angeködert.

Fischarten

Hauptabnehmer für Obst aller Art ist der Döbel. Gerade kapitale Döbel, die wegen ihrer besonderen Scheu und Vorsicht sonst kaum zu erbeuten sind, fallen oft einem „Obsttag" zum Opfer. Mit den kleineren Holunderbee-

ren werden gelegentlich auch Rotaugen und Häslinge, seltener Barben erbeutet. Beim Fischen mit Birnen oder Bananenstücken kann sich auch einmal ein Karpfen an die Angel verirren.

Angelmethoden

Auf den scheuen Döbel sind die Erfolgsaussichten umso größer, je natürlicher und unauffälliger der Obstköder serviert wird, d.h. nach Möglichkeit ohne Pose und Blei-

Obst

beschwerung. Das Eigengewicht einer Kirsche oder halben Pflaume genügt durchaus, um an der ultraleichten Spinnrute mit Kapselrolle und 15er Schnur Wurfweiten von 15 m oder mehr zu erzielen. Der Köder sinkt dann im Wasser langsam ab, und der Anbiß wird durch auffällige Bewegungen der an der Oberfläche liegenden (gefetteten) Schnur sichtbar. Diese Methode funktioniert allerdings nur bei ruhigem Wasser und Wetter. Anderenfalls hilft man sich mit einer nicht ganz gefüllten Wasserkugel als Wurfgewicht und Bißanzeiger, ebenfalls an der leichten Stipprute, aber mit 20er Hauptschnur.

Gebräuchlichste Methode beim Fischen mit Kirsche, Weintrauben und den kleineren Johannis- und Holunderbeeren ist die Posenangel. Die Pose muß sensibel sein, aber dennoch genügend Tragkraft für das erforderliche Bleigewicht und das Gewicht des Köders **im Wasser** haben. Der Obstköder wird im Mittelwasser oder in Grundnähe angeboten.

Gerät: leichte Stipprute von 3,50—4,40 m Länge, Kapselrolle, 20er bis 25er Hauptschnur, 16er bis 20er Vorfach.

Da mit Obstködern fast ausschließlich in der wärmeren Jahreszeit gefischt wird, wenn bei Niedrigwasser die Döbel gern strömende Gewässerpartien aufsuchen, kommt auch die Grundangel mit Bodenblei oft zum Einsatz. Das Bleigewicht sollte so gering wie irgend möglich gewählt werden, zumal es selten erforderlich ist, den Köder am Boden festzulegen. Eine leichte Spinnrute, besser eine leichte Grundrute in der Art der 3,05 m langen englischen „Avon"-Rute,

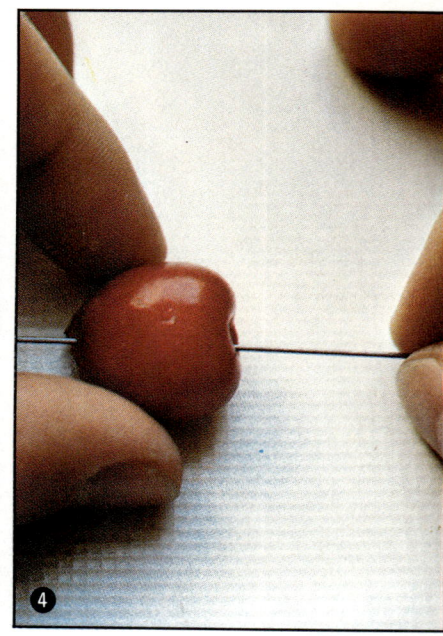

❸ *Damit der Haken beim Anhieb faßt, sollten Kirschen entsteint werden.*
❹ *Wenn wir den Haken mit der Ködernadel aufziehen, behält die Kirsche auch ohne Stein ihre natürliche Form*
❺ *Ein kleiner Drillingshaken ist praktischer als ein Einzelhaken.*
❻ *Die Spitzen des Hakens sollten im Köder verschwinden.*

mit Kapselrolle und 20er oder 25er Schnur ist das richtige Gerät. In flachen Grundpartien mit Kiesgrund, wie sie der Döbel bevorzugt, genügt eine kleine Bleiolive von 5 bis 8 g Gewicht, die durch einen Springring oder kleinen Wirbel am Ende der Hauptschnur gestoppt wird. Das Vorfach, feiner als die Hauptschnur, sollte mindestens 40 cm lang sein, damit das Blei sich nicht zu nahe am Köder befindet und den scheuen Fischen auffällt. Mit dem leichten Bodenblei und über Grund schleifendem Köder kann man einen Flußlauf Stück für Stück abfischen — dies verspricht mehr Erfolg als stundenlanges Ansitzen an ein- und derselben Stelle. Die Fangaussichten steigen, wenn gelegentlich ein paar Früchte als Anfütterung eingeworfen werden.

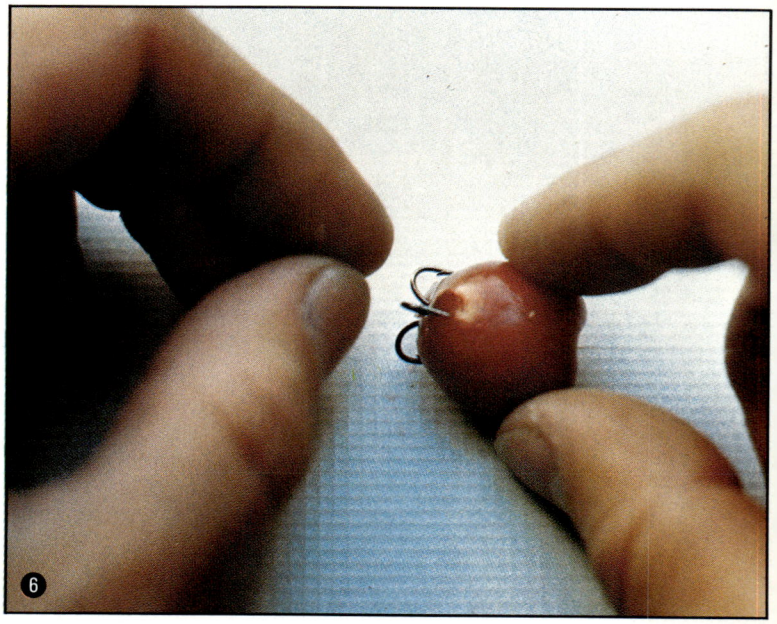

Döbel lassen sich mit nahezu jeder Art von Obst fangen, auch mit Erdbeeren, wie man sieht.

Teig

Beschaffung und Zubereitung

Teig ist ein ebenso vielseitiger wie erfolgreicher Köder für alle Arten von Friedfischen. Die Vielzahl der T.-Rezepte ist kaum überschaubar, zumal erfolgreiche T.-Angler zur Geheimniskrämerei neigen. Wichtiger jedoch als irgendwelche mysteriösen Zusätze ist die richtige Konsistenz, d.h. der richtige Weichheitsgrad des T. Zu weicher T. hält nicht am Haken, zu harter T. verursacht Fehlbisse, da die Fische daran herumspielen und der Haken beim Anhieb nicht durchdringt. Zu berücksichtigen ist, daß weicher T. bei warmem Wetter noch weicher, harter T. bei kaltem Wetter und im Wasser noch härter wird.

Grundsubstanzen bei der T.-Zubereitung sind Brot, Weißbrot, Brötchen und gekochte Kartoffeln. Den einfachsten T. kann man direkt am Wasser ggf. vom Frühstücksbrötchen, herstellen: das weiche Innere des Brötchens anfeuchten, kneten, daraus Köder-Kügelchen formen. Dieser T. ist relativ hart. Einen geschmeidigeren T. aus Weißbrot erhält man, indem man das Innere einer dicken Scheibe anfeuchtet, Zucker und ein Stück Butter hinzu gibt und das Ganze zu einer zähen, nicht klebenden Masse verknetet. Verwendet man Weißbrot und gekochte Kartoffel zu gleichen Teilen unter Zusatz von Zucker und Butter, so erhält man einen noch weicheren T. Butter bewahrt das Produkt vor dem Austrocknen (ähnlich: Öl, Margarine, Anisöl u.a. fetthaltige Lockstoffe.)

Weichen Brot-T., wie er v.a. von englischen Meisterang-lern empfohlen wird, stellt man aus altem Brot (mindestens 3, besser 7 Tage alt) her: Brot ohne Kruste in 2—3 cm dicke Scheiben schneiden, diese in eine Schüssel geben, kaltes Wasser zulaufen und Brot durchweichen lassen. Wasser abgießen, Brot in einem Geschirrtuch auspressen, dann so lange kneten, bis der T. die gewünschte Konsistenz erreicht hat und nicht mehr an den Händen klebt. Einen ähnlichen Brot-T. erhält man in einem anderen Verfahren: Scheiben von 7 Tage altem Brot ohne Rinde einige Sekunden in kaltes Wasser tauchen und in der Handfläche mit dem Daumen der anderen Hand über einer Schüssel verkneten; abfallende Krumen aus der Schüssel nehmen, wieder mit einkneten und den ganzen T. so lange bearbeiten, bis er weich ist und keine Klumpen mehr enthält. Beim letzteren Verfahren bekommt man einen hervorragenden Käse-T., indem man neben dem Brot zu gleichen Teilen geriebenen Käse (Parmesan oder geriebenen Hartkäse) mit einknetet. Auch hier darauf achten, daß die T.-Masse klumpenfrei ist. Bei längerer Aufbewahrung (im Kühlschrank!) nimmt die Witterung des Käse-T. zu und mit ihr seine Fängigkeit. Kartoffel-T. wird aus weichgekochten Pellkartoffeln hergestellt. Verfahren: Eine mittelgroße, noch heiße Kartoffel schälen, mit Gabel zerdrücken, dabei ein Eigelb mit einkneten. Statt des Eigelbs kann 1 Teelöffel bis 1 Eßlöffel Mehl hinzugegeben werden, der Kartoffel-T. wird dann fester.

Händewaschen ist oberstes Gebot bei der T.-Zubereitung (besonders für Raucher). Anisöl, Hanföl und Mohnöl

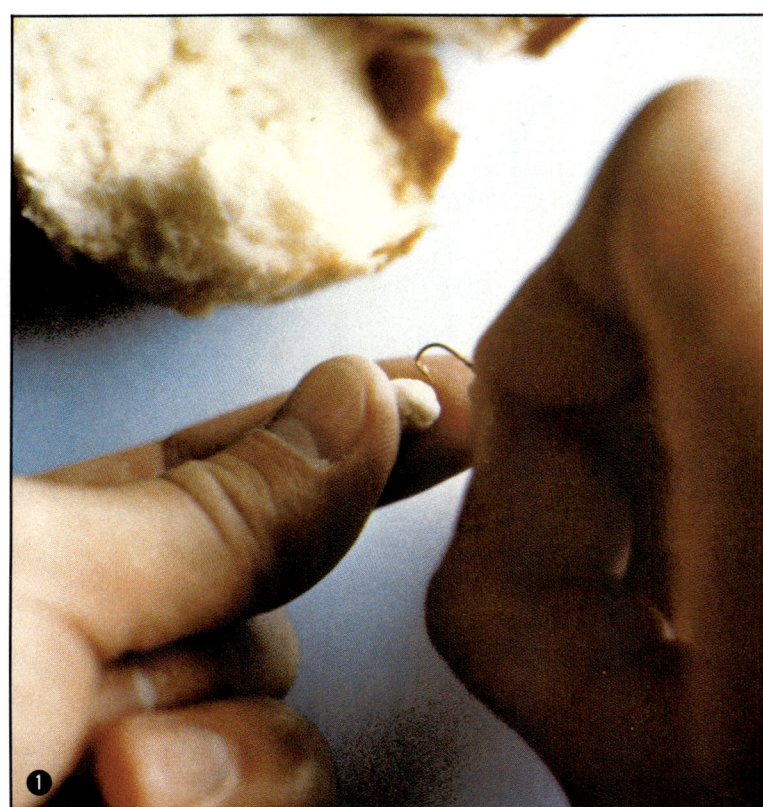

❸

❹

sind einige der ungezählten Lockstoffe, die dem T. zugegeben werden können, um seine Wirkung (oder den Glauben daran) zu erhöhen. Auf Wunsch kann der T. mit Lebensmittelfarbe oder Safran (gelb) eingefärbt werden. Soll der T. von einem zum nächsten Angeltag aufbewahrt werden, so eignet sich am besten eine Plastik-Frischhaltedose im Kühlschrank.

Fertige Pasten sind im Angelgerätehandel unter verschiedenen Bezeichnungen („Plötzol", „Orea" usw.) erhältlich; sie sind zu den festen T. zu rechnen.

Anköderung

Die Skala der Teigköder reicht vom kleinsten Kügelchen auf der Spitze eines 18er Hakens bis hin zum hühnereigroßen Klumpen, in dem ein Einfachhaken der Größe 1/0 versteckt wird. Drillinge sind beim Friedfischangeln nicht zu empfehlen (Verangelungsgefahr

❶ *Die einfachste Art, Teig zu bereiten: Aus dem Innern eines frischen Brötchens ein Kügelchen formen.*

❷ *Für größere Mengen Teig weicht man mehrere Scheiben von altem Weißbrot ein.*

❸ *Wenn sich das Brot vollgesaugt hat, wird es in ein Tuch eingeschlagen.*

❹ *Jetzt kräftig durchkneten und dabei auspressen, bis alle Flüssigkeit heraus ist.*

durch „Zunähen" des Schlunds bei Schnurbruch). Die Anköderung ist denkbar einfach: der T.-Klumpen wird um den Haken geknetet. Bei Weitwürfen und/oder starker Strömung kann die Haltbarkeit eines weichen T.-Köders durch Einkneten von Wattefasern erhöht werden. Bei Verwendung von festem T. ist es oft günstig, den Köder nur auf die Hakenspitze zu stecken (feindrähtiger Haken) oder die Spitze aus der T.-Kugel herausschauen lassen, sonst besteht die Gefahr, daß der Haken beim Anhieb nicht faßt, sondern samt Köder aus dem Fischmaul herausgezogen wird.

Fischarten

Alle Friedfische mögen Teig, daneben auch Äsche und Regenbogenforelle. Manche Arten scheinen eine Vorliebe für besondere Geschmacksrichtungen zu haben: Döbel und Barbe mögen Käse-T. in Haselnuß- bis Hühnereigröße (Hakengröße 8—1/0, kleiner Köder bei kaltem, großer bei warmem Wasser) und T. mit Blutpulver-Zusatz. Für Karpfen, Schleie und Brasse wird süßer T. mit Honig- oder Zuckerzusatz empfohlen. Brassen sollen sich außerdem für T. mit Knoblauch interessieren. (Karpfen: walnußgroße und größere Brocken an Hakengröße 4—1/0, Brasse, Schleie: Hakengröße 12—8). Auf Rotaugen wirken einige Tropfen Anisöl im T. besonders anziehend (Hakengröße 18—14).

Angelmethoden

Für Rotauge, Häsling und andere kleine Cypriniden eignet sich eine unberingte Stipprute mit 10er bis 12er

Teig

Vorfach, 14er Hauptschnur. Beim Austarieren der sensiblen Pose ist das (im Vergleich zu Made, Kartoffel) höhere spezifische Gewicht von T. zu berücksichtigen: nicht zuviel Blei, sonst bringt der Köder die Pose zum Sinken. Für Brassen und Schleie ist eine beringte Stipprute mit Rolle angebracht, 14er bis 18er Vorfach. Beim Stippangeln mit T. erfolgen die Bisse nicht rasant, sondern eher zögernd. Anfüttern mit Paniermehlfutter erhöht gerade auf Schwarmfische die Erfolgsaussichten.

Auf Döbel und Barbe verwendet man die Grundangel mit Bodenblei (am Seitenarm). Da der große T.-Brocken für genügend Wurfgewicht sorgt, wird das Bleigewicht so gering wie möglich gewählt; es soll den Köder gerade so am Boden halten, daß er unter Strömungseinfluß langsam abrollt. Für diese Angelei eignet sich eine „Spürangel-Rute" von ca. 3 Meter Länge, Kapselrolle, 18er bis 25er Hauptschnur (Barbe: bis 35er Schnur).

Auf Karpfen fischt man mit T. auf die gleiche Weise mit entsprechend stärkerem Gerät; in stehenden Gewässern sollte auf Bleibeschwerung ganz verzichtet werden. Bißanzeiger beim Bodenbleiangeln mit T. ist die Rutenspitze und/oder die über den Zeigefinger laufende Schnur. Die besten Erfolge werden mit weichem T. erzielt, auch wenn dieser bei jedem Einholen der Angel vom Haken fällt (Anfütterungseffekt!).

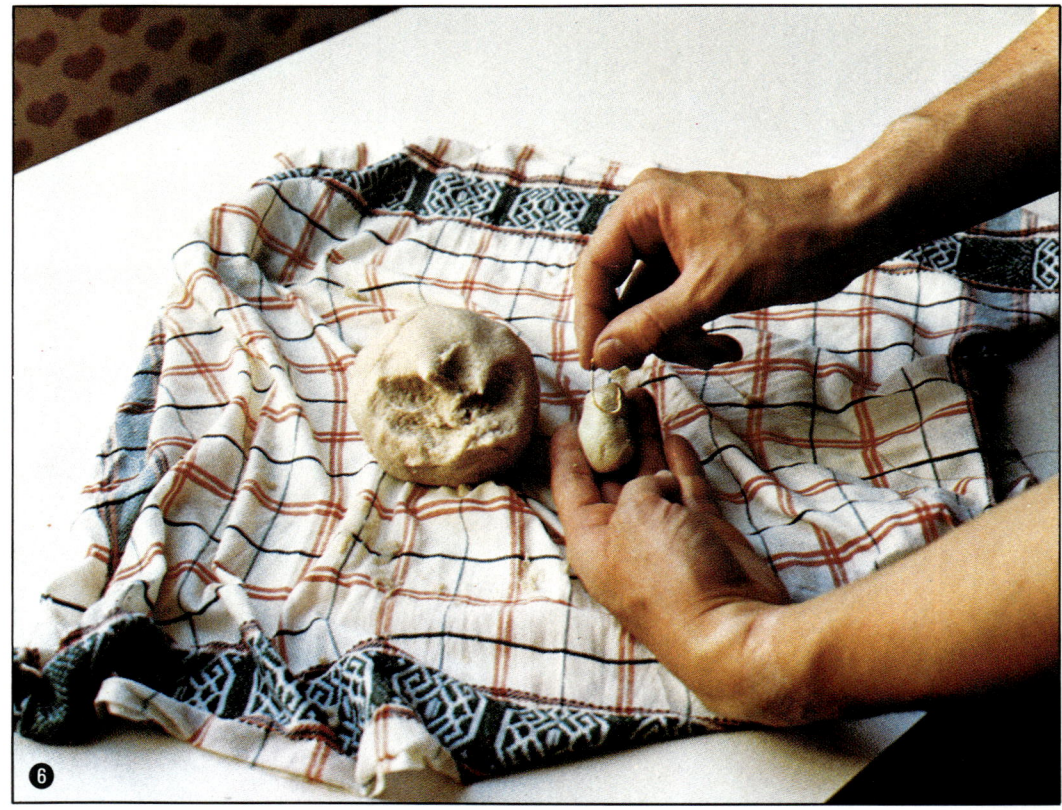

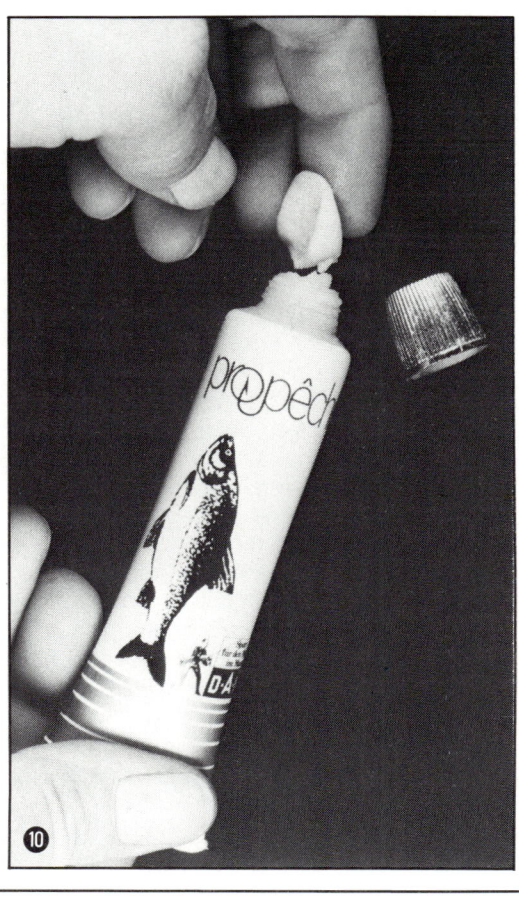

❺ Eine zähe Paste ist entstanden.

❻ Zum Anködern verwenden wir Goldhaken.

❼ Einfach entsprechenden Klumpen um den Haken kneten.

❽ Auch aus einer zerdrückten gekochten Kartoffel läßt sich ein Teig herstellen. Gebunden wird er mit einem Ei.

❾ Zusätzlich läßt sich jeder Teig mit Lock- und Geruchsstoffen anreichern.

❿ Teig gibt es in verschiedenen Farben auch fertig aus der Tube.

Weizen

Beschaffung und Zubereitung

Weizenkörner sind beliebte und besonders in der warmen Jahreszeit sehr erfolgreiche Friedfischköder. Der Angelgerätehandel bietet fertig zubereitete, konservierte Weizenkörner zum Kauf an; wer Weizen häufiger und in größeren Mengen (Anfüttern!) verwendet, tut jedoch gut daran, den Köder selbst zuzubereiten. Die Körner beschafft man sich entweder beim Bauern, in der Futterhandlung oder — Tip für Großstädter — im Reformhaus, wo es besonders schöne, große (und teure) Körner in Kilotüten abgepackt zu kaufen gibt.

Die Zubereitung von Weizen ist zwar recht einfach, nimmt jedoch einige Zeit in Anspruch; am besten beginnt man damit zwei Tage vor dem Fischen. 500 bis 1000 g Weizen werden zunächst gründlich mit klarem Wasser gespült, in einem Kochtopf mit kaltem Wasser bedeckt, und sollten zumindest über Nacht — besser noch 24 Stunden lang — darin ziehen. Die Körner quellen auf etwa das Doppelte ihres Volumens auf. Danach erhitzen wir den Weizen in Wasser und lassen ihn auf kleiner Flamme zwei bis vier Stunden lang kochen, dabei muß er stets vollständig mit Wasser bedeckt sein. Der Weizen quillt nun weiter und nimmt eine goldbraune Färbung an. Die Prozedur ist abgeschlossen, wenn die Körner platzen und ihr weißes Inneres zeigen. Nun gießen wir den Weizen in ein Sieb, spülen ihn mit kaltem Wasser ab und lassen in abtropfen. So wird verhindert, daß die Körner nachquellen und zu weich werden.

Frischer Weizen läßt nach dem Kochen einen (auch für Fische) angenehmen, typischen Geruch ausströmen. Wem dies noch nicht genügt, der kann dem Kochwasser etwas Puderzucker zugeben, der dem Köder einen süßlichen Geschmack verleiht und die Braunfärbung fördert. Manche Angler kochen ihren Weizen in Milch statt in Wasser; Anisöl und zahlreiche andere Lockstoffe werden ebenfalls hinzugesetzt; doch meine ich, daß die natürliche Witterung des Weizens eigentlich ausreicht.

Kleinere Mengen von Weizen kann man im Thermosflaschen-Verfahren zubereiten: Einige Eßlöffel Körner in die Thermosflasche gießen, Flasche mit kochendem Wasser (oder Milch) auffüllen, verschließen, über Nacht stehen lassen. Am nächsten Morgen ist der Weizen gebrauchsferig. Vorsicht bei diesem Verfahren: Die trockenen Körner dürfen die Flasche nur zum maximal einem Drittel füllen, sonst gibt's beim Quellen eine Explosion!

Weizen, der „auf die Schnelle" ohne Vorquellen und bei starker Hitzezufuhr gekocht wird, eignet sich allenfalls zum Anfüttern, nicht aber als Hakenköder, da sich die Körner zu schnell zu weit öffnen und das Innere weich und brüchig wird. Zur Aufbewahrung des gut abgetropften Weizens eignet sich eine Plastikdose. Ausgetrocknete Körner (die besser sind als aufgeweichte) vor dem Fischen leicht anfeuchten.

Genauso wie Weizen werden **Graupen** als Köder zubereitet und verwendet.

Die klebrigen Graupen eignen sich besonders gut auch als Bindemittel in Butter. **Reis** ist ebenfalls ein guter,

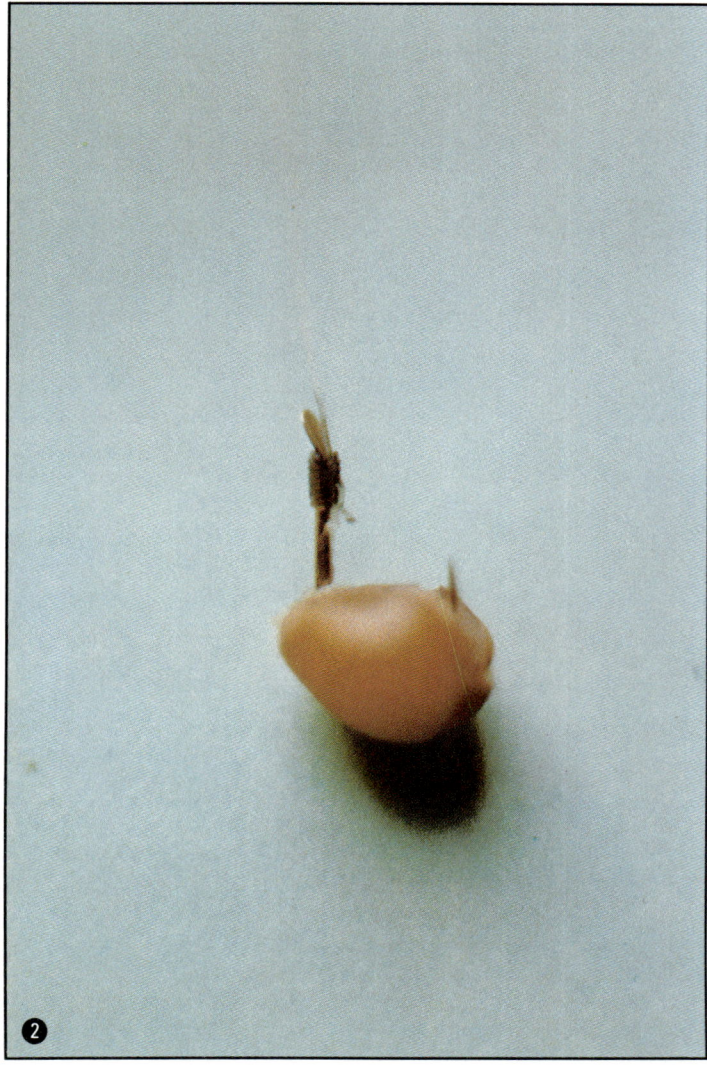

dem Weizen vergleichbarer Friedfischköder. Großkörnigen Patna-Reis verwenden, eine Nacht im kalten Wasser ziehen lassen, danach (nicht zu weich) kochen.

Anköderung

Die gebräuchlichste Form der Anköderung besteht darin, ein Weizenkorn auf einen feindrähtigen Haken Größe 14 mit mittellangem Schenkel zu stecken. Die Hakenspitze wird durch den sichtbaren weißen Teil des Korns eingestochen, ganz hindurch — und wieder ausgeführt. Die Hakenspitze muß frei aus der Schale herausschauen, sonst unterlaufen viele Fehlbisse. Ein Haken Größe 12—13, an der Rückseite des Korns durch die Schale gestochen und vorn durch das weiße Innere herausgeführt, ergibt eine haltbarere, für den Fisch aber auch auffälligere Anköderung, ist jedoch bei Strömung, weiten Würfen bzw. Bodenbleiangel manchmal unumgänglich. Zwei Weizenkörner ködert man auf Hakengröße 10—12; auch hier muß die Hakenspitze frei bleiben.

Fischarten

Weizen ist vor allem ein hervorragender Rotaugenköder, mit dem man die größten Rotaugen „heraussortieren" kann, beispielsweise wenn auf Maden nur Kleinfische beißen. Die beste Verwendungszeit liegt im Sommer und Frühherbst. Auch alle anderen Friedfische — Häsling, Rotfeder, Nase, Brassen, Döbel, Schleie — nehmen Weizen gern an, insbesondere nach Gewöhnung durch Anfütterung. Selbst große Karpfen verirren sich

❶ **Weizen in den verschiedenen Stadien der Zubereitung. Eben aufgeplatzte Körner werden zum Angeln benutzt, ganz aufgeplatzte zum Anfüttern.**

❷ **Für Rotaugen verwenden wir ein einzelnes Korn auf kleinem Haken.**

❸ **Je nach Größe der beangelten Fische erhöhen wir die Zahl der Körner und die Hakengröße.**

❹ **Schlanke Stabposen und eine gleichmäßig verteilte Bebleiung passen zu dieser Art der Angelei.**

Weizen

an die mit Weizen beköderte Rotaugenangel und können mit Weizen auch gezielt beangelt werden: Haken Größe 4—6 mit mehreren Körnern bedecken. Diese Montage bringt auch gelegentlich große Döbel und Barben an die Angel.

Angelmethoden

Die klassische Methode beim Weizenangeln ist die Stippangelei mit langer, unberingter Rute, 10er bis 12er Vorfach, 14er Hauptschnur und einem Weizenkorn. Nach vorheriger gründlicher Anfütterung wird bei jedem Einwerfen der Angel eine kleine Portion von fünf bis zehn Weizenkörnern lose als Lockfutter mit auf die Reise geschickt. In langsam fließenden Gewässern, die sich besonders zum Weizenangeln anbieten, tarieren wir die leichte, schlanke Pose mit mehreren kleinen Bleischroten aus, die — gleichmäßig zwischen Pose und Haken verteilt — dafür sorgen, daß die Schnur nach dem Einwurf einen weiten Bogen bildet und das Weizenkorn am Haken, den lose eingeworfenen Körnern gleich, langsam absinkt.

Wird mit der Rollenrute auf weitere Entfernungen gefischt, so läßt sich der Anfütter-Weizen mit einem Madenkatapult zielgenau Richtung Pose dirigieren. In stärker strömenden Gewässern füttern wir mit einer Mischung aus Paniermehlfutter, zerquetschten und unversehrten Weizenkörnern an, die schwere und kompakte Futterballen ergibt. Hier bringt die Grundangel mit Bodenblei oft gute Erfolge. Der Anbiß erfolgt beim Angeln mit Weizen (im Gegensatz zu Hanf) meist eher gemächlich.

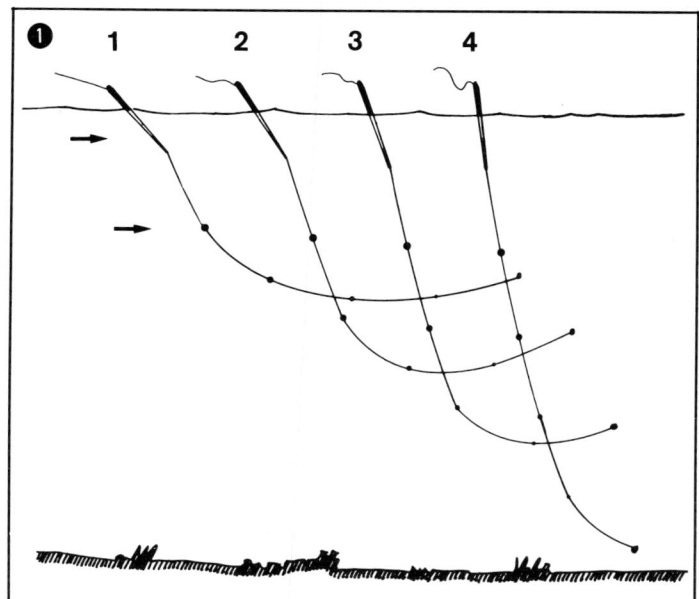

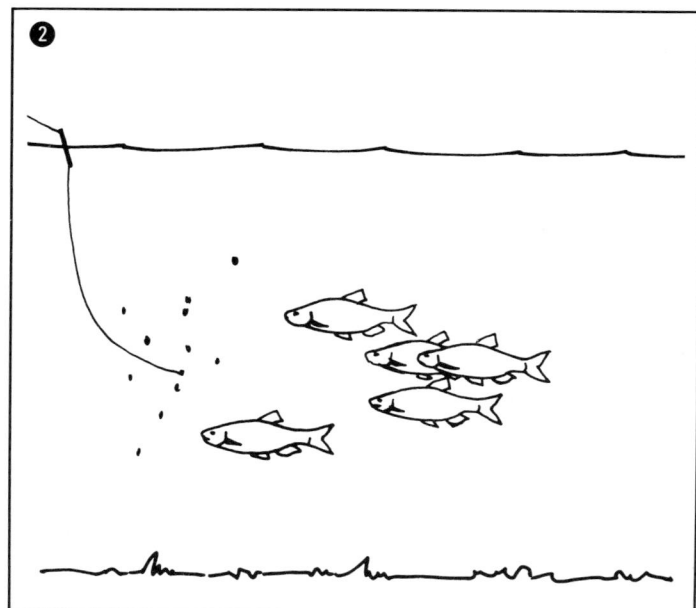

❶ *Beim Fischen in Fließgewässern richtet sich die abtreibende Pose nur langsam ganz auf. Wenn sie längere Zeit in Position 2 oder 3 verharrt, hat ein Fisch den Köder im Mittelwasser genommen und hindert die Bleischrote am weiteren Absinken. Also anschlagen!*

❷ *Während des Fischens immer wieder mit losen Weizenkörnern nachfüttern, um die Rotaugen „bei der Stange zu halten".*

❸ *Beim Angeln mit Weizen bleibt die Hakenspitze frei.*

Wurstköder

Beschaffung und Zubereitung

Verschiedene Wurstsorten und Frühstücksfleisch ergeben gute Köder für eine Reihe von Friedfischen. Am gebräuchlichsten ist Fleischwurst (möglichst mit Knoblauch), von der wir 1 cm dicke Scheiben abschneiden, enthäuten und in Würfel von ca. 1 cm Kantenlänge zerteilen. Besonders gierig wird dieser Köder in der Nähe der Einflüsse von Haushalts- oder Gaststättenabwässern angenommen; aber auch in sauberen Gewässern interessieren sich die Fische — zumal nach gelegentlichem Einwerfen von ein paar Wurstbrocken- für den wurstbeköderten Haken. Das gleiche wie für Fleischwurst gilt auch für die Verwendung von Blutwurst. Kleinfingerdicke Rindfleischwürstchen („Cocktail-Würstchen") werden unzerteilt als Köder verwendet. Man kann sie roh anködern oder vor dem Fischen kurz in kochendem Wasser aufbrühen. Dabei verlieren die Würstchen von ihrem Fettgehalt und haben im Wasser entsprechend weniger Auftrieb; außerdem werden sie weicher.

Frühstücksfleisch ist sowohl als Brotbelag als auch als Angelköder ein England-Import. Wir erhalten es, in Dosen abgepackt, überall im Lebensmittelhandel. Das Fleisch wird aus der Dose entnommen und in Würfel zerteilt, deren Größe der beangelten Fischart (s. u.) und der Wassertemperatur (kaltes Wasser — kleinerer Köder) entspricht.

Aus weichen Wurstsorten wie Leberwurst, Schmierwurst, Mett u. ä. erhält man durch Beikneten von Paniermehl einen sehr fängigen

Vor allem Döbel interessieren sich für Wurst bzw. Frühstücksfleisch. Bei vorsichtigem Drill lassen sich auch mehrere Fische aus einem Schwarm fangen.

Wurstteig. Knoblauch- und Zwiebelgeschmack geben zusätzliche Lockwirkung.

Wurst und Frühstücksfleisch werden im Wasser mit der Zeit fahl und — vor allem bei niedriger Wassertemperatur — aufgrund ihres Fettgehalts hart. Daher ist häufiger Köderwechsel zu empfehlen.

Anköderung

Würfel aus Wurst oder Frühstücksfleisch ködern wir auf Einfachhaken Gr. 4—8. Kurzschenklige Haken sind vorteilhaft, da sie ganz im Köderwürfel verschwinden. Nur die Hakenspitze sollte im Interesse eines wirksamen Anhiebs herausschauen. Manche Angler ziehen es vor, die Würfel mit der Ködernadel auf einen kleinen Drilling zu ziehen; erforderlich ist dies jedoch nicht, da der Wurst-

köder fest genug ist, um auch am Einfachhaken zu halten. Bei Wurstteig ist hingegen ein Drilling vorzuziehen. Würstchen werden mit der Ködernadel längst auf Vorfach und Haken gezogen (Einfachhaken Größe 4); für den Anhieb ist es günstig, die Wurstpelle um die Hakenspitze herum zu entfernen.

Fischarten

Wurst und Frühstücksfleisch sind besonders dem Döbelangler als hervorragender Köder bekannt. Daneben empfehlen englische Experten Wurstköder, v. a. Würstchen, für Barben. Karpfen und Aal, seltener Brassen, werden gelegentlich auch mit Wurst gefangen. Karpfen können durch regelmäßiges Anfüttern zu Wurst-Lieb-

habern „erzogen" werden. In kleineren Stücken eignen sich Fleischwurst und Frühstücksfleisch zum Rotaugenangeln, desgleichen kleinere Mengen Wurstteig. Regenbogenforellen (v. a. in Teichanlagen), die ja mehr oder minder Allesfresser und darin mit dem Döbel vergleichbar sind, fallen ebenso auf Wurstköder herein.

Angelmethoden

Für die „Wurstspezialisten" Döbel und Barbe ist die leichte Grundangel mit Bodenblei in aller Regel der Posenangel vorzuziehen. Das bedeutet als Gerät zum Döbelfischen eine leichte, sensible Grundrute, Stationärrolle (Kapselrolle) mit 22er bis 25er Hauptschnur, 20er Vorfach. Im Sommer bei kla-

Wurstköder

rem Niedrigwasser bestehen häufig nur mit noch feinerem Geschirr Erfolgsaussichten. Das Bleigewicht sollte ebenfalls so gering wie möglich gewählt werden: Ein Seitenarm mit einigen großen Schrotkugeln — gerade so viel, um den Köder am Boden zu halten; bei stärkerer Strömung ein Birnenblei von 10—20 Gramm. Die Rute halten wir (ruhig!) in der Hand, die Schnur läuft vor der Rolle über den Zeigefinger, um dort die ersten „Annäherungsversuche" des Döbels an den Köder zu signalisieren, auf die prompt der Anhieb folgen muß. Harte Anbisse, die zu heftigem Ausschlagen der Rutenspitze (oder zum Läuten einer dort befestigten Glocke) führen, sind meistenteils Abschiedsgrüße des Döbels von einem zu grob montierten Gerät.

Beim Barbenangeln wird die Kombination Rute/Schnur stärker zu wählen sein als auf Döbel. In starker Strömung ist es oft erforderlich, den Köder mit einem schweren Sechskantblei am Boden festzulegen.

Für die Posenangelei mit Wurstködern eignet sich jede leichte bis mittelschwere Stipprute mit Rolle und 20er bis 25er Hauptschnur. Der Köder wird am 15er bis 18er Vorfach in Grundnähe, ggf. auch im Mittelwasser, angeboten. Diese Methode verspricht nur in Flüssen mit langsamer, gleichmäßiger Strömung guten Erfolg; in anderen Fällen ist die Spürangel mit leichtem Bodenblei (s.o.) vorzuziehen. Gelegentliches Anfüttern mit ein paar Brocken der als Köder verwendeten Wurstsorte ist von Vorteil; der Preis von Wurstködern ersetzt die Warnung vor zu intensivem Anfüttern.

Ein Trick noch zu diesem Thema: 50 Gramm Leberwurst mit heißem Wasser überbrühen, mit der Brühe eine Paniermehlfütterung herstellen, die die Fische für die Witterung von Wurstködern interessiert. In strömenden Gewässern Sand oder Kies hinzugeben, damit das Futter an der gewünschten Stelle den Grund erreicht.

❶ *Gleichermaßen fängig: Fleischwurst und Frühstücksfleisch.*
❷ *Als Köder werden nicht zu kleine Würfel geschnitten.*

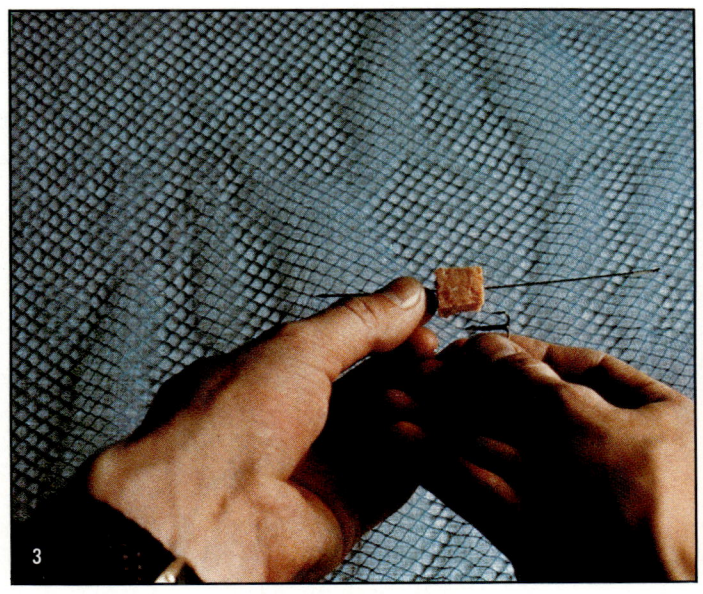

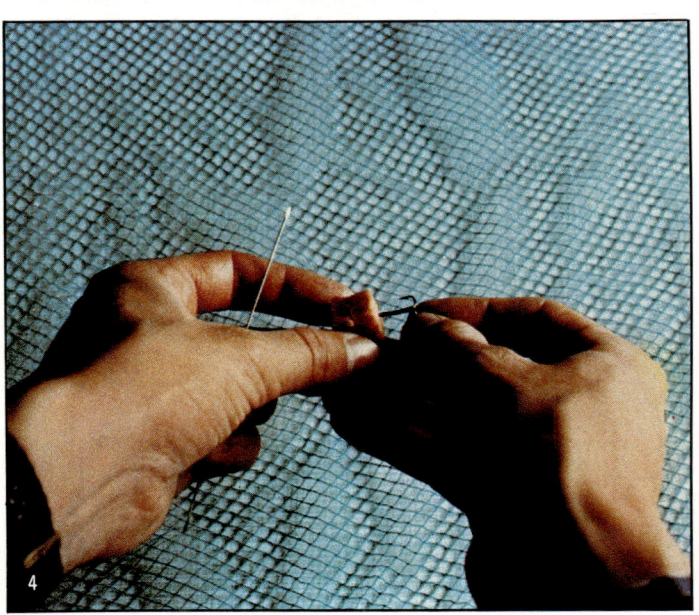

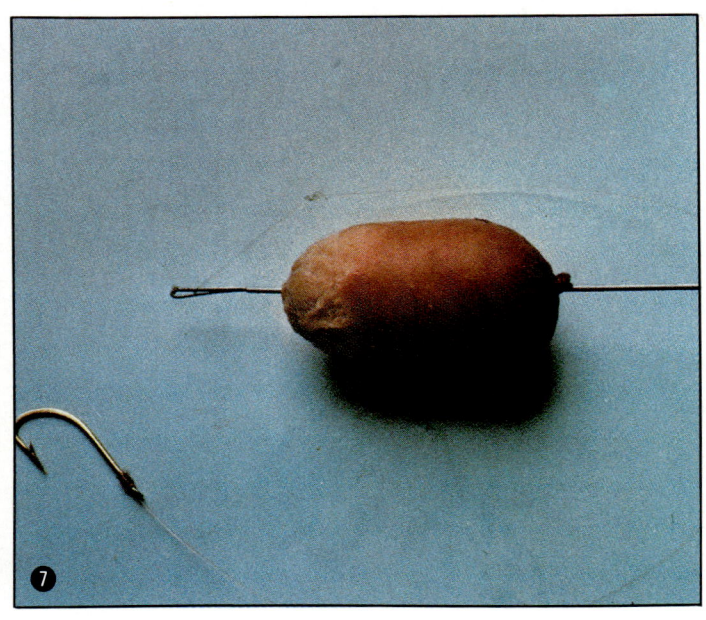

❸ Aufziehen mit der Ködernadel.
❹ Drillingshaken etwas
kleiner wählen als den
Köder.
❺ Auch am Einzelhaken
(links) verwendbar.

❻ Cocktailwürstchen vor
dem Angeln kurz aufbrühen.
❼ Um den Haken die Pelle
entfernen, damit die Spitze
für den Anhieb freiliegt.

Ködergeheimnisse
von Experten verraten

Auf zur Cocktail-Party Kombiköder für Friedfische

Wurm und Made fangen kombiniert häufig besser, als wenn sie getrennt voneinander angeködert werden. Es gibt noch viele weitere erfolgversprechende Köder-Kombinations-Möglichkeiten.

Unter englischen Friedfischanglern sind vie Köder gang und gäbe: Maden, Brot, Wurm und Caster. Letzteres ist der Name, den die englischen Angler der verpuppten Made gegeben haben. Man kann mit einigem Recht behaupten, daß kaum ein Angler in England fischen geht, ohne diese vier Köder dabei zu haben. Mit welchem sie schließlich zu angeln beginnen, hängt vom Gewässer und der angestrebten Beute ab. In einem Rotaugengewässer wäre der erste Köder höchstwahrscheinlich eine Made; als Ausweichköder dient meist Brot, weil damit in der Regel größere Fische gefangen werden können. Wenn ein Gewässer häufig mit Caster befischt wird, wird man mit diesem Köder beginnen, weil er zu denjenigen gerechnet werden muß, mit dem sich Fische vorrangig beschäftigen. An einem Gewässer, das größere Fische, wie Brassen, Döbel oder Barben, beherbergt, werden eher Wurm oder Brot den Auftakt bilden. So weit, so gut.

Kombiköder: eine Neuentdeckung

.. aber, wie jeder Angler weiß, denken gerade Fische manchmal gar nicht daran, den Vorstellungen der Angler zu entsprechen. Früher wechselte der Angler, wenn sich bei seinem ersten Köder nach einer gewissen Zeit kein Erfolg einstellte, auf einen anderen Köder über, solange, bis endlich ein Biß erfolgte. Was den Engländern heute selbst komisch erscheint, ist, daß sie zwar automatisch daran dachten, auf einen anderen Köder auszuweichen, z. B. von Maden auf Brot zu wechseln, nie aber daran, verschiedene Köder miteinander zu kombinieren. Solche Mischungen werde heute in England vor allem unter Wettanglern als „Cocktail-Köder" bezeichnet.
In der Regel werden Cocktail-Köder eingesetzt, wenn das Anfangsangebot eines Einfachköders nicht verfängt, obwohl es eigentlich keinen Grund gibt, es nicht von Beginn an mit einem Kombiköder zu versuchen. Kombiköder haben in den letzten Jahren schnell an Beliebtheit gewonnen ... mit gutem Grund. Denn bemerkenswert oft nehmen Fische Kombiköder an, deren einzelne Bestandteile sie vorher beharrlich ignoriert haben.

Made und Caster für Rotaugen

Bestimmte „Cocktails" versprechen, wie mit der Zeit deutlich geworden ist, viel eher Erfolg als andere, was natürlich auch von der jeweiligen Fischsorte abhängt, auf die man es abgesehen hat. Bei Rotaugen sind, wie wir gesehen haben, Made oder Caster die normalen Köder. Es kann kaum überraschen, daß der häufigste Kombiköder für diesen Fisch aus ... Made und Caster besteht. Es ist erstaunlich, wie oft das funktioniert. Obwohl wir das nicht für deutsche Verhältnisse verallgemeinern können, haben wir bei uns in England festgestellt, daß Caster fast immer größere Rotaugen anziehen als Maden. Es ist gleichermaßen bemerkenswert, daß sich dieser Trend bei einer Kombination von Made und Caster nach oben fortsetzt, d.h., daß die gefangenen Fische im Durchschnitt noch schwerer werden. Soviel zu dem einfachsten Cocktail-Köder.

Made und Wurm für Brassen

Die größte Wirkung aber hat eine Kombination mit einem Wurm erzielt, vielleicht weil

SIR, DIE COCKTAIL-KÖDER SIND ANGERICHTET

① Die Favoriten-Kombination für den Fang großer Rotaugen: Eine Made kombiniert mit einer Madenpuppe.
② Der Wurm wird in der Mitte gehakt, auf die Hakenspitze kommt eine Made. Häufig vor allem auf Brassen erfolgreich, wenn der Wurm alleine versagt.
③ „Sandwich" nennen die Engländer dieses Gespann. Der in der Mitte gehakte Wurm wird auf beiden Seiten von einer Made flankiert.
④ Auch ein fängiger Cocktail: Wurm in der Mitte gehakt, auf der Hakenspitze eine Madenpuppe.
⑤ Eine andere Wurm/Puppen-Kombination. Den Wurm bis auf die Angelschnur hochschieben, dann den kleinen Haken völlig in der Puppe verbergen.

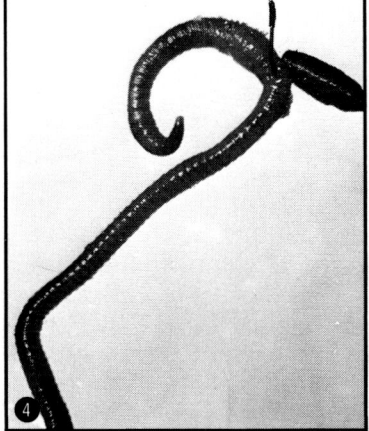

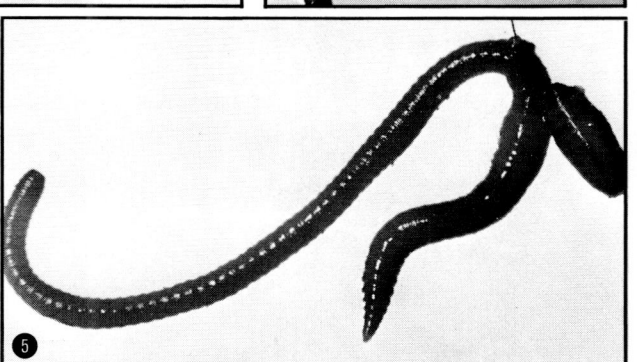

sie vielfältiger verwendbar ist. Den Anstoß dazu gaben Angler bei einem Wettfischen auf Brassen. Wurm ist ja immer ein guter Köder für Brassen gewesen. Was passierte, war folgendes. Die erste Kombination, die versucht wurde, war unseres Wissens ein in der Mitte gehackter Wurm mit einer auf der Hakenspitze aufgezogenen einzelnen Made. Dies führte regelmäßig zu Bissen, wenn der Wurmköder allein versagt hatte, was man damit erklärte, daß der sich vom Wurm abhebende weiße Fleck der Made den Köder für einen zögernden Fisch gerade um das entscheidende Moment attraktiver machte.

Dem nächsten Schritt in der Entwicklung dieses „Cocktails" gab man einen besonderen Namen: „Sandwich", was auf deutsch soviel wie „belegtes Brötchen" bedeutet. Für diese Kombination wird eine Made aufgespießt und den Hakenschenkel hinaufgeschoben. Dann wird der Wurm in der Mitte gehakt. Den Abschluß bildet eine weitere Made an der Hakenspitze, so daß der Wurm auf beiden Seiten von einer Made flankiert wird, was die Farbwirkung dieses Köders weiter verstärkt. Fairerweise sollte man hinzufügen, daß nach unserer Erfahrung die einfache Kombination aus einer Made und einem Wurm fängig genug ist und daß nur, wenn dieser Köder versagt, auf das „Sandwich" zurückgegriffen wird.

Weitere Wurm-Cocktails

Ein weiterer „Cocktail" ist, und das wird Sie kaum noch überraschen, aus Caster und Wurm zusammengesetzt. Wieder wird der Wurm in der Mitte gehakt. Die Spitze bildet ein Caster, genauso wie beim Wurm-Made-Cocktail. Eine erfolgreiche Veränderung, durch die der Haken völlig versteckt wird, besteht darin, den Wurm aufzuzie-

hen und auf die Angelschnur hochzuschieben. Dann hakt man den Caster so, daß der Haken ganz darin verborgen ist, was natürlich nur bei Haken von Größe 14 bzw. kleiner möglich ist. Erst wird die Hakenspitze an einem Caster-Ende eingestochen, dann wird der Haken gedreht und eingezogen, bis Hakenbogen und -schenkel im Köder verschwunden sind. Dann wird der Wurm wieder bis zum Haken herangeschoben, so daß er über den Caster herabhängt. Für diejenigen, die im Caster als Köder keine Erfahrung haben, ist es wichtig zu wissen, daß die englischen Angler so gut wie immer dabei mit völlig verdecktem Haken fischen, es sei denn, die Fische bissen wie toll.

Brot-Cocktails selten

So viel zu „Wurm-Cocktails". Hinzuzufügen ist lediglich noch, daß diese Kombination mit großen Würmern wie dem Tauwurm selten erfolgreich ist. Deshalb werden in England dazu ausnahmslos kleine Rotwürmer oder Gelbschwanzwürmer benutzt.

„Cocktails" in Verbindung mit Brot sind wesentlich seltener in Gebrauch. Die häufigste Kombination sieht so aus, daß zwei oder drei Maden aufgezogen werden und dann eine Brotflocke an den Haken gedrückt wird, so daß die Maden gerade noch aus dem Brot herausschauen. Eine andere besteht darin, Maden in ein wenig Brotteig zu verstecken.

Aus dem oben Gesagten ist hoffentlich klar hervorgegangen, daß auch auf diesem Sektor noch reichlich Gelegenheit zu eigenen Experimenten über die von uns geschilderten Grundideen hinaus gegeben ist. Wir hoffen, daß wir Sie überzeugen konnten, mal einen Versuch mit „Cocktail-Ködern" zu wagen ... und daß sich zur Freude am Probieren eine Belohnung in Form größerer Fänge gesellt.

Hanf und Süßlupinen als Ködergespann

Hanf ist als Angelköder bekannt. Kombiniert wird er neuerdings in England mit allergrößtem Erfolg mit Süßlupinen. Und zwar füttern die Engländer meist mit Hanf an und stecken Lupinen auf den Haken. Was großen englischen Rotaugen schmeckt, werden schen sicherlich nicht verschmähen.

Hanf ist ein gängiger (und fängiger) Köder bei Friedfischanglern in ganz Europa. In England werden Hanfkörner jedoch meist zusammen mit einem anderen Pflanzensamen benutzt, und die Ergebnisse sind so eindrucksvoll, daß wir uns mit diesem Köder etwas näher befassen wollen. Ach ja, es handelt sich um die Samenkörner der Lupine, genauer gesagt der Süßlupine.

Der Wettangler, der dank der Kombination von Hanf und Süßlupinensamen seine Konkurrenten nicht nur mit mehr Rotaugen, sondern vor allem mit Rotaugen von höherem Gewicht aus dem Felde schlug, heißt Mac Willis. Mac lebt in dem Städtchen Newark in der Grafschaft Nottingham nahe am Trent, einem der größten Flüsse Englands mit vielen bedeutenden Wettkampfstrecken. Ködermäßig wurde die Angelei am Trent in den frühen 60er Jahren vom „Caster", der verpuppten Made (siehe Seite 26) beherrscht. Die Männer, die damit fischten, kamen aus dem Nordwesten Englands und verstanden es lange Zeit, das Geheimnis ihres Erfolgs zu wahren.

Mac Willis war einer von den Anglern, die bei Wettfischen anfangs laufend den „Caster-Leuten" unterlagen, und beim Versuch, deren Geheimrezept zu „knacken", kam er auf den Köder, von dem heute die Rede ist. Ohne zu wissen, was Caster wirklich sind, nahm er an, daß es sich um irgendein Samenkorn handeln müsse. Und so verfiel er auf Süßlupinen, die es in jeder Samenhandlung in größeren Mengen preiswert zu kaufen gibt. Allerdings konnte Mac seinen Köder nicht so lange geheimhalten wie seine Rivalen. Er machte aber eine entscheidende Entdeckung. Weil der Lupinensamen größer ist als ein Hanfkorn, benutzte er Lupinen als Hakenköder, während er weiterhin mit Hanf anfütterte, der ja völlig zu Recht einen guten Ruf als Grundfutter hat. Die Idee, ein größeres Stück des Grundfutters am Haken zu befestigen, ist ja nicht neu, und in diesem Fall funktionierte sie. Jetzt benutzen Angler überall in England diese Köderzusammenstellung, um — vor allem in der wärmeren Jahreszeit — größere Rotaugen zu fangen.

Erst einweichen

Bevor wir darauf eingehen, wie man mit diesem Köder angelt, sollten wir uns mit der Zubereitung befassen, denn Süßlupinen sind nicht ganz so einfach zu behandeln wie Hanf. Wenn man Lupinensamen kauft, ist er sehr hart, und viele Angler haben ihn schon stundenlang mit wachsender Verwunderung gekocht, ohne daß er weich genug geworden wäre für den Haken. Die Körner müssen nämlich über Nacht in kaltem Wasser eingeweicht werden, so daß sie auf fast die doppelte Größe anschwellen, aber selbst dann sind sie noch nicht weich genug zum Angeln. Sie kommen nun in einen offenen Topf, werden mit Wasser bedeckt und bei 120 bis 150 Grad C in den Backofen geschoben.

Noch eine Zwischenbemerkung. Manche Angler glauben, daß der Lupinensamen so dunkel werden müsse wie Hanf. Um diesen Effekt zu erzielen, muß man dem Wasser vor dem Kochen einen Teelöffel doppeltkohlensaures Natron zufügen und, wenn die Körner fast schwarz werden sollen, zusätzlich noch einen Teelöffel Zucker.

Anders als bei Hanf muß man verhindern, daß die Körner aufplatzen. Wenn der Ofen die erforderliche Temperatur erreicht hat, lassen Sie die Körner 30 Minuten kochen. Probieren Sie dann, ob die Körner in zwei Teile platzen, wenn Sie sie zwischen Daumen und Zeigefinger pressen. Das bedeutet, sie kochen richtig . . ., aber sie sind noch nicht gut. Nun alle 10 Minuten prüfen. So nach 50 Minuten müßten die Körner sich zwischen den Fingern platt drücken lassen, ihre Haut aber ganz bleiben. Jetzt sind sie richtig.

Nehmen Sie den Topf aus dem Ofen, und lassen Sie den Inhalt langsam abkühlen. Die abgekühlten Körner werden in ein Sieb geschüttet und mit warmen Wasser — nicht heißem oder kaltem — gewaschen. Das ist wichtig, damit sie nicht aufplatzen. Zu diesem Zeitpunkt sehen die Körner, selbst nach der erwähnten Spezialbehandlung, noch hell aus. Erst wenn sie in einem Köderbehälter, den man mit einem nassen Tuch bedeckt, über Nacht stehengelassen wurden, verfärben sie sich dunkel.

In Ufernähe fischen

Um mit der Hanf/Süßlupinen-Kombination Erfolg zu

❶ Lupinensamen (oben) muß vor dem Kochen eingeweicht werden. Er schwillt dabei auf etwa die doppelte Größe an (unten).

❷ Die Fingerprobe: Wenn sich die Körner leicht zerdrücken lassen, sind sie „gar".

❸ So sind die Körner fertig zum Angeln. Sie müssen aber noch warm abgespült werden.

❹ Ein Lupinenkorn (stark vergrößert) auf dem Haken. Eventuell muß man einen kleineren Haken verwenden, der ganz im Köder verschwindet.

erzielen, sollte man in der umlaufenden Randströmung fischen. Füttern Sie mit Hanf, und bieten Sie die Lupinenkörner je nach Größe an einem Haken 14 bis 20 an. Ein kleines Balsa-Floß mit geringer Tragkraft wird fest an der Schnur angebracht. Bei einer Wassertiefe von 1,5 m — ideal für diese Art des Angelns — sollte das Floß sich ca. 2 m über dem Haken befinden. Das Schrotblei wird in Abständen von 30 cm angebracht, das unterste sollte aber rund 80 cm vom Haken entfernt sein. So kann der Köder an straff gehaltener Schnur in der Strömung herumschwingen.

Die Angler, die diesen Köder zum erstenmals anwenden, sollten ein wenig Geduld haben. Es kann eine Zeitlang dauern, bis die Fische auf Süßlupinen ansprechen, aber dann nehmen sie den Köder mit Vehemenz.

Noch ein paar Tips: Um Süßlupinen dem Hanf ähnlicher zu machen, benutzen manche Angler nur die etwas kleineren Körner. Andere versehen den Haken mit einem kleinen weißen Farbklecks, um so ein aufgeplatztes Hanfkorn besser nachzuahmen. Auch sollten Sie eines nicht vergessen: Wie Weizen wirkt Lupinensamen sättigend. Wenn Sie z. B. lose Lupinenkörner füttern, sind sechs Stück pro Einwurf schon genug. Nur gemischt mit Hanf kann diese Ration auf bis zu 12 erhöht werden.

Die Hanf/Süßlupinen-Mischung ist bislang immer nur in Zusammenhang mit Rotaugen behandelt worden, und es sind in der Tat einige Riesenfänge von Rotaugen damit erzielt worden. Es sollte aber nicht vergessen werden zu berichten, daß einige englische Angler auch Brassen und vereinzelt Karpfen damit gefangen haben. Die Wirkungsbreite dieses Köders steht jedenfalls noch lange nicht endgültig fest.

Ein Schuppenkarpfen, der Katzenfutter mochte.

Überraschungs-Köder für Karpfen

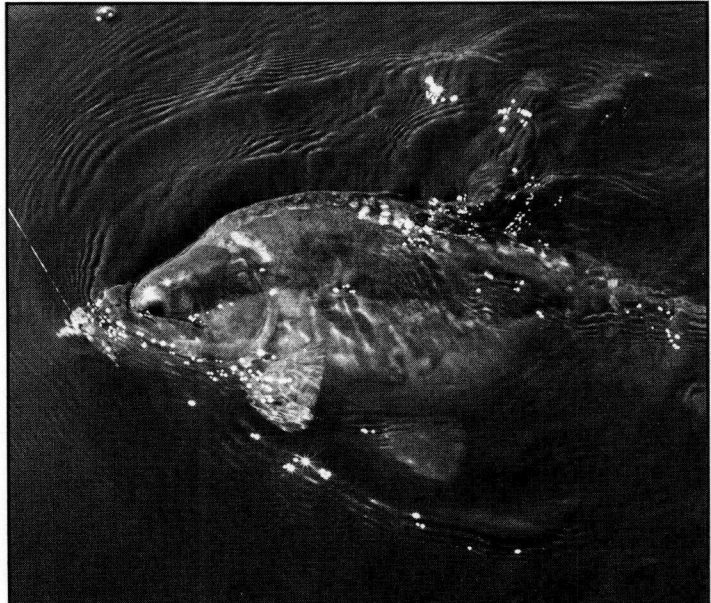

Noch nicht abgekämpft; er zieht wieder ab.

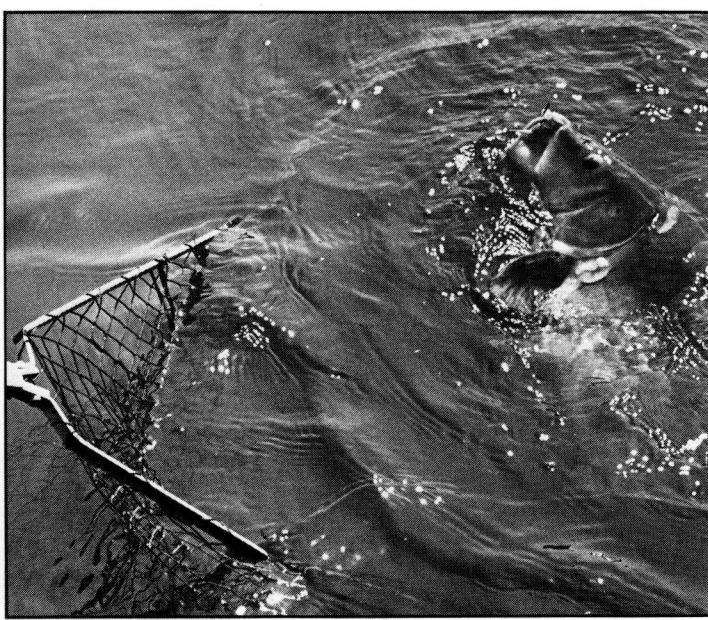

Der Kescher kommt.

So ist's richtig! Kopf voran über den eingetauchten vorderen Kescherrand.

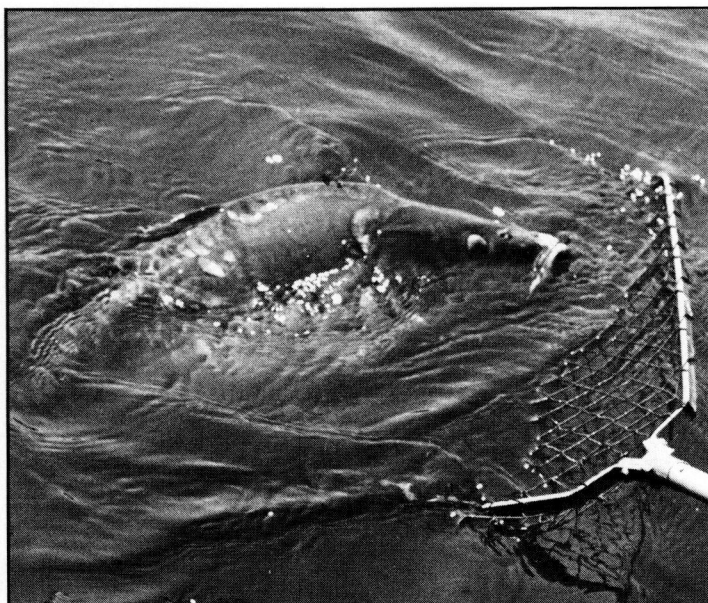

Ganz über dem Netz. Gleich wird der Kescher angehoben.

Der Karpfen ist in den meisten Gewässern ein viel beangelter Fisch. Das bedeutet, daß er lernt, häufig verwendete Köder als gefährlich anzusehen, und ein Karpfen, der mit einem bestimmten Köder schlechte Erfahrungen gemacht hat, fällt kaum ein zweites Mal auf ihn herein. Ausgenommen sind die selten Tage, an denen die Karpfen hemmungsloser Appetit plagt, z.

B. unmittelbar vor dem Laichen oder bei bestimmten ungewöhnlichen Wetterlagen. An allen anderen Tagen bringen überraschende Angebote, welche die Karpfen nicht als gefährlich kennen, nach meinen Erfahrungen bessere Fangergebnisse. Die Grundidee ist also folgende: Zunächst wird etwas anderes als die Standardköder Kartoffeln, Brot und Wurm zum Anfüttern verwendet. Wenn

die Fische sich an dieses andere Lockfutter gewöhnt haben, werden sie damit auch gefangen.

Geheimtip Katzenfutter

Eines Tages beobachtete ich die Katze meiner Mutter bei ihrer Mahlzeit. Sie fraß das Katzenfutter Kitekat, wie man es fertig in Dosen kauft. Ob Karpfen auch Katzenfutter mögen, fragte ich mich?

So wie es aus der Dose kommt, läßt sich Kitekat nicht an den Haken ködern. Wenn man aber den Inhalt einer Halbpfund-Dose mit 100 g Mehl oder feinem Paniermehl vermischt, erhält man einen zähen Teig. Den Teig kann man zu Kugeln von ca. 20 g formen und in das Kühlfach des Eisschrankes legen. Die gefrorenen Köderkugeln werden in der Kühltasche mit ans Wasser genommen. Dort

Gelandet! Ganz schön stramm.

Denkwürdige Angeltage

Mit dieser Ausrüstung und den beiden beschriebenen Ködern und anderen, über die ich noch berichten werde, habe ich in meiner bisher besten Saison 215 Karpfen gefangen, 75 davon über 10 Pfd. Meinen ergiebigsten Angeltag erlebte ich an einem See in der Grafschaft Kent. Bei wolkenverhangenem Himmel und starkem Süd-West-Wind, die besten Bedingungen fürs Karpfenfischen, wie ich meine, fing ich 15 Karpfen mit einem Gesamtgewicht von 150 Pfd. Ein unvergeßlicher Tag, aber es gab viele andere denkwürdige Tage, z. B. einen, an dem ich zwei Kapfen von 26 und 26 1/2 Pfd. landete. Und alle hier genannten Fische wurden mit Überraschungsködern überrascht, ein einziger ausgenommen.

Diese Köder können sogar im Winter Erfolg bringen, wenn auch natürlich in wesentlich geringerem Maße. Aber im Winter fangen ausschließlich kleine Köder, da die Verdauung der Karpfen durch die Kälte beträchtlich verlangsamt ist. Aus dem gleichen Grunde füttert man auch nur ganz sparsam an. Zum Karpfenfang im Winter gehören Geduld und nochmal Geduld und ein rascher Anschlag bei der geringsten Bewegung der Schnur.

Ich bin sicher, daß die beiden beschriebenen Köder Ihnen helfen werden, Karpfen zu fangen, wenn Sie sich ungefähr an die Anweisungen halten.

zieht man einen Ball mit der Ködernadel auf die Schnur, bindet den Haken an – ich nehme Gr. 4 – und zieht ihn zurück, bis er ganz im Köder verschwunden ist. Nun braucht man nicht zu fürchten, daß der Köder beim Auswerfen vom Haken fliegt und außerdem ist jegliche Bleibeschwerung überflüssig. Im Wasser wird der Köder in wenigen Minuten weich.

Hackklöße gefällig?

Hack ist ein anderer erfolgreicher Überraschungsköder für Karpfen. Ich mische Hack vom Schwein und Rind halb und halb und füge als Würz- und Geruchsstoffe ein wenig geriebene Zwiebel, etwas kleingehackte Petersilie und Thymian hinzu. Als Bindemittel knete ich nach Bedarf Paniermehl oder Weizenmehl unter die Masse. Mindestens eine Woche, besser zwei, füttere ich mit dem Köder an, damit die Karpfen sich an ihre neue Diät gewöhnen können. Ich würde vorschlagen, in zwei Wochen sechsmal ans Wasser zu gehen und jeweils 20 Köderbälle am beabsichtigten Angelplatz einzuwerfen. Die Köderbälle müssen genau die gleiche Größe und Form haben wie später das Haken-Angebot.

Am besten unbeschwerte Schnur

Mein Angelkollege John Probert und ich haben bemerkenswerte Erfolge erzielt mit Katzenfutter und Hackbällen. Unser Gerät besteht aus einer Schnur von ca. 7 Pfd. Tragkraft, einer auf der ganzen Länge federnden Karpfenrute von 3,30 m, passender Stationärrolle und kurzschenkligem Haken Gr. 2 oder 4. Wenn wir mit kleinen Ködern fischen, falls die Karpfen wählerisch sind, beschweren wir die Angel als Wurfgewicht mit einem Birnenblei von 20 g. Das Blei hat an der Spitze ein Öhr, durch das die Schnur ungehindert laufen kann. Das Blei wird ungefähr 15 cm vor dem Haken gestoppt. Aber wir bevorzugen völlig unbeschwerte Schnur. Der Wurf wird sanfter, und der anbeißende Fisch fühlt nicht den mindesten Widerstand.

Zu schade zum Aufessen.
Der Karpfen darf zurück.

Mehr Wert durch Nährwert

Hoher Proteingehalt macht Köder fängiger

Fische wissen genauso wie Menschen, was ihnen gut tut. Von dieser Grundvoraussetzung gehen die Angler aus, die die neuen Köder mit hohem Nährwert entwickelt haben. Und ihre Erfolge, besonders beim Karpfenfischen, geben ihnen recht.

Köder mit hohem Anteil an Protein sind in England noch nicht lange in Gebrauch, aber es besteht kein Zweifel, daß sie sich für lange Zeit als die interessanteste Entwicklung auf dem Ködersektor herausstellen können, vor allem für Angler, die auf große Karpfen aus sind. Die Grundannahme, von der die Pioniere dieses Trends ausgingen, war, daß Fische wie Menschen wissen, was ihnen gut tut. Die Idee stammt von Karpfenanglern, die, wie alle Angler, manchmal Fischen gegenüberstan

den, die vorzugsweise solche Nahrung aufnahmen, die als Hakenköder nicht verwendbar war. Gute Beispiele dafür wären Plankton und Algen, beides reich an Proteinen. Unter solchen Umständen ignorieren Fische alle üblichen Köder, weil sie etwas fressen, was sie als nahrhaft empfinden, etwas was ihr Wohlbefinden stärker steigert als ein unbekannter Happen, der nur auf Grund seines Geschmacks anziehend wirkt. Bei solchen Gelegenheiten, argumentieren die Protein-Befürworter, ist

das einzige, was Fische von diesem bevorzugten Fressen abhalten kann, etwas von **noch höherem** Protein-Gehalt ... etwas, wodurch sie sich noch wohler fühlen.

Karpfen bevorzugen Protein-Köder

Maden und Caster (die verpuppte Made) sind zwei übliche Köder mit hohem Protein-Gehalt. Der Nachteil an ihnen ist eben nur, daß sie viel zu oft von Kleinfischen weggeschnappt werden, ehe die Großen, Karpfen z. B., sich überhaupt dafür interes

❶ Spiegelkarpfen von gut 40 Pfd. Der Köder mit hohem Proteingehalt schmeckte ihm.

❷ Dieser 43-pfündige Schuppenkarpfen ist der zweitgrößte Karpfen, der je in England gefangen wurde. Ein Proteinköder machte es möglich.

❸ In England wird der neue Karpfenköder fertig angerichtet in Eimern verkauft.

sieren können. Deshalb erfüllen die neuen proteinhaltigen Köder **zwei** Funktionen ... ihr Nährwert bringt Fische dazu, sich von bevorzugten natürlichen Ködern abzuwenden, und gleichzeitig sind sie groß genug, um Kleinfische abzuhalten.

Über den Proteingehalt von Algen und Plankton lagen den Anglern — zumindest den englischen — keine wissenschaftlichen Daten vor. Sie spekulierten einfach darauf, daß große Fische die Erfahrung mit viel Protein gut für sie sei. Wenn diese Annahme falsch gewesen wäre, wäre die ganze Idee von Ködern mit hohem Protein-Gehalt eine Pleite geworden. Bis jetzt aber scheint sie recht gut zu funktionieren, und eine Menge Karpfenangler hat uns bestätigt, daß ein Köder mit hohem Protein-Gehalt in Gewässern mit allen möglichen Fischen Karpfen (und zwar große Karpfen ...) erbrachte, so als ob der Köder die Karpfen aussortiert hätte.

In England waren bis jetzt Karpfen das Hauptziel beim Einsatz dieses Köders, aber es gibt eigentlich keinen Grund, warum nicht auch größere Exemplare anderer Fischarten wie Brassen und Schleien darauf ansprechen sollten. Was Brassen betrifft, erinnere ich mich gut an ein Gespräch, das ich vor einigen Jahren mit Jan Roelfs, einem holländischen Brassenspezialisten, hatte. Nach wochenlangem Suchen im Ijsselmeer hatten Jan und seine Freunde Schwärme großer Brassen von 6 Kilo und mehr aufgespürt. Aber was immer sie als Köder anboten, sie bekamen keinen Biß. Später sah Jan dann einen dieser Fische bei einem Fischhändler, wo er Gelegenheit hatte, den Mageninhalt des Fisches zu analysieren. Es stellte sich heraus, daß der Brassen sich ausschließlich mit einer Diät von winzigem Plankton ernährt

hatte, was Jan als Beweis für seine langgehegte Theorie betrachtete, daß große Fische mit dem Alter träge werden und ihr Futter einfach durch Aufsaugen von Plankton aufnehmen. Brassen, wie der von Jan Roelfs untersuchte, müßten eigentlich geeignete Objekte für einen Versuch mit Protein-Ködern sein.

Fleischhaltig und geschmackvoll

Was, werden Sie sich sicher fragen, sind denn eigentlich Köder mit hohem Protein-Gehalt? Es sind Zusammenstellungen von Stoffen mit hohem Proteinwert, die in der Mischung von so hohem Nährwert sind, daß Fische sich dadurch zur Abkehr von ihrer bevorzugten Nahrung bewegen lassen. Die einfachsten Köder mit hohem Proteingehalt waren z. B. Katzen- und Hundefutterkonserven, die mit Brot zu einem Teig gemischt wurden. Auch Rindfleisch und Schweinswürste besitzen einen hohen Proteinwert. Mit anderen Dingen gemischt, können auch sie den Proteinwert eines Köders verbessern. Es dürfte deutlich werden, daß Köder mit hohem Proteingehalt oft Fleisch enthalten und natürlich geschmackvoll sind. Fleischextrakte zählen zu den regelmäßigen Zutaten, ebenso wie Fleisch- oder Hühnerbrühwürfel. Brotflocken sind kein Protein-Köder, ... aber mit ein wenig Fleischextrakt bestrichen oder als Brotteig mit einem geriebenen Brühwürfel vermengt werden sie einer.

In jüngster Zeit sind in England große Fortschritte bei den Zutaten gemacht worden. Es ist allerdings schwierig, sie zu schildern, weil viele der Produkte nur unter ihrem englischen Handelsnamen gebraucht werden. Allerdings ist auf dem englischen Markt inzwischen ein speziell zum Angeln entwik-

kelter Protein-Köder erschienen, der für deutsche Händler aber nicht leicht erhältlich ist.

In erster Linie muß man bei jeder Mischung vermeiden, einen **zu hohen** Proteinwert zu erzielen, weil sonst der Fisch den Köder genauso unverdaulich finden würde wie Sie. Proteinwerte zwischen 45 % und 60 % werden als ideal erachtet.

Ein Köder-Rezept

Hier nun ein Köder-Grundrezept mit hohem Protein-Wert für Gewässer, in denen große Karpfen vorkommen. Die drei Zutaten werden mit ihren englischen Namen angeführt, aber ihre nähere Beschreibung mag genügend Beschreibung mag genügend Hinweise für die Suche nach ähnlichen Produkten in Deutschland geben. Dazu gehören erstens „Phillips Yeast Mixture", ein fleischiger Extrakt in Hefepulverform; Proteinwert 42 %. Zweitens „Beemax", Weizenkeime mit Sojamehl und Malzextrakt; Proteinwert 31 %. Drittens „Casilian", ein Milchextrakt, den man in Reformhäusern erhält; Proteinwert 90 %. Für einen Protein-Köder braucht man folgende Mengen: ca. 140 Gramm (5 englische Unzen) Beemax, 85 Gramm (3 Unzen) Phillips Yeast Mixture und etwa 55 Gramm (2 Unzen) Casilian. Der endgültige Proteinwert des Köders läßt sich nun nach folgender Formel ermitteln: Nach dem Wiegen werden die Zutaten trocken in einer Schüssel vermengt. Hinzu kommen fünf Eier, und dann wird das Ganze am be-

Beemax 5 (Anzahl der Unzen) x 31 (Proteinwert)	= 155
Phillips Yeast Mixture 3 x 42	= 126
Casilian 2 x 90	= 180
Gesamt-Proteingehalt geteilt durch 10 (= Gesamtzahl der Unzen)	= 461
	= 46% Proteinwert

sten mit einem Handmixer geschlagen. Aus der Mischung werden Köderbälle von etwa 20 bis 30 Gramm geformt. Damit die Klöße eine etwas festere Oberfläche bekommen, um unerwünschte „Knabberer" von diesem Köder fernzuhalten, werden sie für eine Minute in kochendes Wasser gelegt. mit einem Sieblöffel herausheben, abtropfen und trocknen lassen, fertig.

Es wäre schwierig, weitere Beispiele zu geben, weil die englischen Namen und Gewichtseinheiten unseren deutschen Lesern wenig helfen können. Das angeführte Beispiel sollte lediglich die Herstellung verdeutlichen und darüber hinaus zeigen, wie einfach sich der Proteinwert durch Veränderung der Zutaten erhöhen oder verringern läßt.

Phillips, die Firma, die die erwähnte Hefemischung herstellt, vertreibt heute einen Proteinköder, der über ein Jahr lang in Karpfengewässern Südenglands getestet und weiterentwickelt wurde. Das Produkt nennt sich „Hipro". Es hat einen Proteinwert von 60 % und enthält Weizenkeime, Hefe, Sojamehl, Milchproteine, Leim, Krabbenpulver, Fischmehl und eine Reihe streng geheimer Zutaten. Das Schöne an diesem Produkt ist, daß es als Grundlage für andere Mischungen benutzt werden kann, wie für Fleischextrakt und Brühwürfel.

Hmm, hier riecht's irgendwo nach Algen-Sülze!

Algensülze: Leckerbissen für Nasen

Grüne Fadenalgen, wie sie in fast allen Fließgewässern an überspülten Steinen, Ästen und Brettern zu finden sind, eignen sich vorzüglich als natürlicher Köder auf die scheue Nase. Den Nachteil, daß die „rohen" Algen schlecht am Haken haften, kann man aufheben, indem man sie mit ein wenig Watte vermengt. Oder man stellt ein haltbares „Algengelee" her.

Fadenalgen findet man an Ästen oder an Steinen unter Wasser.

Man braucht dazu neben einem gehörigen Vorrat an Grünalgen mehrere Päckchen gemahlene Gelatine (je 10—12 g), einen kleinen Topf sowie eine „Gußform" (ein leeres Quarkdöschen z. B.). Die Grünalgen werden im Gewässer gut ausgespült, und so von Schlamm und Sand gereinigt. Das Wasser wird weitgehend ausgepreßt und zu Hause werden die Algen dann an der Luft zum Trocknen ausgebreitet. Angler, die es eilig haben, kön-

Die getrockneten, auseinander gezupften Algen werden mit der heißen Gelatine vermischt (links).

So sieht die fertige Algen-Sülze aus (unten).

nen zur Beschleunigung des Trockenvorgangs auch einen Fön zu Hilfe nehmen.

An Material benötigt man zwei Päckchen Gelatine, ungefähr 30 g getrocknete Algen (das entspricht etwa der Menge, die in ein 250g-Quarkdöschen paßt), vier Eßlöffel Wasser (bei mehr Wasser verliert der Köder stark an Festigkeit).

So macht man die Sülze

Die Gelatine wird in eine Kasserolle gegeben und mit dem Wasser übergossen. Das Ganze läßt man 10 Minuten quellen. Die Gelatinemasse wird dann unter Rühren leicht erhitzt, bis sich die Gelatine verflüssigt (die Gelatine darf aber nicht kochen!). Die flüssige Gelatine wird nach leichtem Abkühlen in die Form gegeben und mit den Algen gründlich vermischt. Es können so viele Algen verwendet werden, bis die Gelatine keine weiteren Algen mehr annimmt. Im Kühlschrank geliert diese Masse in 1/2 bis 1 Stunde zu einer gebrauchsfertigen „Sülze", die auch in reißender Strömung lange am Haken hält.

Der Köder kann auch mit nassen Algen hergestellt werden. Dazu 30 g nasse, aber bereits abgetropfte Algen mit 10 g Gelatine gut vermischen, 10 Min. quellen lassen und dann unter Rühren bei leichter Hitze die Gelatine zum Schmelzen bringen. Nach einer Stunde Abkühlen (im Kühlschrank) ist der Köder gebrauchsfertig. Die naß angerührten Algen sind allerdings nicht ganz so fest und etwas klebriger als die Algenmischung mit getrockneten Algen.

Der Köder muß in jedem Fall bis kurz vor dem Angeln kühl gelagert werden, er verdirbt relativ schnell. Zum Angeln werden kleine Stückchen mit einer Rasierklinge abgeschnitten und an 16er Haken und dünnsten Schnüren auf dem Grund oder knapp darüber angeboten.

Blut ist ein besonderer Saft

Blut lockt Fische an, wer wüßte das nicht. Dennoch wird es recht selten als Lockmittel verwendet. Französische Sportfreunde geben uns hier Tips für den Umgang mit Blut und für das Fischen mit einigen „blutigen" Ködern. Es ist erfolgreich, aber nicht sehr appetitlich.

V orweg: Blut sollte man vorzugsweise beim Geflügelzüchter oder -händler zu kaufen versuchen, weil Geflügelblut oder das von Tauben wesentlich geschmackvoller und besser geeignet ist, als das von Schlachtvieh wie Rind, Kalb, Hammel usw. Lassen Sie 2–3 l Blut in einem Eimer an einem kühlen Platz gerinnen, dann packen Sie ein Drittel des Geronnenen zwischen zwei Bretter und legen irgendein Gewicht auf das obere Brett. Nach kaum einem halben Tag ist das Blut genügend dick geworden, um es in mehr oder weniger große Würfel zu zerschneiden, entsprechend der Fische, die Sie beangeln wollen: Mit einer Würfelseite von 4 mm für kleine Weißfische, 6 mm für Brassen und Schleie und 15 mm für Döbel.

Was die restlichen 2/3 anbelangt, so stellen sie ein Anfütterungsmaterial dar, wie es wirksamer kaum sein kann. Man läßt den Köder in einer roten Wolke treiben. Dazu muß man eine Mischung aus zur Hälfte geronnenem Blut und zur Hälfte Erde oder Sand herstellen. Fügen Sie der Erde Stück für Stück Blut hinzu und rühren Sie mit einer alten Gabel um bis die Masse etwa die Beschaffenheit eines halbflüssigen Pürees hat, so daß man sie mit einem Suppenlöffel anfüttern kann. Die Konsistenz des Breies ist dann

❶ *Noch mal umrühren vor dem Einwerfen.*

❷ *Appetitmacher. Ein Leberwürfel wird in Blut getunkt.*

❸ *Beim „blutigen Geschäft". So ist die Konsistenz richtig. Der Blutbrei muß sich mit einer Kelle hinausschleudern lassen.*

richtig, wenn das Blut sich mit dem Löffel einigermaßen schleudern läßt.

Immer schön kühl

„Weitwürfe" können Sie aber in keinem Fall erwarten, das Anfüttern ist auf die Ufernähe beschränkt. Füttern Sie häufig nach, z. B. mit einer Kelle voll, jede Minute! Unnötig zu sagen, daß man sich am besten eine wasserfeste Schürze umbindet, wie sie in Fachgeschäften zu kriegen sind, um zu vermeiden, daß die Kleidung schmutzig wird. Geangelt wird mit Blut vorzugsweise in der kalten Jahreszeit. Im Sommer besteht die Gefahr, daß sich das Blut zu schnell zersetzt, so daß es gefährlich werden kann, wenn es mit einer kleinen, offenen Wunde in Kontakt kommt. Aber auch im Winter sollte man Blut, der leichten Verderblichkeit wegen, noch am Tag der Zubereitung benutzen.

Blut ist ein besonderer Saft

Es existieren im übrigen getrocknete bluthaltige Futtermittel, die weit weniger schmutzig sind und pur benutzt oder mit anderen Zutaten vermischt werden. Sie sind recht wirksam und, im Gegensatz zu frischem Blut, immer greifbar. Wenn, trotz seiner unbestreitbaren Wirksamkeit, das Angeln mit Blut so selten praktiziert wird, dann liegt das ein bißchen an der erwähnten schmutzigen Seite. Aber noch mehr liegt es daran, daß geronnenes Blut am Haken sehr schlecht hält, was auf die Dauer ziemlich nervtötend sein kann.

Es gibt mehrere Mittel, dem abzuhelfen. Das einfachste: Angeln Sie mit herkömmlichen Ködern (Made, Brot), die Sie vorher in Blut tauchen. Schon das steigert deren Fängigkeit. Wenn das Blut nicht gerinnen will, fügen Sie während der Zubereitung zerpflückte Watte hinzu: Die Watte wird auf einem kleinen Brett mit Hilfe einer Rasierklinge oder einem kleinen, geschärften Taschenmesser zerschnitten. Die blutigen Fäden halten dann ganz gut am Haken. Wem das Angeln mit Blut zu unappetitlich oder das minütlich erforderliche Anfüttern mit dem Suppenlöffel zu anstrengend ist, der sollte einen solideren Köder vorziehen, z. B. Leber. Rinderleber (noch besser aber teurer ist Kalbsleber) wird roh benutzt und wie das Blut in Würfel geschnitten. Leber kann Blut ersetzen, ohne aber die gleiche Wirksamkeit zu besitzen. Sie ist ein guter Köder für Döbel und Rotaugen, aber auch für Aale.

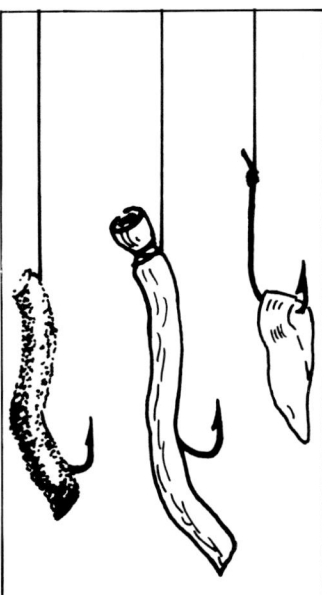

Richtig angeködert von links nach rechts: Mark, Darm, fetter Speck.

Leber-Haken

Angelarten und Jahreszeiten: Auf Döbel und andere Flußfische, vor allem am Ende des Herbsthochwassers und am Anfang der Frühjahrshochwassers, an treibender Pose in allen Gewässertiefen; für Aale in den Sommermonaten mit Bodenblei.

Köderzubereitung: Für Aale die Leber in „Pommes frites" von 4—5 cm Länge zerschneiden und auf einen Einfachhaken Nr. 5 aufziehen. Für Döbel und andere Weißfische in Würfel von 4—10 cm Seitenlänge, entsprechend dem gewünschten Fisch auf einen Einfachhaken in Größen 18—8.

Noch ein besonderer Kniff: Schneiden Sie Ihre Leberwürfel mit Hilfe einer Rasierklinge der Länge nach ein und tauchen Sie sie in Blut, bevor es gerinnt, und die Köder werden mindestens genauso gut sein, wenn nicht sogar besser, als die Blutwürfel mit Watte.

Außerdem sollten Sie wissen, daß beim Angeln auf frisch ausgesetzte Regenbogenforellen in einem „Angelteich" die beste „Fliege" nichts anderes ist, als ein schlanker, blutiger Leberstreifen. Es gibt Angler, die außer für Forellen (s. o.) und Aale, die sich auch auf die zähesten Köder stürzen, wenn sie sich mal entschieden haben zuzuschlagen, der Milz den Vorzug geben gegenüber der Leber. Aber im Prinzip besteht zwischen beiden Ködern kein Unterschied in der Anwendung, nur daß Milz schwieriger zu beschaffen ist.

Mit Mark und Hirn

Rückenmark vom Rind oder anderem Schlachtvieh läßt sich für kurze Zeit (höchstens 2—3 Tage) roh in einem sauberen Lappen aufbewahren und als Köder benutzen. An treibender Pose in Grundnähe oder an leichtem Bodenblei eignet sich Mark besonders für Döbel am Ende der Herbsthochwasser, also, wenn das Wasser leicht getrübt ist. Mark ist aber auch für Aale geeignet vom Frühling bis Herbst. Das Rückenmark wird in Stücke von 2—4 cm Länge auf einem Einfachhaken Nr. 1—5 eingesetzt. Man zieht den Köder vorsichtig der Länge nach mit einer Ködernadel auf die Schnur und läßt am unteren Ende den Hakenbogen herausschauen (s. Zeichnung).

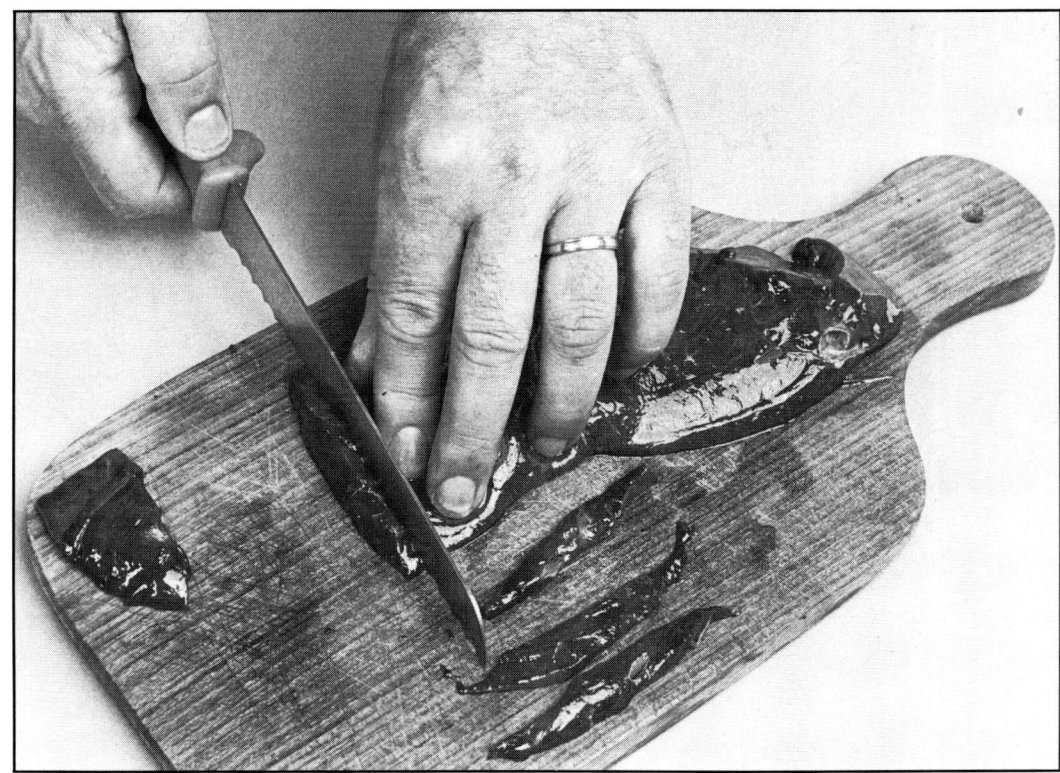

Leber muß am Haken oft erneuert werden, weil sie schnell auslaugt.

Ein gutes Rezept für einen Grundköder: Frisches Blut mit Erde vermischen, dazu ein paar Maden.

Gehirn/Bregen hält genauso schlecht am Haken wie Mark, wenn man nicht sehr aufpaßt. Man schlägt es fest in ein Tuch ein und kocht es ca. 1 Stunde. Für Döbel wird es genauso und zur gleichen Zeit benutzt wie das Mark. Gehirn Aalen anzubieten wäre mal einen Versuch wert.

Darm und Speck

Gedärme von Geflügel, vorzugsweise von Hühnern, ist ein guter Köder für Döbel an der Treibangel von Herbst bis Frühjahr, für Aale am Bodenblei den Sommer über. Anköderung: Rechteckige Stücke von 4–10 cm Seitenlänge auf Einfachhaken Nr. 1–5. Der Haken wird ca. 1 cm unterhalb des einen Endes eingezogen und die Spitze 1–2 cm oberhalb des anderen Endes herauskommen lassen. Man macht noch eine doppelte Schlinge am oberen Ende, damit der Darm nicht in den Hakenbogen rutscht (s. Zeichnung). Aufbewahrt wird Darm roh in einem sauberen Tuch im Kühlschrank. Fetten Schweine-

speck hingegen sollte man besser leicht kochen, weil sich dann das Gewebe schließt. Er eignet sich für viele Friedfische, wenn eine „Speckzacke" von der Größe einer Made geschnitten wird. Für Döbel schneiden wir längliche Dreiecke (s. Zeichnung) von 8–10 mm Breite an der Basis und 2–3 cm Länge, Hakengröße 5–7. Speck ist ein Köder für alle Jahreszeiten.

Beim Fischen mit Bodenblei am Ende des Frühjahrshoch-

wassers ist ein schmaler Streifen Kalbsbraten auf einem Einzelhaken Größe 5 für Döbel ein sehr verlockender Köder. Aber ist es wirklich verlockend, einen schmackhaften Braten in „Döbel-Pappmaché mit Gräten" umzuwandeln? Als Feinschmecker muß ich die Frage verneinen, als Angler dagegen . . . . .

Eiskaltes Blut

Lockwirkung von Blut ist in „Insidern"-Kreisen bekannt, genauso wie die Schwierigkeiten beim Anfüttern damit. Durch die hier beschriebene Methode bleibt aber die Duftwolke näher am Köder und die Bebleiung läßt sich einsparen (allerdings nur in stehenden Gewässern). Besonders auf Aal hat sich diese

Methode bewährt. Man zieht einen nicht zu dicken, dafür aber langen Köder (besonders geeignet sind Geflügeldärme und Leberstreifen) auf einen Haken mit Vorfach, den man in eine große Eiswürfelform hängt. Um das Absinken des Eisblockes zu gewährleisten (Eis ist leichter als Wasser), legt man 3–4 kleine Steinchen dazu, füllt das ganze mit Blut auf und gefriert alles zusammen ein. Wichtig ist dabei, daß das Vorfach nicht mitgefriert, da

es sonst bricht. Das erreicht man dadurch, daß man die Platte des Hakens in ein Streichholz drückt, das dann über die Form gelegt wird. Zum Angeln werden die Eiswürfel aus der Form gedrückt (möglichst nicht antauen), einzeln in Folie eingeschlagen (damit sie beim Transport nicht zusammenfrieren) und in einer gut vorgekühlten Kühltasche oder in einem speziell dafür gefertigten Styropor-Kästchen, das mit Alufolie ausgeschlagen ist, transportiert. Am Gewässer wird nun einfach das Vorfach eingehängt und der Köder ist einsatzklar. In sommerwarmem Wasser ist das „Eisblut" in wenigen Minuten geschmolzen und hinterläßt eine sehr intensive Duftwolke in unmittelbarer Kö-

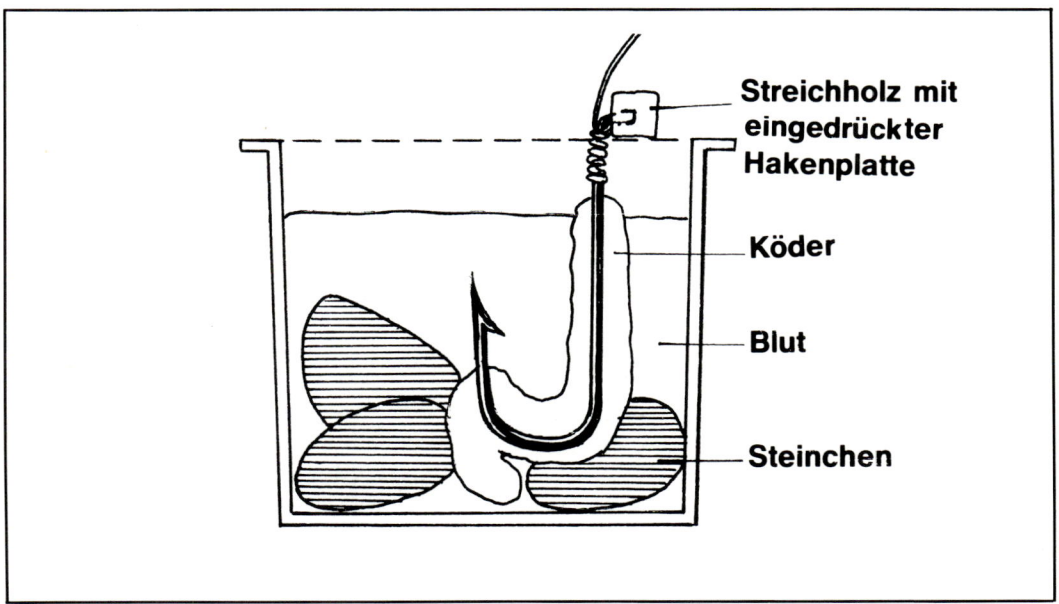

Streichholz mit eingedrückter Hakenplatte

Köder

Blut

Steinchen

dernähe. In stark verkrauteten Gewässern ergibt sich noch ein weiterer Vorteil dieser Montage. Wenn nämlich das Eis geschmolzen ist, fallen auch die Steinchen ab und der nun fast gewichtslose Haken läßt sich leicht über Krautbänke ziehen.

Grundfutter – eine französische Lektion

Experten im Anfüttern sind die Franzosen und könnten uns da viele Geheimnisse verraten. Einige plaudert Guy Hébert aus, seit Jahren Mitglied der französischen Nationalmannschaft der Wettfischer

Beim Grundköder – oder Grundfutter wie manche Angler sagen – verlassen sich die englischen Friedfischangler ganz auf gemahlenes Brot bzw. Paniermehl. Es wird mit Wasser angerührt, mit einigen Proben des Angelköders „angereichert" und zu Bällen geformt, deren Konsistenz sich je nach den Bedingungen ändern läßt. Für tiefes, strömendes Wasser müssen die Köderbälle hart sein. Für stehendes oder träges Wasser sollte die Mischung weicher sein, so daß der Köderklumpen beim Sinken aufbricht oder sogar gleich beim Aufprall auf die Wasseroberfläche zu einer Wolke auseinanderplatzt.

In jüngster Zeit jedoch haben englische Angler mehr und mehr Interesse an den Anfütterungsmethoden ihrer französischen Kollegen gezeigt, dank der enger werdenden Kontakte zwischen beiden Ländern und gleichermaßen dank der phantastischen Er-

gebnisse der Franzosen bei den Angelweltmeisterschaften. Keine andere Mannschaft kann mit der Beständigkeit des französischen Teams auch nur entfernt konkurrieren. Ein Grund dafür ist offensichtlich die Schnelligkeit, mit der die Franzosen Kleinfische fangen. Ein anderer ist – zumindest nach Ansicht der Engländer – die größere Sorgfalt und Vielfalt beim Anfüttern. Man kann die unterschiedlichen Auffassungen zwischen Engländern und Franzosen am ehesten so zusammenfassen, daß während die englischen Angler endlos über die Überlegenheit des einen oder anderen **Haken**köders debattieren, die französischen Angler den Schwerpunkt auf die Zusammensetzung des **Grund**köders legen. Ihr Hakenköder ist in der Regel immer derselbe: rote Zuckmückenlarven.

In den vergangenen Jahren haben wir viel über die Zu-

sammensetzung des Grundfutters in Frankreich gelernt und anhand der verwendeten Zutaten erfahren, wie planmäßig und logisch die Franzosen dabei vorgehen. Ein paar der beeindruckendsten Beispiele für Grundfutter-Beimischungen:
Baumwolle (um das Aufbrechen des Köders am Boden zu fördern), gemahlene Kreide (um die Farbe der Futterwolke zu verstärken), Korkbrösel (um das Futter so lange wie möglich an der Oberfläche zu halten), Bleispäne (um das Sinken des Futters zu beschleunigen). Zusätzlich benutzen die Franzosen unzählige andere Beimischungen, um Geschmack, Geruch und Festigkeit ihres Grundfutters zu verändern.

Vier Grundzutaten

Neuerdings haben aber einige der besten französischen Wettangler sich von den ausgefalleneren Mixturen abgewandt, ohne daß ihre Fangergebnisse davon beeinträchtigt worden wären. Guy Hébert, der in der letzten französischen Nationalmannschaften immer vertreten war und dem wir viele der Informationen verdanken, die wir hier weitergeben, sieht diese Entwicklung folgendermaßen: „Der Grund für die Vereinfachung lag darin, daß die Zutaten leichter zu beschaffen waren, ohne daß die fertige Mischung weniger effektiv gewesen wäre als die exotischen Mixturen der Vergangenheit." Nach unseren Informationen beschränken sich die führen-

❶ *Um dem Grundköder Gewicht zu geben, damit er rasch absinkt, benutzen die Franzosen pulverisierten Ton.*

❷ *Von Guy Hébert, seit Jahren Mitglied der französischen Nationalmannschaft, stammen die wichtigsten Informationen unseres Artikels.*

❸ *Der ehemalige englische Weltmeister Billy Lane. Wie in England üblich, "fütterte" er die Fische. Die Franzosen betonen dagegen Geruch, Geschmack und Farbe des Grundköders.*

❹ *Der Franzose Robert Tesse war als einziger Angler bisher dreimal Weltmeister.*

❺ *Wettfischer, die dicht am Ufer auf Kleinfische angeln, mischen ihren Futterbällen häufig kleine Zuckmückenlarven bei.*

den Wettangler Frankreichs jetzt in der Regel auf vier Grundzutaten, die je nach den zu fangenden Fischen in unterschiedlichen Mengen eingesetzt werden. Das sind: gemahlener Hanfsamen, Brot, Maismehl und Erde. Wir wollen sie der Reihe nach näher betrachten. Zuerst also Hanf. Er wird in einer Kaffeemühle oder etwas ähnlichem gemahlen. Er sollte so frisch wie möglich sein und erst kurz vor der Benutzung gemahlen werden. Das Mehl wird dann in eine Pfanne mit kochendem Wasser

Grundfutter - eine französische Lektion

geschüttet, und man läßt es 20 Minuten ziehen. Warum das Kochen? Wie ein französischer Freund sagte: „Es ist einfach logisch. Man würde ja auch nicht mit ungekochten Hanfkörnern auf dem Haken fischen. Das Kochen bringt Güte, Geschmack, Geruch und Weichheit des Köders erst zum Tragen."

Als nächstes Brot. Es sollte für den Gebrauch möglichst fein sein, d.h. eher pulverig als krümelig.

Maismehl? Auch diese Beimischung soll vor allem das Aroma erhöhen. In der Tat entwickelt dieser Köder schon nach wenigen Minuten einen starken Geruch, der die Fische anlockt.

Der vierte und letzte Bestandteil ist derjenige, der die englischen Angler lange Zeit verwirrt hat . . . Erde. Dabei ist das eine der wichtigsten Zutaten überhaupt. Aber welche Art Erde? Das französische Wort dafür ist „argile", und das bedeutet wörtlich übersetzt „Ton". Als Grundfutter wird der Ton getrocknet, bis er durch Zerreiben in einem feinmaschigen Sieb pulverisiert werden kann. Er muß unbedingt feinkörnig sein und darf keine Klumpen mehr bilden. Der Tonstaub wird in luftdicht verschlossenen Plastikbeuteln gelagert, so daß er seine natürliche Feuchtigkeit behält. In dieser Form dient er in der Grundfuttermischung als „Gewicht", durch das die Geschwindigkeit des Köders beim Absinken im Wasser erhöht wird.

Auf die Mischung kommt es an

So viel zu den Grundzutaten, weiter zu einigen speziellen Mischungen für bestimmte Fischsorten. Angenommen, Sie wollen bei einem Wettfischen Ukeleis fangen. Das Grundfutter sähe dann so aus: Maismehl 50 %, Paniermehl 30 %, gemahlener Hanf 10 %, Tonstaub 10 %. Mais, Brot und Hanf sollten schon in der Nacht vor dem Fischen gemischt und über Nacht in einer Plastiktüte aufbewahrt werden. Der Ton sollte erst im letzten Augenblick hinzukommen, aber das gilt für diese Beimischung generell. Gleichzeitig sollten Proben des eigentlichen Angelköders hinzugeführt werden.

Eine Mischung für Rotaugen: Hanf 30 %, Maismehl 30 %, Brot 30 %, Ton 10 %. Auch hier wird der Tonstaub erst in letzter Minute beigemischt. Schließlich eine Zusammenstellung dieser Zutaten für größere Fische wie Brassen: Brotgrundfutter 70 %, Maismehl 20 %, Ton 10 %. Hier muß allerdings eine Ergänzung gemacht werden. Wenn am Angelplatz die Strömung stark ist, sollte der Anteil des Tons auf 15 % erhöht werden und dafür der des Brotes auf 65 % verringert werden.

Dies, so muß man betonen, sind die einfachsten Grundrezepte, wie sie uns Guy Hébert vermittelte. Der hier zur Verfügung stehende Raum gestattet nur einen ersten Einblick in ein Geschäft, das für diejenigen, die sich näher damit befassen wollen, recht kompliziert werden kann. Dennoch dürften diese Grundmischungen hoffentlich aufgezeigt haben, daß beim Anfüttern über die von uns geschilderten einfachen Rezepte hinaus reichlich Raum für Improvisationen gegeben ist. Die Hauptstoßrichtung von Experimenten sollte auf das Hinzufügen weiterer Bestandteile zielen. Ein paar, die wir bisher noch nicht erwähnt haben, die aber durchaus einen Versuch wert sind: Mehl (festigt den Köder und verbessert den Geschmack), gemahlener Reis (unterstützt das Auseinanderbrechen des Futterballs beim Aufprall), geronnenes Blut (von großer Anziehungskraft vor allem für Schleien), Milchpulver oder Ei (verstärkt Farbe und Geschmack).

Die Fische nicht sattmachen

Ein anderer Tip ist die Toast-Technik, wie die Franzosen sagen. Als Beispiel mag gemahlener Hanf dienen. Nach dem Kochen kann man ihn im Ofen backen. Das gleiche kann man mit gemahlenen Nüssen tun, die ein anderer häufiger Zusatz sind. Noch ein anderer Hinweis betreffs Hanf: Das Kochwasser kann man benutzen, um das Futter anzurühren, egal welche anderen Bestandteile dazu gehören.

Die Hauptsache beim Experimentieren mit den Grundrezepten ist, sich zu fragen: Wie soll das Futter wirken? Soll es auf den Boden sinken wie ein Stein? Wenn ja, muß der Tongehalt erhöht werden. Soll das Futter an der Oberfläche zerstäuben? Dann sollte man wenig oder gar keinen Tonstaub zusetzen. Wichtig ist, die Farbe der Futterwolke mit Milchpulver, Ei oder Kartoffelbrei zu betonen. Und natürlich immer Beispiele des Hakenköders hinzufügen. Die Hauptlehre, die wir aus dem Einsatz von Ton durch die Franzosen ziehen sollten, ist, daß sie den Grundköder weniger als Futter selbst denn als ein Mittel ansehen, Exemplare des eigentlichen Köders an den gewünschten Angelplatz zu bringen. Zu viel Nahrung im Grundfutter verringert die Chancen, daß die Fische den Köder am Haken annehmen. Neben Ton sollte man also eher Zusätze suchen, die Geschmack, Geruch und Farbe betonen und weniger solide Bissen, an denen die Fische sich sattfressen könnten. Das sind sicherlich die wichtigsten Regeln, die wir von unseren Freunden in Frankreich lernen können.

Wer mit Maden als Hakenköder angelt, sollte auch dem Grundfutter Maden beimengen.

Alles Gute kommt von oben

Hochstehende Friedfische, wie Rotfedern und Karpfen lassen sich gut mit einer Art umgekehrtem „Futterstrumpf" anfüttern. Dazu bindet man einen aufgeschnittenen Laib Weißbrot mit Angelschnur oder Kordel an einen nicht zu leichten „Ankerstein". Die Schnurlänge muß der ausgeloteten Wassertiefe entsprechen, etwas länger schadet auch nicht. Der Stein wird vorsichtig an der ausgewählten Angelstelle versenkt **(Zeichng.)**. Von dem an der Oberfläche liegenden Brot rieseln nun

ebenfalls Brot, das entweder schwimmend oder dicht unter der Oberfläche gefischt wird. Die Fische nehmen aber durchaus auch andere Köder (Maden, Wurm) an.

Der Futterstrumpf

Ohne Anfüttern lassen sich beim Friedfischangeln fast nur Zufallsfänge machen. Am besten füttert man über mehrere Tage lang am gleichen Platz an. Aber wer wohnt schon so dicht am Wasser, daß er allabendlich dem ausgewählten Gewässer einen Besuch abstatten kann. Da hilft der Futterstrumpf: er besorgt das regelmäßige Anlocken auch

Wassers schwemmt nun unaufhörlich Futterteilchen aus dem Strumpf; gleichzeitig verbreitet sich eine Duftwolke. Da der Strumpf außer in starker Strömung nie ganz leer wird, zieht sich die Wir-

kung über einen langen Zeitraum hinweg. Die Fischer werden angelockt, aber nicht gesättigt. Wenn Sie Tage später wiederkommen, warten die Brassen sozusagen nur auf ihren Köder.

Die Zutaten: Damenstrumpf, Bisquitmehl und Puddingpulver.

unaufhörlich kleine und größere Brocken nach, so daß die Fische, die in den wärmeren Monaten meist dicht unter der Oberfläche stehen, am Angelplatz gehalten werden. Ich habe es in einem Baggersee einmal erlebt, wie zwei Karpfen den Brotlaib kaum fünf Meter vor meinem Standort dauernd anstupsten und die sich lösenden Brotflocken dann sofort verschlangen. Einen der beiden habe ich prompt mit einem Wurf direkt neben das Futterbrot an den Haken bringen können. Als Hakenköder empfiehlt sich natürlich

ohne Angler. Wir brauchen einen grobmaschigen Damen-Nylonstrumpf, den wir mit einem mit Wasser angerührten Gemisch aus feinem Panier- oder Bisquitmehl (ca. 1 kg) und einem Päckchen Vanille-Puddingpulver füllen. Zubinden, an einer langen Schnur befestigen und am Angelplatz versenken (vom Boot aus geht's natürlich plazierter). Die Schnur wird entweder am Ufer oder an einer dicken Pose bzw. Wasserkugel vertäut, damit wir den Strumpf (und den Futterplatz) jederzeit wiederfinden. Die leichteste Bewegung des

Die angerührte Futtermasse wird in den Strumpf gestopft. Bis zu einem halben Eimer voll Grundfutter paßt da rein.

Fischen auf den Tisch geschaut

Aale bewältigen auch große Happen mühelos.

Wenn wir den Fischen einen Köder angeboten haben, der ihnen Appetit macht, ist schon viel gewonnen. Daß sie unseren Köder annehmen, heißt aber noch lange nicht, daß wir sie auch fangen, denn dazu bedarf es einer Gerätezusammenstellung, die den Biß rechtzeitig sichtbar macht. Nur wenn wir uns vor Augen führen, wie Fische ihre Beute packen, sie drehen und wenden, ansaugen und ausspucken, sind wir in der Lage, rechtzeitig den Anhieb zu setzen. Und das kann einen manchmal zur Verzweiflung treiben. Da zieht ein Fisch mit unserem Köderfisch ab. Die Pose verschwindet, die Schnur läuft ab. Jetzt bleibt sie stehen. Aha, der Köderfisch wird zum Schlucken mundgerecht gedreht, denken wir uns, und packen die Rute fe-

ster. Eine lange Minute verstreicht. Wieder wird zügig Schnur abgezogen. Wir straffen die Schnur, nehmen vorsichtig Fühlung, setzen einen kräftigen Anhieb und der Haken faßt . . . Wenn es nicht gerade ein Zander war, denn die foppen uns bisweilen durch ihr besonders langes Zaudern.
Oder nehmen wir die Schleie. Die Pose zuckt, wandert ein Stück, steht wieder still, beginnt zu kreisen, taucht unter. Jetzt? Aber da ist die Pose wieder oben und das nervenaufreibende Spielchen beginnt von vorne.

Um deutlich zu machen, was mit unserem Köder am Haken passiert, haben wir deshalb auf diesen und den folgenden Seiten Unterwasserfotos abgebildet, auf denen das Freßverhalten der Fische sichtbar wird.

Raubfische schlucken ihre Beute in der Regel mit dem Kopf voraus, wie dieser Hecht einen Gründling.

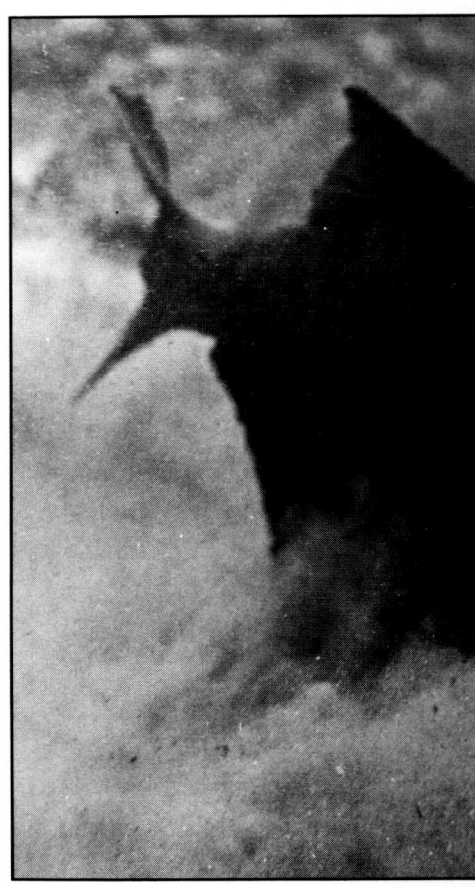

Die heimlichen Heber

Besonders kennzeichend sind für den Angler die Bisse von Brassen. Der Fisch sucht seine Nahrung auf dem Grund und nimmt dabei eine starke Schrägstellung ein, wie die **Fotos oben** dokumentieren. Dabei wühlt er richtiggehende Wolken von Bodenschlamm auf. Sobald er „die Schnauze voll hat", richtet sich der Brassen wieder auf.

Diese Verhaltensweise machen wir uns zunutze. Die Pose wird so austariert, daß sie bis auf die Antenne versinkt. Nur wenige Zentimeter vom Haken entfernt, bringen wir dann noch ein kleines Bleischrot an, so daß über Wasser nur noch die Spitze der Pose bzw. der Antenne sichtbar bleibt.

Hat der Fisch nun anstatt seiner gewohnten Nahrung unseren Hakenköder genommen, richtet sich mit ihm unsere Pose auf. Sie hebt sich aus dem Wasser, kippt um und liegt flach. Wir brauchen nicht länger darauf zu warten, daß sie abzieht, sondern können schon jetzt den Anhieb setzen.

Zeichnungen und Fotos rechts verdeutlichen noch einmal diesen Ablauf in allen Phasen.

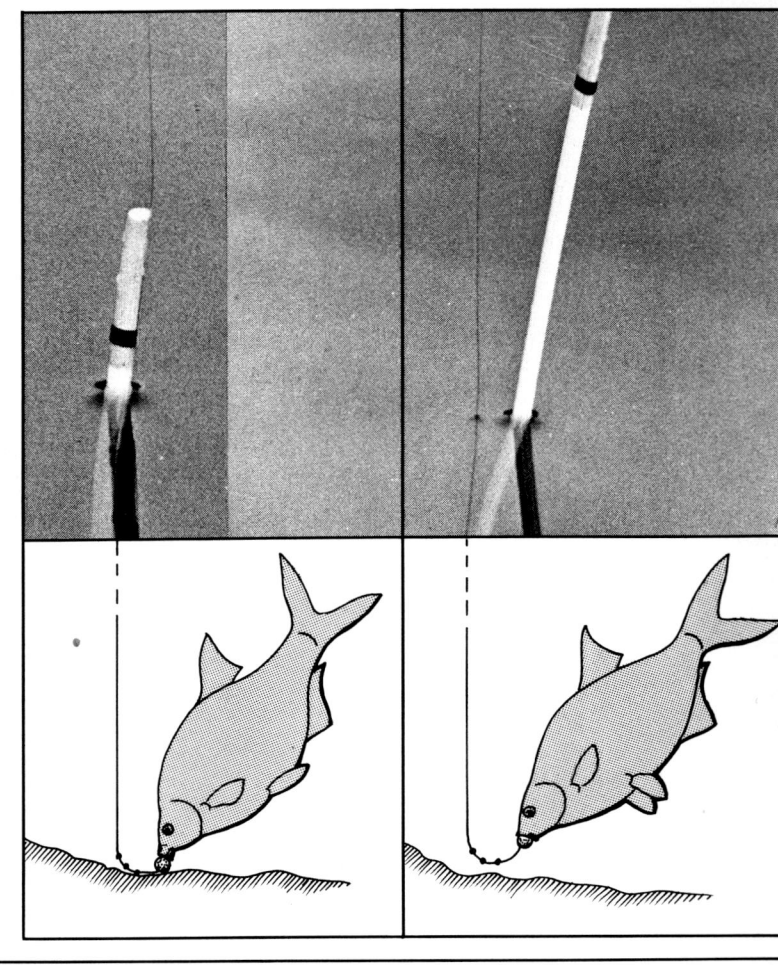

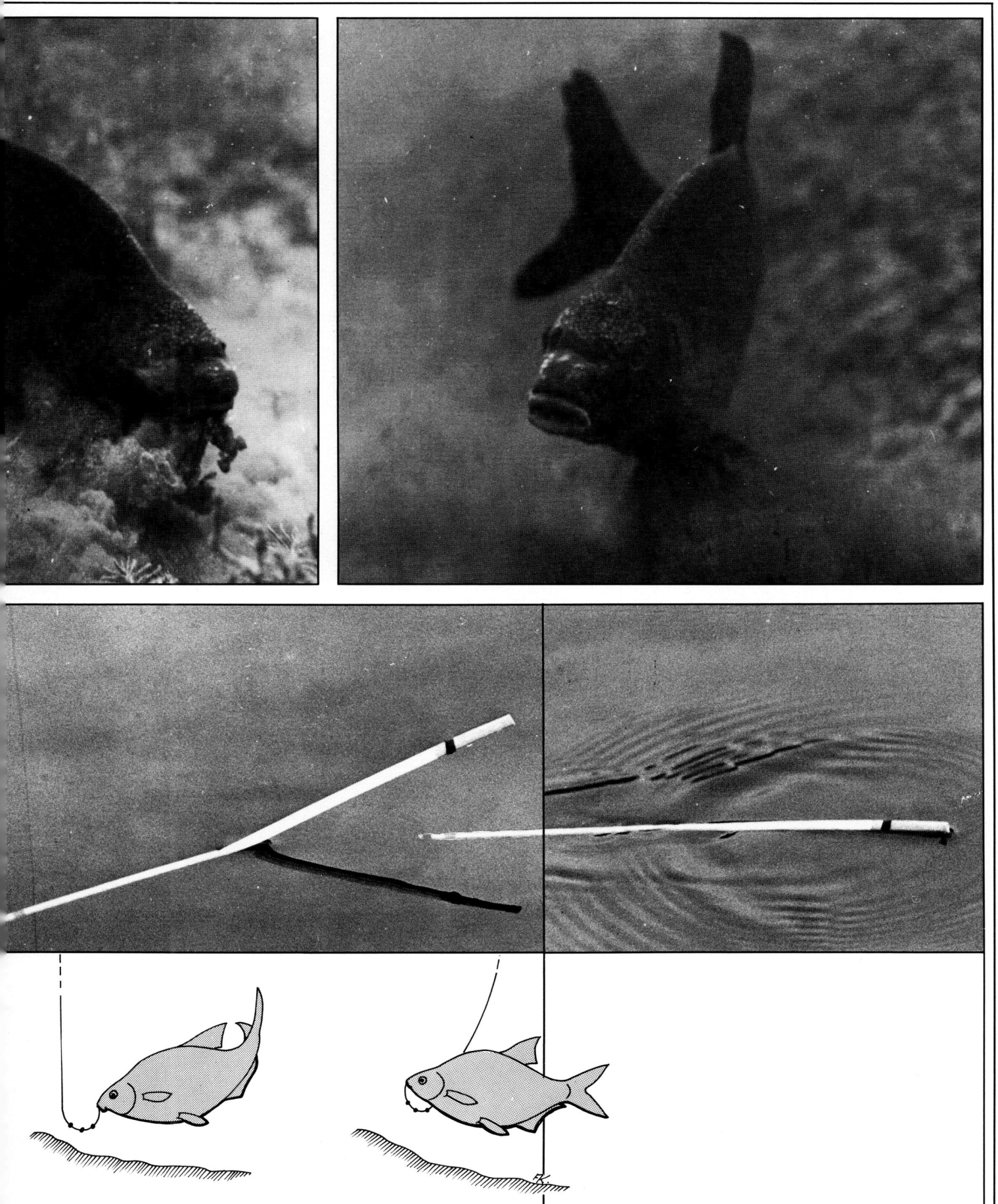

Die Wühler

Auch Rotaugen, die ihre Nahrung in der Regel knapp über dem Grund suchen, lassen sich manchmal in „Brassen-Stellung" beobachten.

Große Wühler sind die Schleien. Wie Goldsucher sieben sie systematisch den Sand durch.

153

Der Nuß-Knacker

Daß Fische auch mit „harten Nüssen" wie Schnecken und Muscheln fertigwerden, beweisen diese Fotos.

❶ Der Aland saugt eine Schnecke an . . .

❷ . . . spuckt sie wieder aus.

❸ Jetzt dreht er die Beute mundgerecht.

❹ Mit Schwung wird sie eingeschlürft. Der Druck wirbelt Sand auf.

❺ Zehn Sekunden kauen, dann spuckt der Aland die Schalentrümmer aus.

❻ Das blieb von einer Teichmuschel übrig.

DER AUTOR

Der Verfasser dieses Buches, Klaus Schmidt, Jahrgang 1949, angelt wie man so schön sagt, „seit er denken kann". Mit fünf Jahren probierte er (heimlich) die Angelruten seines Vaters, und als 12jähriger trat er einem Angelverein bei.

Danach galt sein Interesse vornehmlich dem Wettfischen, das im Ruhr-gebiet bei seiner Vielzahl von Anglern und den arg strapazierten Gewässern eine besondere Stellung einnimmt. 1967 war Klaus Schmidt deutscher Jugendmeister, 1976 Senioren-Meister von Nordrhein-Westfalen.

Aus dieser Zeit stammt seine intensive Beschäftigung mit den herkömmlichen und außergewöhnlichen Ködern, denn in Wettfischerkreisen wird in dieser Beziehung eifrig experimentiert. Die Erfahrungen des Autors mit Brassen und Rotaugen fanden in ausführlichen Serien in der Sportfischerzeitschrift BLINKER ihren Niederschlag.

Seit einigen Jahren hat die Neigung zum Fliegenfischen für Klaus Schmidt – im Hauptberuf ist er pädagogischer Mitarbeiter der Volkshochschule Dormagen – Vorrang vor der aktiven Beteiligung an Wettfischen.

Klaus Schmidt mit einem „saftigen"
Brassen aus der Weser bei Vlotho.

LITERATUR

Bacmeister, Arnold, Das Große Lexikon der Fischwaid, Stuttgart, 1969.

ders., Fischbilder-Lexikon Süßwasserfische, Hamburg, 1975.

Graham, Colin, Coarse Fishing Baits, London, 1976.

Grzimek, Bernhard, u.a. (Hrsg.), Enzyklopädie des Tierreichs, Bde. 1–3, Zürich, 1969.

Maury, Daniel, Les Secrets des Pécheurs de Concours, Bd. 2, Paris, 1975.

Oates, Frank, So fängt man mit dem richtigen Köder, Hamburg, 1972.

Schmidt-Luchs, Carl-Werner, Das Angeln im Meer vor westdeutschen Küsten, Bd. 1, Hamburg, 1975.

ders., Fischbilder-Lexikon Meeresfische, Hamburg, 1976.

v.d. Borne/Quint, Angelfischerei, Hamburg, 1974.

Wiederholz, Ekkehard, Das große Köderbuch, Hamburg, 1973.

FOTOS VON

Angling News Services: S. 128, 129, 131, 136
Aqua-Foto: S. 68
Jan Asplund/adi: S. 62
Jean-Gilles Baillet: S. 100
Victor Borlandelli: S. 93, 140,, 141, 143
A. Broman/adi: S. 135
Ilse Collignon: S. 70
Peter Ecke: S. 21, 33, 37, 40, 43, 53, 59, 117, 152, 153, 154, 155
Hermann Eisenbeiss: S. 19
Bernd Elendt: S. 138, 139
Herbert Frei: S. 148
Jim Gibbinson: S. 105
Horst Hansen: S. 78
Jens Ploug Hansen: S. 90
Heinz Jagusch: S. 29, 45, 62, 133, 138, 156
Horst Kindermann: S. 74
Karin Klitzke: Titel, S. 51, 113, 142, 149
Robert Maier: S. 13
H. Moosleitner: S. 150, 151
Hans Pfletschinger: S. 23, 39, 49
Georg Quedens: S. 15, 47
Walther Rohdich: S. 9, 11
Gerry Savage: S. 132
Rudolf Schmidt: S. 31, 66, 106, 127
Franz Suttner: S. 80
Otto Volgmann: S. 7, 41, 57, 60, 61, 63, 82, 84, 93, 121, 124, 151
Albrecht Wegner: S. 14, 25, 27
Ekkehard Wiederholz: S. 76, 86
Wilfried Witters: S. 6, 35, 55, 72, 88, 89, 101
Alle anderen Fotos vom Verfasser Klaus Schmidt
Zeichnungen: Björn Born, Jari Pekka Cuypers, Monika Hänel, Fritz A. Kiene, Wolfgang Lange.

DEUTSCHLANDS SCHÖNSTE ANGELGE-WÄSSER Wer es ganz genau wissen möchte, wo die Hechte, Barsche, Döbel sind, der sollte in dieses Buch schauen. Es handelt nämlich von den schönsten und fischreichsten Angelgewässern, die es in unserem Land gibt. In wunderbaren Farbfotos werden sie zunächst vorgestellt und dann in jedem Detail beschrieben: Wassertiefen, Uferbewuchs, Wassergeschwindigkeiten, Preise und Bedingungen, Ausgabe von Angelscheinen, Köderfische und Angelgeräte, Bootsverleih, Unterkünfte. Alles sorgfältig vor Ort recherchiert, so daß es sich mit diesem Spezial-Reiseführer

wirklich perfekt planen läßt. Ein willkommenes Geschenk, eine wertvolle Hilfe für Angler und deren Angehörige, die Urlaub und Hobby erfolgreich miteinander verbinden möchten.

Deutschlands schönste Angelgewässer

Herausgeber Karl Koch   JAHR-VERLAG KG

Benutzen Sie für Ihre Bestellung bitte die
Service-Karte, die diesem Heft beigefügt ist.

EUROPAS SCHÖNSTE ANGELGEWÄSSER Wer sein Anglerglück außerhalb deutscher Landesgrenzen unter Beweis stellen möchte, tut gut daran, sich vorher dieses Buch zu besorgen. Es erspart ihm nämlich von vornherein so manche Enttäuschung. Mitarbeiter der Internationalen Sportfischerzeitschrift BLINKER haben jahrelang überall in Europa recherchiert. Aus der Fülle des Materials wurden die interessantesten Angelgewässer für dieses Buch ausgewählt. So findet jeder, was er sucht: der Big-Game-Angler die größten Fischgründe um Gran Canaria, der abenteuerlustige Sportfischer wilde, einsame Gewässer in Skandinavien, der

Salmonidenfischer die kristallklaren Karstflüsse Jugoslawiens und der Raubfisch-Angler schließlich die berühmten irischen Hechtseen.
Fantastische Traumgewässer also überall in Europa. In brillanten Farbfotos, genauen Karten, Skizzen und Informationen zuverlässig vorgestellt. Ein Handbuch, das Anglern unentbehrlich sein wird.
Jeder Band 160 Seiten mit mehr als 200 ein- und mehrfarbigen Fotos, Karten und Zeichnungen.
Format: 22 x 28,5 cm.
Je **DM 39,80**

NEU

Europas schönste Angelgewässer

Jahr-Verlag KG
Herausgeber Karl Koch